이슈&
시사상식 | **vol.201**

편집부 통신

과거부터 '세대론'은 사회학적으로 많이 활용되던 이론 중 하나인데요. 최근에는 1980년~1990년대 초에 태어난 밀레니얼(M)세대와 1990년대 중반~2000년대에 태어난 Z세대를 통칭해 'MZ세대'라고 부르거나, Z세대와 2010년대 이후 출생한 알파세대를 합쳐 '잘파세대'로 분류하고 있죠. 이러한 세대 분류는 다양한 사회경제학적 현상과 트렌드를 분석하는 데 도움이 된다는 장점이 있지만, 같은 세대로 분류되는 이들의 개성이나 성향은 전혀 고려하지 않은 채 천편일률적으로 '규정'하고 '판단'해버린다는 점에서 문제가 되기도 합니다. 특히 현재 사회초년생들이 많이 분포한 Z세대는 빠르게 변화하는 현대사회에서 여러 사건을 직·간접적으로 경험하며 확립된 가치관 아래 '개인주의적 성향'이 두드러지게 나타나는 세대로 불리는데요. 그래서인지 최근 온라인 커뮤니티에는 기성세대와 Z세대 간 가치관의 차이로 인해 일상생활이나 직장에서 갈등을 겪었다는 글이 종종 올라오곤 하죠. 하지만 그런 사례를 접할수록 당사자들이 '저들은 다 똑같을 것'이라는 고정관념에 사로잡혀 서로를 편견 어린 시선으로만 바라봤던 것은 아닌지 고민하게 됩니다. 같은 문화와 경험을 공유하고 있으니 세대별로 유사한 특성이 나타날 수 있는 건 맞지만, 정작 개개인의 성격이나 취향, 특성 등은 고려되지 않는 것 같아 안타깝기도 하고요. '세대론'이라는 분류체계에 갇혀 편향적 사고로 서로를 바라보기보단 각자의 '다름'을 이해하고 인정하려는 노력이 필요한 때인 것 같습니다.

발행일 | 2024년 4월 5일   발행인 | 박영일   책임편집 | 이해욱   마케팅홍보 | 오혁종   편집/기획 | 김준일, 김은영, 이보영, 이세경, 남민우, 김유진
편저 | 시사상식연구소   표지디자인 | 김지수   내지디자인 | 장성복, 채현주, 곽은슬, 남수영   동영상강의 | 조한   홈페이지 | www.sdedu.co.kr
등록번호 | 제10-1521호   발행처 | (주)시대고시기획   대표전화 | 1600-3600   주소 | 서울시 마포구 큰우물로 75[도화동 538번지 성지B/D] 9F
창간호 | 2006년 12월 28일   인쇄 | 미성아트

2024 달라지는 일자리 정책

한 해의 채용문이 본격적으로 열리는 봄이 찾아왔다. 새 마음으로 취업을 준비하면서 우리 정부가 2024년 내놓은 새로운 일자리정책도 알아둘 필요가 있다. 이번 호에서는 2024년 달라지는 주요 일자리정책을 알아본다. 새로운 채용이슈는 무엇이고 나에게 도움이 될 만한 정보는 무엇이 있는지 살펴보도록 하자.

1 구직자 대상 '일학습병행제' 도입

일학습병행이란?

기업이 청년을 먼저 채용해 산업현장에서 필요로 하는 현장훈련을 제공하고, 전문대, 4년제 대학교 등 '공동훈련센터'에서는 이론교육을 병행하여 산업현장 어디서든 인정받을 수 있는 인재가 되도록 지원하는 제도다. 또한 기업에서의 훈련과정 평가와 인력공단의 외부평가를 거쳐 일학습병행 국가기술자격 취득까지 할 수 있다.

2024년에는?

미취업 청년 등 청년 구직자를 위한 구직자 대상 일학습병행제를 신설한다.

> **2024년 최저임금은 9,860원!**
>
> 2024년 법정 최저임금은 지난해보다 2.5% 오른 9,860원이다. 1주 소정근로 40시간과 유급 주휴수당 8시간을 포함하면 월 환산 기준 209시간을 적용해 2,060,740원이다.

2 국민취업지원제도 청년 연령 확대

국민취업지원제도란?

취업을 원하는 사람에게 취업지원서비스를 제공하고, 저소득 구직자에게는 생계를 위한 최소한의 소득을 지원하는 한국형 실업부조제도를 말한다.

2024년에는?

참여 가능 청년의 연령이 만 18~34세에서 15~34세로 확대됐다. 아울러 병역의무 이행기간을 고려해 연령 판단 시 최대 3년이 추가된다. 또한 국민취업지원제도에 참여 중인 1인 가구의 중위소득 60%(2024년 기준 133만 7,000원) 내에서 소득이 발생하더라도 구직촉진수당을 지급해 적극적으로 일자리를 탐색하고, 안정적인 생계유지가 가능하도록 돕는다.

3   최대 200만원 '빈 일자리 채움 청년취업지원금' 신설

빈 일자리 채움 청년취업지원금이란?

일자리의 미스매치와 임금격차를 해소하기 위한 지원금이다. 2023년 10월 1일부터 2024년 9월 30일까지 빈 일자리 업종의 우선지원대상 기업에 정규직으로 취업하여 고용보험에 가입한 만 15~34세 청년들이 대상이다. 빈 일자리 중소기업에 정규직으로 취업해 3개월·6개월 근속했을 때 각 100만원(최대 200만원)을 지급한다. 중소기업의 인력난을 해소하고, 중소기업 취업 청년의 임금격차와 생계부담 완화가 목적이다.

빈 일자리란?

조선업, 뿌리산업, 제조업, 농업, 해운업, 수산업 등 인력난에 허덕이는 중소기업들이 대상이다.

정부혜택 맞춤 안내

정부24 홈페이지의 보조금24 서비스를 이용하면, 나와 내 가족이 받을 수 있는 취업·복지·행정을 비롯한 서비스를 맞춤으로 조회할 수 있다.

4   청년 국가기술자격 시험응시료 지원

청년 국가기술자격 시험응시료 지원이란?

구직 중 발생하는 청년의 경제적 부담을 완화하고, 국가기술자격 취득을 통해 취업 및 업무능력을 향상시키는 것을 돕기 위해 시험응시료를 지원한다. 34세 이하의 청년이 국가기술자격 시험에 응시하는 경우 응시료의 50%를 지원하며 1인당 연 3회 지원받을 수 있다.

지원받을 수 있는 국가기술자격은?

한국산업인력공단(Q-net)에서 시행하는 종목에 한해서 수급 가능하다.

공모전·대외활동·자격증 접수/모집 일정

04 April

SUN	MON	TUE	WED	THU	FRI	SAT
	1 대 KB라이프 조청모르겐즈·경기도어린이박물관 서포터즈 모집 마감	**2** 대 서울특별시교육청 서포터즈 모집 마감	**3** 대 대전 동구 대학생 서포터즈 모집 마감	**4**	**5** 대 한솔그룹 대학생 서포터즈 모집 마감	**6** 대 코레일·한국신용정보기술진흥원 필기 실시 / 자 감정평가사·빅데이터 분석기사 필기 실시
7 대 타카하타 이사오전 서포터즈 모집 마감 / 자 브레인트레이너 실시	**8**	**9** 대 서포터즈 BSTER 모집 마감	**10**	**11** 대 KT&G복지재단-대학생 해외봉사단 모집 마감 / 자 인천도시공사 필기 실시	**12** 공 카이스트 Crazy Day 아이디어 공모전 접수 마감	**13** 대 한국고용정보원·롯데백화점·제주도공 공기관통합채용 필기 실시
14 대 인산국제거리극축제 자원활동가 모집 마감·펀드투자권유대행인·손해사정사·보험계리사 실시	**15** 공 서대문구 SNS 콘텐츠 공모전 접수 마감 / 대 한국 대학생, 초중고 등학생 중국어대회 접수 시작	**16**	**17**	**18**	**19** 대 대한체육회 필기 실시 / 공 여수세계섬박람회장 활성화 대국민 아이디어 접수 마감	**20** 자 국회직 8급 공무원·한국도보신산업진흥원·한국신용은행 필기 실시
21 대 지역농협 6급 필기 실시 / 자 KBS한국어능력시험 실시	**22** 공 챗GPT 아이디어 공모전 접수 마감	**23** 공 국방 3D프린팅 경진대회 접수 마감	**24** 대 점자리프렌즈 블로거·유튜버 모집 마감 / 자 변액보험판매관리사 실시	**25** 대 한국교육개발원 필기 실시	**26** 대 경주 MICE 서포터즈 모집 마감 / 공 임실N대 취업인이름수기·대한민국 한헌공모전 접수 마감	**27** 대 한국수력원자력·서울문화재단·국민건강보험공단 필기 실시
28 대 이야기모바일 서포터즈 모집 마감 / 자 증권투자권유자문인력 실시	**29**	**30** 대 2024 여름 제주도국토대장정 모집 마감 / 공 대학(원)생 MZ여행 아이디어 공모전 접수 마감				

대외활동 Focus | 5월 마감

한솔그룹 대학생 서포터즈
한솔그룹에서 제1기 대학생 서포터즈를 5월까지 모집한다. 한솔그룹의 콘텐츠를 기획하고 제작하며, 공정건허·임직원 멘토링에도 참여할 수 있다.

채용 Focus | 6월 실시

코레일
코레일 한국철도공사에서 2024년 상반기 정규직 신입직원을 채용한다. 사무영업과 운전, 차량 등 총 1,057명을 선발하며 6월 필기시험을 치른다.

05 May

SUN	MON	TUE	WED	THU	FRI	SAT
			1	2	3 공 포인트유 영상공모전 접수 마감	4 채 경상북도공공기관통합채용 필기 실시 자 제61회 세무사 필기 실시
5	6	7 공 2024 대한민국 대학생 광고대회 접수 시작 공 코마인 청소년 토론대회 접수 마감	8	9 자 기사·산업기사 정기 2회 필기 실시	10 공 서울 공공데이터 활용 청년경진대회 접수 마감	11 채 소방시설관리사·수산물품질관리사·원산지관리사 필기 실시
12	13	14	15 공 대한민국 동네공모전 접수 마감	16	17 공 2024 소비자교육 콘텐츠 공모전 접수 시작 자 경찰청 인권영화제 소재 공모전 접수 마감	18 채 한국사회적기업진흥원 필기 실시 자 재경관리사·회계관리 1·2급 실시
19 자 파생상품투자권유자문인력 실시	20	21	22	23	24 공 논산시 관광기념품 공모전 접수 마감	25 자 한국사능력검정시험·SNS광고마케터 실시
26	27	28	29	30	31 공 2024 대한민국 학생미술대전 접수 마감 공 문화동네 청소년 문화성 접수 마감	

대 대외활동 **채** 채용 **공** 공모전 **자** 자격증

공모전 Focus 7월 시작

[한국광고총연합회 로고]
KOREA FEDERATION OF ADVERTISING ASSOCIATIONS

대한민국 대학생 광고대회

2024 대한민국 대학생 광고대회가 7월 접수를 시작한다. 지도교수를 선임한 2~5인의 팀으로 이뤄진 대학(원)생 등이 참가할 수 있다. 공모주제는 '인천한 사회'이다.

자격시험 Focus 25일 실시

#SNS 광고마케터

SNS광고마케터

한국정보통신진흥협회가 주관하는 기술자격으로 디지털광고 시장의 성장과 SNS를 활용한 마케팅이 활발해지면서 이에 따른 전문적·실무적인 역량을 인증·평가하기 위한 자격이다.

❖ 일정은 향후 조율될 수 있습니다. 참고용으로 사용한 뒤 상세일정은 관련 누리집을 직접 확인해주세요.

2024
이슈&시사상식

VOL.201

CONTENTS

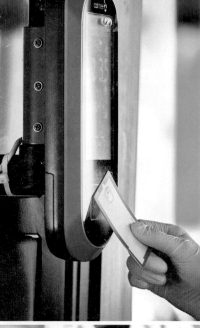

HOT ISSUE

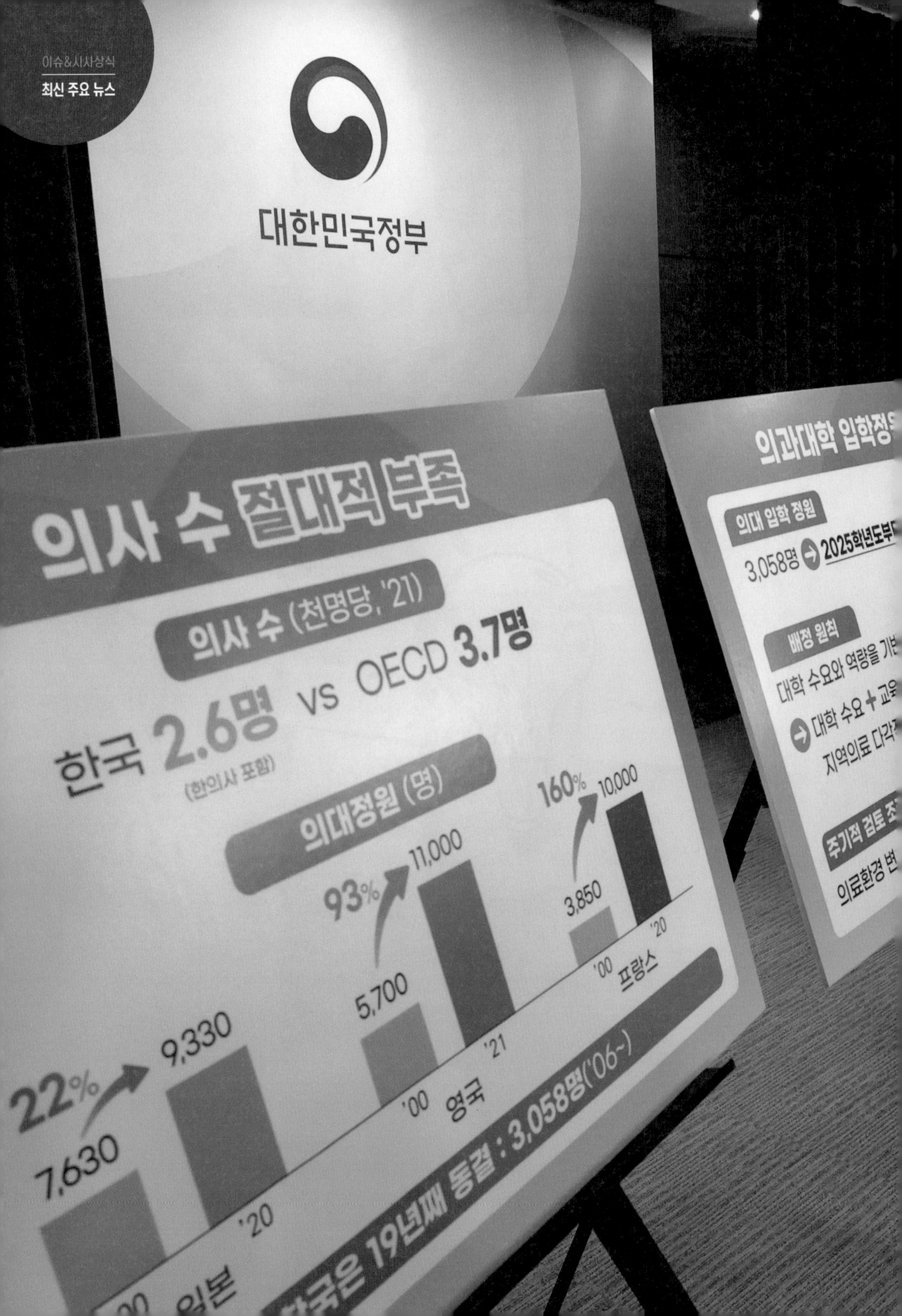

대한민국정부

의사 수 절대적 부족

의사 수 (천명당, '21)

한국 **2.6명** (한의사 포함) vs OECD **3.7명**

의대정원 (명)

22% → 9,330
7,630
'20 일본

93% → 11,000
5,700
'00 '21 영국

160% → 10,000
3,850
'00 '20 프랑스

한국은 19년째 동결 : 3,058명('06~)

의과대학 입학정

의대 입학 정원
3,058명 → 2025학년도부터

배정 원칙
대학 수요와 역량을 기반
→ 대학 수요 + 교육
지역의료 디각

주기적 검토 조
의료환경 변

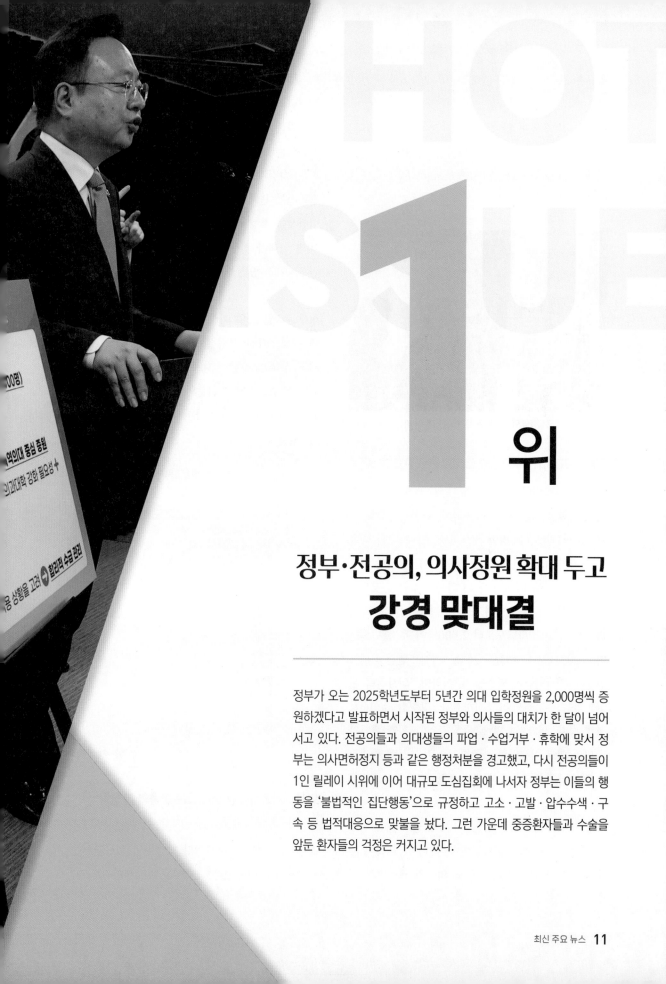

HOT ISSUE

1위

정부·전공의, 의사정원 확대 두고
강경 맞대결

정부가 오는 2025학년도부터 5년간 의대 입학정원을 2,000명씩 증원하겠다고 발표하면서 시작된 정부와 의사들의 대치가 한 달이 넘어서고 있다. 전공의들과 의대생들의 파업·수업거부·휴학에 맞서 정부는 의사면허정지 등과 같은 행정처분을 경고했고, 다시 전공의들이 1인 릴레이 시위에 이어 대규모 도심집회에 나서자 정부는 이들의 행동을 '불법적인 집단행동'으로 규정하고 고소·고발·압수수색·구속 등 법적대응으로 맞불을 놨다. 그런 가운데 중증환자들과 수술을 앞둔 환자들의 걱정은 커지고 있다.

조규홍 보건복지부(복지부) 장관은 2월 6일 보건의료정책심의위원회가 끝난 후 정부서울청사에서 브리핑을 갖고 의대 입학정원 확대방안을 발표했다. 핵심은 "2025학년도부터 의대정원을 2,000명 증원해 현재 3,058명에서 5,058명으로 확대한다"는 것이다.

국립중앙의료원에 게시된 야간·휴일 비상진료 안내문

정부, "2035년 수급전망 토대로 증원규모 결정"

조 장관은 증원규모의 근거에 대해 "현재 의료 취약지에서 활동하는 의사인력을 전국 평균수준으로 확보하려면 약 5,000명이 필요하다. 이에 더해 급속한 고령화 등으로 늘어나는 의료수요를 감안할 경우 오는 2035년에 1만명 수준의 의사가 부족할 것으로 다수 전문가들이 전망하고 있기 때문"이라고 밝혔다. 이어 "2025학년도부터 2,000명이 추가로 입학하면 2031년부터 배출돼 2035년까지 5년간 최대 1만명의 의사인력이 확충될 것"이라며 "의사인력 수급현황을 주기적으로 조정하겠다. 고령화 추이, 감염병 상황, 의료기술 발전 동향 등 의료환경 변화와 국민의 의료 이용상황을 종합적으로 고려해 합리적으로 수급을 관리하겠다"고 강조했다.

또한 새롭게 증원되는 정원은 비수도권 의대 중심으로 집중적으로 배정할 방침이며, 특히 각 대학이 제출한 수요와 교육역량, 소규모 의대의 교육역량 강

화 필요성, 지역의료 지원 필요성 등을 고려해 배정하겠다고 했다. 무엇보다 당장 올해 고3이 대학에 입학하는 2025학년도 전국 40곳 의대 입학정원부터 적용되는 만큼 정부는 3월 7일 '의대정원 배정위원회' 구성절차를 시작했다. 배정위원회는 교육부, 보건복지부 관계자 등이 모여 각 대학이 제출한 증원신청서를 바탕으로 증원분을 할당할 예정인데, 전국 40개 의대가 정부의 목표치인 2,000명의 약 1.7배인 3,401명 증원을 신청한 상태다.

정부는 3월 20일 기존보다 2,000명 늘어난 2025학년도 의대정원 배정결과를 공식 발표했다. 이전에 여러 차례 강조했던 대로 지역의료 인프라 확충을 위해 비수도권에 증원분의 82%(1,639명)를 배정하고, 경기·인천지역에 나머지 18%(361명)를 배분했다. 서울지역 정원은 1명도 늘리지 않았다.

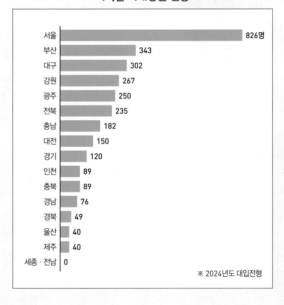

지역별 의대정원 현황

지역	정원
서울	826명
부산	343
대구	302
강원	267
광주	250
전북	235
충남	182
대전	150
경기	120
인천	89
충북	89
경남	76
경북	49
울산	40
제주	40
세종·전남	0

※ 2024년도 대입전형

의사, "의료시스템 붕괴, 의료교육의 질 하락"

한편 그동안 정부가 일방적으로 의대증원을 강행할 경우 총파업도 불사하겠다고 해왔던 의사단체들은 즉각적으로 반발했다. 전공의(인턴, 레지던트)가 모

인 대한전공의협의회(대전협)는 확대방안 발표가 있던 12일 밤 9시 온라인 임시 대의원총회를 열어 집단행동 여부를 비롯한 대응방안을 논의했다. 이보다 앞서 의대증원 저지를 위한 비상대책위원회(비대위)를 꾸린 대한의사협회(의협)도 이날 오전 긴급 기자회견을 열고 정부의 의대증원 추진을 강력히 규탄하고 '총파업' 등 단체행동 카드를 다시금 꺼내 들었다. 이필수 의협회장은 "정부가 의대정원 확대 발표를 강행할 경우 대한의사협회 제41대 집행부는 총사퇴할 것이며, 즉각적인 임시대의원총회 소집 및 비대위 구성에 들어가겠다"고 밝힌 후 의대정원 확대를 막지 못한 책임을 지고 사퇴했다. 의협은 즉각 비대위를 구성하고 파업절차에 돌입했다.

전국에서도 동시다발적으로 집회가 이어졌다. 서울시의사회는 15일 오후 7시 서울 용산 대통령실 앞에서 '의대정원 증원·필수의료패키지 저지를 위한 궐기대회'를 열고 "준비 안 된 의대증원, 의학교육 훼손된다. 일방적인 정책추진, 국민건강 위협한다" 등의 구호를 외치며 내부결속을 다졌다. 강원도의사회도 같은 날 강원도청 앞에서 의사 120여 명이 참석한 가운데 결의대회를 열고 "정부 발표는 의대교육 여건 등은 전혀 고려하지 않은 채 주먹구구식으로 추진된 사항으로 의사 수 확대를 원하는 국민여론을 겨냥한 총선용 포퓰리즘적 정책"이라고 비판했다.

이어 "정부는 인구 1,000명당 의사 수가 경제협력개발기구(OECD) 평균 이하라는 이유로 의사 수가 부족하다고 한다"고 하지만 "한국과 같이 저렴한 비용으로 손쉽게 의료서비스를 받을 수 있는 나라는 OECD 국가 중에서도 몇 개 되지 않는다"며 오히려 수도권 및 서울 의사 수는 인구 1,000명당 3.54명(2023년 2분기, 한의사 제외)인 만큼 "전체 의사 수가 아니라 지역별 배출 의대생들이 수도권으로 집

중되는 것이 문제"라고 반박했다. 그러면서 "정원을 2,000명이나 늘리면 의대를 24개 신설하는 것과 똑같은 상황을 만들 것"이라며 "이는 의대교육의 질을 심각하게 떨어뜨려 결국 국민의 건강권을 훼손하는 결과를 초래할 것"이라고 강조했다.

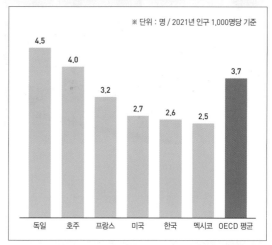

OECD 주요국 전국 평균 의사 수

※ 단위 : 명 / 2021년 인구 1,000명당 기준

독일	호주	프랑스	미국	한국	멕시코	OECD 평균
4.5	4.0	3.2	2.7	2.6	2.5	3.7

자료 / 보건복지부

대전시의사회, 울산시의사회, 충북도의사회, 전북도의사회 또한 각각 집회를 열고 "의사 수가 적은 것이 아니라 터무니없는 저수가, 형사처벌 우려 등 때문에 산부인과와 외과 등에서 기피현상이 발생하는 것"이 문제이며, "필수의료 분야 의사 부족은 의사 충원으로 해결될 문제가 아니라 저수가를 개선하고 필수의료 분야 의사가 사명감과 자긍심을 가질 수 있는 환경을 조성해 풀어가야 한다"고 주장했다.

전공의 현장이탈, 의대생은 집단휴학

전공의와 의대생들의 집단행동도 이어졌다. 먼저 전공의들이 병원을 떠났다. 2월 15일 박단 대전협 회장이 자신의 SNS에 "수련을 포기하고 응급실을 떠난다"고 밝힌 것을 기점으로 각 수련병원의 전공의들이 사직서를 제출하기 시작했다. 2023년 11월 20일부터 '금고 이상 선고 시 의사면허 취소'가 시행되

면서 집단파업보다는 개인적으로 행동하는 방법을 선택한 것이다. 결국 나흘 만인 19일 사직서를 제출한 전공의가 전체의 55%에 이르고, 이들 중 25%가 출근을 하지 않으면서 진료에 차질이 빚어졌다.

텅 빈 의대 강의실

정부는 강경하게 대응했다. 전공의들이 진료 거부에 나서면 의료공백이 불가피하다며 '집단행동 교사 금지 명령' 위반을 이유로 김택우 의협 비대위원장 등에게 '의사면허정지 행정처분에 관한 사전통지서'를 발송한 데 이어 의협 집행부 2명에게도 동일한 사전통지서를 발송했다. 또한 전공의에 대해 **진료유지명령*** 등을 내리는 동시에 공공병원 및 비대면진료 활용 등 비상진료대책을 가동했다. 법무부도 "국민 생명과 건강을 위협하는 불법 집단행동에 대해서는 법과 원칙에 따라 엄정 대응할 것을 대검찰청에 지시했다"고 밝혔다.

진료유지명령

의료인의 사직서 제출, 연차·반차 등 연가사용을 통한 진료 중단을 금지하는 명령이다. 국민보건에 중대한 위해가 발생할 우려가 있는 경우 복지부 장관이나 시·도지사가 의료기관·의료인에게 명령을 할 수 있도록 한 것으로 의료법 제59조를 근거로 한다. 헌법 제10조가 규정한 인간 존엄과 가치인 생명권을 보호하기 위해 정부가 사업자(병원)의 자율권과 근로자(의사)의 단결권 일부를 공권력으로 제한하기 때문에 기본권침해 논란이 있다.

한편 재학 중인 의대생들은 휴업과 휴학으로 항의하고 있다. 휴학을 신청했음에도 지도교수·학부모 서명 등 정당한 절차나 요건을 지키지 않은 휴학을 제외한 유효휴학 신청건수만도 정부 발표 한 달 만인 3월 12일 5,451건에 달하는 것으로 집계됐다. 이는 지난해 4월 기준 전국 의대 재학생(1만 8,793명)의 29.0% 수준이다.

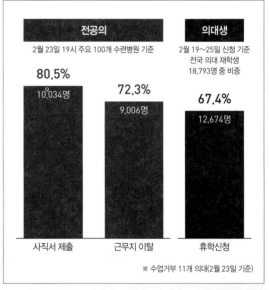

의대증원 반발 전공의·의대생 집단행동

전공의		의대생
2월 23일 19시 주요 100개 수련병원 기준		2월 19~25일 신청 기준 전국 의대 재학생 18,793명 중 비중
80.5%	**72.3%**	**67.4%**
10,034명	9,006명	12,674명
사직서 제출	근무지 이탈	휴학신청

※ 수업거부 11개 의대(2월 23일 기준)

자료 / 교육부

3월 3일에는 의협 비상대책위원회 주도의 '전국의사총궐기대회'가 여의도에서 있었다. 집회에는 주최 측 추산 4만명(경찰 추산 1만 2,000명)의 의사·전공의·의대생 등과 그 가족들이 "의료노예 거부"를 외치며 여의대로 일대 4개차로를 가득 메웠고, 결의문을 통해 "정부는 의료비 폭증을 불러올 수 있는 의대정원 증원문제를 원점에서 재논의하고 의학교육의 부실화를 초래할 수 있는 의대정원 2,000명 증원 추진을 즉각 중단하라"고 요구했다. 의대 교수들도 "정부가 총선용이 아닌 진짜 의료개혁을 원한다면 일방적인 추진 말고 의료현장 실태와 교육여건에 맞는 방안을 협의해 추진하자"고 요구했다.

건보재정으로 민간병원 지원? … '간호법' 재소환?

그러나 정부는 '사전에 협의를 마쳤음에도 의사들이 입장을 번복한 것'이라며 관련해서 추가대화에 나서지 않겠다는 입장이다. 그러면서 의협 전·현직 간부 4명의 출국금지를 요청하고 집회에서의 불법행위에 대해 법적문책을 시사했다. 이 외에도 이탈 전공의 중 복귀를 희망하거나 현장에 남은 전공의를 보호한다며 '전공의 보호·신고센터'를 설치하고, 전공의들 사이에서 현장에 복귀하지 못하도록 교사·방조하는 행위와 협박성 보복 등 위법사항이 있는지 점검해 법적으로 조치하겠다고 밝혔다.

또한 국민건강보험(건보) 재정 1,882억원을 전공의 이탈로 대규모 손실을 입은 수련병원(민간 대형병원) 지원 등 비상진료체계 운영을 위해 사용하겠다고 밝혔다. 건보재정이 어렵다면서 건강보험 보장성 축소를 추진하고 공공병원 지원을 축소하고 있는 윤석열정부의 행보가 무색하게 대형 민간병원들의 매출감소를 건보재정으로 메꿔주겠다는 것이다.

의사들의 의대증원 반대집회(3월 3일 여의도)

간호사가 한시적으로 의사의 업무 일부를 합법적으로 대신할 수 있게 하는 '진료지원인력 시범사업'도 전면 시행했다. 그동안 법적지위를 보장받지 못한 채 사실상 불법으로 의사업무 일부를 맡아온 진료보조 간호사(PA간호사)들의 업무범위를 명확히 해 고

소·고발 등 법적위험을 줄여주고 의료공백을 이들을 통해 메꾼다는 취지다. 그러나 시행령이 구체적인 업무범위 제시 없이 병원이 '알아서' 간호사 업무 범위를 정하는 방식인 탓에 현장에서는 혼란이 가중되고 있다.

PA간호사는 의료법에 따라 의사 지도 아래 진료보조 업무를 하게 돼 있는데, 현재 이들의 업무범위와 의사의 지도방식에 대한 법적근거가 없다. PA간호사의 일부 합법화를 담은 간호법이 지난해 4월 국회를 통과했지만, 윤 대통령은 "직역 간의 과도한 갈등을 불러일으키고, 간호업무의 탈의료기관화는 국민건강에 대한 불안감을 초래한다"며 거부권을 행사한 바 있다. 하지만 간호법 재논의 카드를 꺼낸 정부와 여당은 애초에 간호법에 찬성했던 더불어민주당이 제정 추진에 나서자 "간호법 제정 취지를 부정한 적 없다"면서도 "서두르지는 않겠다"는 입장이어서 간호법을 '전공의 압박용'으로만 이용하겠다는 것 아니냐는 비판이 나온다.

정부와 의사들 간 대립이 첨예한 가운데 또다시 서울의대 교수협의회 비상대책위원회는 국민을 내세워 전원사직에 합의했고, 정부는 정부대로 국민을 내세워 "잘못된 행동에 상응한 책임을 묻겠다"고 강경한 입장만 내세우고 있다. 그러나 그들이 내세우는 국민은 정작 응급실을 찾지 못해 병원을 전전하고, 진료와 수술이 미뤄지는 등 극심한 의료불편을 겪고 있다. 일명 응급실 뺑뺑이와 진료사고도 잇달아 발생하고 있다. 이런 가운데 전공의가 의료행위를 거의 전담하는 대형병원과 달리 전문의 위주의 중형병원에는 대형병원에서 거부당한 환자들이 몰려들어 의외의 특수를 누리고 있다. 시대

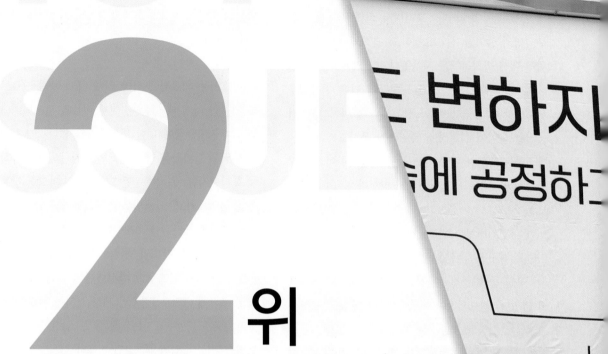

2위

정권 심판 vs 운동권 심판,
총선 레이스 개막

새로운 국회를 향한 제22대 국회의원 선거 레이스가 뜨겁게 이어졌다. 이번 선거에서 야권은 윤석열정권에 대한 심판을 전면에 내걸었고, 여당은 한동훈 전 법무부 장관을 비상대책위원장으로 앞세워 운동권청산을 천명하고 나섰다. 이번 총선 레이스에서 야당인 더불어민주당은 친명·비명으로 갈린 공천 잡음으로 시끄러운 가운데 탈당과 신당합류가 이어졌고, 여당 또한 공천 물갈이가 거의 이뤄지지 않았다는 평가를 받았다. 한편 이번 총선은 이재명 민주당 대표와 한 비대위원장의 차기 대선 예비고사가 될 것이라는 전망도 나왔다.

특별시선거관리

는 **소중한 가치**

명하게 선거를 관리하겠습니다.

 ## 선거일 투표

4월 10일(수)
오전 6시~오후 6시

른회

자세한 사항은
중앙선거관리위원회
kr   누리집(nec.go.kr)에서

'원내 1당'을 향한 거대양당의 진검승부

거대양당인 국민의힘과 더불어민주당은 제22대 총선을 한 달 여 앞두고 공천이 마무리 국면에 접어듦에 따라 전열을 정비하고 '원내 1당'을 목표로 진검승부를 펼쳤다. 이번 총선은 2022년 6·1지방선거 이후 2년 만의 전국단위 선거로 집권 3년 차를 맞는 윤석열정부 중간평가 성격과 21대 국회를 장악한 민주당에 대한 평가가 공존하는 선거가 될 것으로 예측됐다. 이와 함께 거대양당의 공천파장, 의대증원 이슈의 전개, 예기치 않은 막말논란 등이 막판 표심에 영향을 줄 것으로도 전망됐다. 제3지대 신당이 거대양당에 거부감을 느낀 중도·부동층을 얼마만큼 결집해낼지도 주목됐다.

국민의힘은 총선승리를 통해 '여소야대' 의회지형을 바꾸겠다고 벼렀다. 그래야만 각종 국정과제를 본격적으로 추진하고, 진정한 정권교체를 완성할 수 있다는 것이다. 민주당은 직전 대선과 지방선거 등 전국단위 선거 2연패 고리를 끊어내고 입법부 수성 의지를 보였다. 정권독주를 견제하는 동시에 차기 대선을 향한 교두보를 마련하겠다는 각오였다. 양당이 총선 목표의석수를 구체적으로 제시하지는 않았지만, 내부적으로는 '원내 1당'이 최우선 목표로 꼽혔다. 나아가 입법 주도권을 쥘 과반(151석) 의석을 누가 확보할지가 최대 관전포인트로 주목됐다.

'운동권 청산'과 '정권 심판'의 대격돌

한동훈 국민의힘 비상대책위원장은 이번 총선이 민주당 주류인 운동권 특권세력을 청산해야 할 기회라고 주장해왔다. 임종석 전 대통령 비서실장 등 일부 86(1980년대 학번, 1960년대생)인사가 공천에서 탈락하긴 했지만, 여전히 '운동권 청산론'이 시대정신으로 유효하다고 강조했다. 특히 야권 **비례대표*** 위성정당 등을 통해 진보당과 시민단체 등에서 "더 나쁜 운동권 특권정치세력"이 들어오는 구조가 됐다고 주장했다.

민주당은 이번 선거가 무엇보다 정권 심판의 성격을 지니고 있다고 주장했다. 물가 등 민생경제 지표가 악화한 점을 근거로 현 정권의 국정운영에 경종을 울려야 한다는 입장이다. 이재명 민주당 대표는 지도부 회의와 주요격전지 방문 등을 통해 "무도한 윤석열정권 심판"을 연일 외쳤다. "회초리로 혼을 내정신이 들게 해야 국민 무서운 줄 안다"는 '회초리론'도 주요키워드로 내세웠다.

공천 파동으로 출렁인 여야 지지율

여야의 공천 파열음은 이번 총선의 최대변수 중 하나였다. 공천 잡음이 당 지지율에 영향을 미쳤기 때문이다. 초반 국민의힘은 민주당에 비해 비교적 안정적으로 공천이 진행된 것으로 평가됐으나 물갈이가 거의 이뤄지지 않아 '중진불패'라는 지적이 나왔다. 그러나 김건희 여사 특검과 대장동 50억클럽 특검(쌍특검) 재표결 후에 본격적인 공천이 이뤄지면서 공천탈락에 반발해 탈당과 무소속 출마가 이어지고, 심지어 분신을 시도하는 일까지 발생했다. 특히 막말논란으로 당내에서도 사퇴요구가 있었던 장예찬·도태우 예비후보들은 공천이 취소되자 "승리해 돌아가겠다"며 탈당·무소속 출마의 뜻을 밝히기도 했다.

민주당의 경우 '비명횡사·친명횡재' 논란 속에 김영주 의원 등 비주류 6명이 탈당하며 파열음이 거칠게 터져 나왔다. 다만 임종석 전 실장 등 86그룹 일부가 탈락하며 어느 정도는 세대교체를 이뤘다는 평가도 나왔다.

이 같은 공천국면에서 여야 지지율이 오차범위 밖 격차로 벌어지는 여론조사 결과도 나왔다. 3월 1일 발표된 한국갤럽 조사에서 국민의힘 지지도는 40%, 민주당이 33%였다. 윤 대통령 국정지지율은 39%로 지난해 7월 이후 8개월 만에 40%에 육박했다. 고전하던 국민의힘은 '한동훈 비대위' 출범 후 반전의 계기를 마련했고, 민주당은 공천과정에서 터져 나온 잡음이 악재가 된 형국으로 분석됐다. 아울러 대통령 지지율이 오른 것은 의대정원 확대에 대한 정부의 강공 드라이브가 영향을 미친 것으로 한국갤럽은 분석했다. 그러나 한국갤럽을 제외한 대부분의 여론조사기관의 조사에서는 민주당이 국민의힘에 10% 정도 앞서 지난 1년 동안의 형세에 큰 변화가 없는 것으로 나타났다. 이 때문에 경선과정에서 당내 결집이 이뤄지면서 보수가 과표집돼 나타난 일시적 역전으로 평가됐다.

차기 대권잠룡 희비 갈린 '대권 예비고사'

한편 총선결과에 따라 여야 '대권잠룡'들의 희비도 크게 엇갈릴 것으로 예측됐다. 향후 4년의 의회권력을 놓고 벌이는 벼랑 끝 승부인 만큼 차기 대권주자들의 정치적 명운도 총선을 계기로 중대기로를 맞게 된다. 특히 거대양당 수장인 한 비대위원장과 이 대표에게는 이번 총선이 2027년 대선의 예비고사가 될 것으로 전망됐다. 두 사람은 차기 대선후보 적합도를 묻는 각종 여론조사에서 1위를 놓고 엎치락뒤치락하는 모습을 보였다.

특히 한 비대위원장은 '정치신인'에서 단숨에 유력 대권주자로 발돋움할 수 있다. 정치권에 들어오기 전부터 차기 대선주자 명단에 올랐던 그가 위기에 빠진 여당의 구원투수로서 총선을 승리로 이끌면 정치적 능력을 인정받으며 향후 여권의 대권경쟁에서 독주체제를 굳힐 수 있다. 반대로 패하면 한 위원장이 입을 타격은 예상보다 클 것이라는 관측이 많았다. 그간 나타난 각종 잡음과 문제점이 수면 위로 급격히 떠오르면서 책임론에 휘말릴 수 있다. 불완전 해소 상태에서 덮어놓았다는 지적이 있는 윤 대통령과의 갈등구도가 재차 부각될 가능성도 있다.

이재명 대표(왼쪽)와 한동훈 비대위원장

한편 이 대표는 여전히 야권의 가장 무게감 있는 대권주자로 꼽힌다. 비록 지난 대선에서 졌지만, 역대 민주당 계열 대선후보 가운데 최다득표를 한 데다 아직 당내에 마땅한 경쟁자는 보이지 않는 상태다. 이 대표가 '과반의석 달성'과 함께 원내 1당을 지켜내면 독보적 대권주자 위상은 더 강화될 전망이다. 반면, 패배해 원내 1당 자리를 내줄 경우 적지 않은 정치적 타격을 받을 것으로 보인다. 무엇보다 공천과정에서 친명(친이재명)계와 비명(비이재명)계로 갈리면서 계파갈등이 거셌던 만큼 총선패배 책임은 고스란히 이 대표에게 돌아갈 수밖에 없다. 시대

3위

군사보호구역에 그린벨트까지
토지규제 해제 추진

정부가 2월 21일 개발제한구역(그린벨트) 규제 완화방안을 발표한 데 이어 26일 여의도 면적의 117배에 달하는 군사시설보호구역을 대대적으로 해제한다고 발표했다. 윤석열 대통령은 울산과 충남에서 각각 열린 민생토론회에서 이 같은 계획을 밝혔다. 그린벨트는 '국민의 불편'을 기준으로, 군사시설보호구역은 '안보에 지장을 주지 않는 범위'를 기준으로 해제해 그동안 개발이 제한돼왔던 지역의 발전을 도모하겠다는 것이다. 그러나 정부의 이러한 방침이 보호지역 확대를 추진 중인 국제사회의 움직임과 상충한다는 우려가 나온다.

2025년부터 그린벨트 해제 본격화 '속도전'

그린벨트는 1971년 수도권을 시작으로 1977년까지 8차례에 걸쳐 전국 14개 도시권에 총 5,397km²가 지정됐는데, 이는 전 국토의 5.4%에 해당한다. 1990년대 말 이후 국민임대주택 공급, 보금자리주택사업, 산업단지 조성 등을 위한 해제가 이어지면서 지금은 7대 광역도시권 내 3,793km²(국토의 3.8%)가 남아 있다. 이중 비수도권 그린벨트가 전체의 64%를 차지한다.

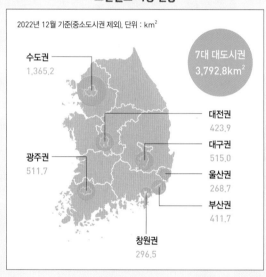

그린벨트 지정 현황

2022년 12월 기준(중소도시권 제외), 단위 : km²

7대 대도시권
3,792.8km²

수도권
1,365.2

대전권
423.9

대구권
515.0

광주권
511.7

울산권
268.7

부산권
411.7

창원권
296.5

자료 / 국토교통부

정부는 우선 반도체, 방위산업, 원전 등 국가전략사업뿐 아니라 지방자치단체(지자체)가 '지역전략사업'을 추진하는 경우에도 예외를 인정해 이에 필요한 그린벨트 해제면적을 지자체가 해제 가능한 총량에서 제외하기로 했다. 그린벨트 관련 규제 완화는 법 개정 없이 국토부 훈령(개발제한구역의 조정을 위한 도시·군관리계획 변경안 수립지침)만 고치면 추진할 수 있다. 정부는 5월 안에 관련 지침을 개정해 적용할 계획이다. 특히 지역전략사업 추진을 위한 그린벨트 해제는 신청부터 중도위 심의까지 1년 이내에 완료하는 속도전을 펴기로 했다. 진현환 국토교

통부(국토부) 1차관은 "지역전략사업 선정이 빠르면 올해 3분기, 늦어도 연내 가능할 것으로 본다"며 "2025년에는 비수도권 그린벨트 해제가 본격화해 사업에 착수할 수 있을 것"이라고 말했다.

1·2등급지도 해제 … 국제협약과 상충 우려

정부는 그린벨트 해제를 통해 산업·연구·물류단지 조성이 활성화되고 기업투자가 확대될 것으로 기대하고 있으나, 이러한 정책이 국제사회의 움직임과 상충한다는 우려도 나온다. 국제사회는 2022년 12월 캐나다 몬트리올에서 열린 제15차 생물다양성협약 당사국총회(COP15)에서 2030년까지 지구의 30% 이상을 보호지역이나 자연공존지역*(OECM)으로 지정해 관리하자는 목표를 설정했다. 대표적인 예가 사찰이 소유한 숲(사찰림)이다. 사찰의 경치와 운치를 보전하고 사찰에 필요한 임산물을 확보하기 위한 사찰림은 관리주체가 명확하고 개발될 여지가 적어 OECM에 부합한다고 평가된다. 국립공원과 같은 법정보호지역은 지정되면 강한 개발규제가 부과돼 반발이 크기 때문에 향후 보호지역 확대는 OECM 중심으로 이뤄질 가능성이 크다.

자연공존지역

법정보호지역으로 지정된 곳은 아니지만, 상수원보호구역이나 자연환경보전지역처럼 생물다양성 보전에 장기간 이바지하면서 관리되는 지역을 말한다. 우리나라는 2022년 COP15에서 채택된 '쿤밍-몬트리올 글로벌 생물다양성 프레임워크(K-MGBF)' 실천목표를 달성하기 위해 2030년까지 육상 및 해양의 30%를 지정·관리한다는 비전을 제시한 바 있다.

현재 우리나라 육상보호지역은 1만 7,505km²로 국토의 17.5%에 그쳐 30%를 맞추려면 대폭 확대가 필요하다. 환경부는 국립공원공단을 통해 국내 실정에 맞는 OECM 기준을 수립하고 후보지를 찾는 작업을 진행 중이다. 그런데 정부는 지난해 12월 발표

한 '국가보호지역 확대 로드맵'에 OECM 잠재후보지를 제시하면서 이전에 거론되던 그린벨트와 군사시설보호구역을 제외시켰다. 그린벨트는 '도시가 무질서하게 외곽으로 확산하는 것을 방지'하려는 목적에서 지정되는 국토계획법상 구역으로 OECM에 해당한다고 보기 어려우니 후보지에 포함하지 말아 달라는 국토부 요청이 있었던 것으로 알려졌다.

하지만 학계에서는 그린벨트를 OECM 중 하나로 꼽는다. 지난해 8월 국립공원공단 국립공원연구원 연구진이 발표한 논문에 따르면 국내 자연환경 전문가 61명 설문조사에서 그린벨트는 자연환경국민신탁 보전재산과 보전협약지, 세계자연유산 완충구역 등과 함께 OECM에 부합하는 지역으로 꼽혔다. 특히 평가가 이뤄진 28개 지역 중 그린벨트는 부합도 점수가 5번째(5.63점)로 높았다. 문제는 정부가 그린벨트 해제가 쉽도록 규제를 완화해 비수도권을 중심으로 대폭 해제될 전망이라는 점이다. 정부는 환경적 보전가치가 높아 원칙적으로 해제할 수 없는 환경평가 1·2등급지의 그린벨트 해제도 전면 허용하기로 한 상태다. 현재 전국 그린벨트 중 1·2등급지 비율은 79.6%인데, '지역경제 활력 제고' 등 정부가 원하는 효과가 나타나기 위해서는 1·2등급지 해제가 불가피할 정도로 비중이 크다. 정부는 환경적 보전가치를 고려해 그린벨트에서 해제되는 면적만큼 신규지정을 하기로 했지만, 면적만 동일하게 유지하는 것은 큰 의미가 없다는 지적이 나온다.

역대 최대규모 군사시설보호구역 해제

한편 정부는 군사시설보호구역(보호구역) 해제도 추진하고 있다. 국방부는 매년 군사작전에 미치는 영향 등을 검토해 국방장관이 지정한 보호구역 중 일부를 해제해왔는데, 올해 역대 최대규모로 해제가 단행됐다. 2월 26일 국방부에 따르면 보호구역에서

해제되는 지역은 군 비행장 주변(287km²), 작전에 미치는 영향이 없는 접경지역(38km²), 민원이 제기된 곳을 포함한 기타 지역(14km²) 등 총 339km² 규모로 주로 수도권에 몰려 있다.

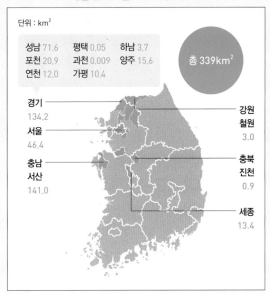

지역별 군사시설보호구역 해제 규모

단위 : km²

성남 71.6	평택 0.05	하남 3.7
포천 20.9	과천 0.009	양주 15.6
연천 12.0	가평 10.4	

총 339km²

경기 134.2
서울 46.4
충남 서산 141.0

강원 철원 3.0
충북 진천 0.9
세종 13.4

자료 / 국방부

이에 충남 서산과 경기 성남 등 7개 지역과 강원 철원 등 4개 접경지역을 포함해 민원이 제기된 경기도 평택 고덕국제신도시와 세종시 연기비행장 주변 보호구역은 군사기지 및 시설의 유무, 취락지역 및 산업단지 발달 여부 등을 고려해 군 작전에 미치는 영향이 없는 범위 내에서 보호구역이 해제된다. 그러나 강남 우면산 일대가 포함돼 있어 강남부자들을 위한 해제라는 비판도 나온다. 한편 해당 지역에서는 높이제한 없이 건축물의 신축·증축 및 토지개간·지형변경이 가능해진다. 국방부는 "보호구역 해제를 통해 군사시설 인근 주민의 재산권을 보장하고 지역개발을 통한 경제활성화 여건을 마련할 수 있게 됐다"며 "향후 군·지자체·주민 간 소통을 통해 국민불편이 최소화될 수 있도록 보호구역 해제·완화를 적극적으로 추진할 것"이라고 밝혔다. 🔲

기념관부터 '건국전쟁'까지 …
이승만 재평가 논란 불 지펴

보수진영을 중심으로 이승만기념관 건립이 추진되는 가운데 오세훈 서울시장이 건립부지로 종로구 열린송현녹지광장(송현광장)을 공식적으로 언급했다. 오 시장은 "아직 송현동으로 정리된 게 아니다"라며 확정적 답변 대신 "어디가 바람직한지를 본격적으로 논의할 시점"이라는 입장을 취했다. 이승만 전 대통령의 생애와 정치를 조명한 다큐멘터리 영화 '건국전쟁'의 이례적 흥행과 이 전 대통령에 대한 재평가 움직임 속에 여론을 띄워보기 위한 것으로 해석되지만, 이념적 대립이 여전한 역사적 인물의 기념관을 광화문 한복판에 유치한다는 구상을 놓고서 찬반논란이 불가피해 보인다.

열린송현녹지광장

오 시장, "이승만 대통령 공과 균형 있게 봐야 해"

오 시장은 2월 23일 제322회 서울시의회 임시회 시정질문에서 이승만기념관 건립장소로 가장 가능성이 높은 곳이 송현광장이라며 기념관 건립 추진 의지를 내비쳤다. 오 시장은 "영화 '건국전쟁' 등이 상영되는 것이 일종의 공론화와 공감대 형성의 과정"이라며 "이제는 입지가 어디가 바람직한지를 본격적으로 논의할 시점"이라고 말했다.

최근 여권에서는 이 전 대통령의 생애를 다룬 다큐멘터리 영화 '건국전쟁' 상영을 계기로 이 전 대통령에 대해 재평가해야 한다는 목소리가 높아졌다. 이런 분위기 속에서 오 시장도 자신의 페이스북에 '건국전쟁'을 관람한 소감을 남긴 후에 올린 글에서 독립운동·자유민주주의·한미동맹 등의 성과를 거론하며 균형 잡힌 시각으로 초대 대통령의 공과를 담아낼 수 있는 기념관 건립이 꼭 필요하다는 의견을 피력했다.

영화 '건국전쟁'

이승만 재평가에 대한 반발도 거세

기념관 추진은 지난해 발족한 이승만대통령기념관 건립추진위원회가 주도하고 있는데, 그동안 배재학당 역사박물관 인근(서울 중구), 이승만연구원(서울 종로구), 낙산근린공원(서울 종로구) 등이 후보지로 거론돼왔고 원로배우 신영균 씨도 본인 사유지를 건립부지로 기증하겠다는 의사를 밝히기도 했다.

하지만 이 전 대통령 재평가 움직임을 두고서는 반발도 거세다. 헌법 전문에 '4·19* 민주이념 계승'이 명시돼 있고, 제주4·3사건 등 민간인 학살의 책임에서 이 전 대통령이 자유롭지 못하기 때문이다. 충분한 공감대 형성 없이 이승만기념관 건립을 추진할 경우 정치권은 물론 시민사회의 반발에 직면할 수 있다는 지적도 나온다.

4·19혁명

1960년에 이승만과 자유당 정권의 3·15부정선거에 대한 항의로 4·19혁명이 발발했다. 그 결과 이승만이 하야하고 수립된 과도정부는 부정선거를 단행한 자유당 간부들을 구속했으며, 국회는 내각책임제와 양원제를 골자로 한 개헌안을 통과시켰다. 이후 구성된 국회를 통해 윤보선이 대통령으로 선출됐고, 장면이 국무총리로 지명돼 장면내각이 성립됐다.

실제로 제주4·3희생자유족회 등 제주지역 59개 시민사회단체는 2월 27일 공동성명을 내고 "오세훈 서울시장은 이승만기념관 설립시도를 중단하라"고 촉구했다. 이들 단체는 "이승만은 독재와 부정선거에 맞서 싸운 학생과 시민의 힘으로 역사에서 퇴장한 인물"이라며 "대한민국 헌법에도 불의에 항거한 4·19혁명 정신은 계승해야 할 역사임을 분명하게 명시하고 있다"고 꼬집었다.

영화 '건국전쟁' 제작발표회에서 인사하는 김덕영 감독

한편 '건국전쟁'의 김덕영 감독은 2월 26일 동시기 개봉한 영화 '파묘'의 흥행몰이를 두고 "좌파들이 몰리고 있다"고 주장했다. 그는 "또다시 반일주의를 부추기는 '파묘'에 좌파들이 몰리고 있다"며 "'건국

전쟁'에 위협을 느낀 자들이 '건국전쟁'을 덮어버리기 위해 '파묘'로 분풀이하고 있다"고 적었다. '파묘'는 전통적인 풍수지리와 무속신앙을 결합하며 일제강점기 역사 이야기를 녹여냈다. 이를 두고 김 감독이 '반일주의'로 규정한 것이다. 이 때문에 '반일'과 '좌파'를 구분하지 못한다는 비판도 함께 받고 있다.

바이든 vs 트럼프 … 112년 만에 전·현직 격돌 확정

미국 연방대법원이 도널드 트럼프 전 대통령의 오는 11월에 있을 미국 대통령선거(대선) '출마자격'을 박탈한 콜로라도주 대법원 판결을 3월 4일(현지시간) 만장일치로 뒤집었다. 이 판결로 대선가도의 마지막 걸림돌을 치운 트럼프 전 대통령은 조 바이든 현 대통령과 함께 다음 날(5일) 미국 17개 지역에서 열린 **슈퍼화요일***(Super Tuesday) 당내 대선경선에서 각각 압승을 거뒀다. 이로써 전·현직 대통령의 맞대결이 사실상 확정됐다. 이에 각각 민주당과 공화당 대선후보 확정을 앞둔 두 사람은 경선결과가 나오자마자 서로를 겨냥하며 11월까지 8개월간 이어질 대선 본선 레이스의 시작을 알렸다.

슈퍼화요일

미국 대통령선거에서 가장 큰 규모의 당대회·예비선거가 한꺼번에 열리는 날이다. 민주당의 해외거주자를 위한 글로벌 예비선거도 이 날짜에 같이 열린다. 2024년의 경우 3월 5일 민주당은 15개주와 미국령 사모아에서, 공화당은 15개주에서 예비선거를 치렀다. 각 당의 대선후보 확정에 필요한 최소 대의원의 수는 민주당 1,968명, 공화당 1,215명이다.

미국 역사상 7번째 리턴매치

지난 2020년 대선에서 맞붙었던 바이든 대통령과 트럼프 전 대통령이 슈퍼화요일에 자신의 정당에서 압도적으로 대의원을 확보, 각 정당의 대선후보로 사실상 확정됐다. 상당수 주에서 경선일정이 남아 있기는 하지만, 바이든 대통령의 경우 민주당 내에 사실상 경쟁자가 없는 추인절차에 불과하기 때문에 후보가 바뀔 일은 없어 보인다.

미국 '슈퍼화요일' 경선결과

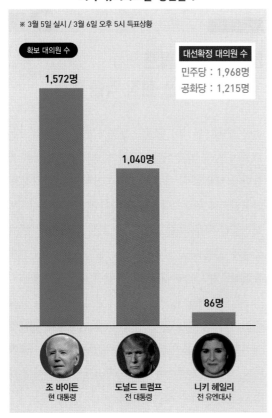

※ 3월 5일 실시 / 3월 6일 오후 5시 득표상황

확보 대의원 수

대선확정 대의원 수
민주당 : 1,968명
공화당 : 1,215명

1,572명

1,040명

86명

조 바이든
현 대통령

도널드 트럼프
전 대통령

니키 헤일리
전 유엔대사

자료 / 미국 연방선거관리위원회, CNN

공화당의 경우 트럼프 전 대통령의 유일한 당내 경쟁자였던 니키 헤일리 전 유엔대사가 슈퍼화요일에 15개주 가운데 버몬트(대의원 17명)를 제외한 14개주에서 트럼프 전 대통령에 완패하면서 경선참가 중단을 선언함에 따라 트럼프 전 대통령의 대선행은 변수가 없는 한 확정적이다. 앞서 지난해 12월 콜로라도주 대법원이 2021년 '1·6 미국 연방의사당 난입사건' 당시 "트럼프가 평화적인 권력이양을 방해하기 위해 폭력과 불법적인 행동을 선동하고 장려했다"며 대선 출마자격을 박탈했던 것도 상급법원인 미국 연방대법원에 의해 무효화되면서 트럼프 전 대통령의 대선행을 가볍게 했다.

조 바이든 대통령

누가 되더라도 '가장 나이 많은' 미국 대통령

이로써 이번 대선에서 누가 당선돼도 여러 가지 '이색기록'을 남기게 됐다. 우선 이번 대선은 1912년 26대 대통령인 시어도어 루스벨트가 공화당을 탈당해 대선에 다시 출마하면서 당시 공화당 대선후보이자 현직(27대) 대통령이었던 윌리엄 하워드 태프트와 경쟁을 벌인 이후 112년 만에 전직 대통령이 현직 대통령에 도전하는 사례다. 그 이전 사례는 1892년으로 거슬러 올라간다. 당시 대선에서는 현직이었던 벤저민 해리슨(23대, 공화) 대통령을 제치고 전직 대통령인 그로버 클리블랜드 대통령(22대, 민주)이 승리했다. 따라서 트럼프 전 대통령이 이번 대선에서 승리한다면 클리블랜드 전 대통령에 이어 132년 만에 미국 역사상 두 번째로 연속이 아닌 징검다리로 재집권에 성공한 대통령이 된다.

바이든 대통령과 트럼프 전 대통령의 재대결은 미국 대선 역사상 일곱 번째로 같은 후보가 다시 맞붙은 사례이기도 하다. 직전 사례는 1956년 드와이트 아이젠하워(34대, 공화) 당시 대통령이 애들레이 스티븐슨 당시 민주당 후보와 두 번째로 대결한 것으로 당시에는 아이젠하워 대통령이 연거푸 승리를 거둔 바 있다.

도널드 트럼프 전 대통령

또 이들 중 누가 당선되든 '역대 최고령 대통령'이라는 기록도 쓰게 된다. 1946년 6월 14일에 태어난 트럼프 대통령이 재집권하면 만 78세 7개월에 취임해 미국의 역대 최고령 대통령이 된다. 1942년 11월 20일생인 바이든 대통령은 2021년 취임 당시 78세 2개월이었다. 바이든 대통령 또한 재선에 성공한다면 2025년 82세의 나이에 다시 취임하며 자신의 기록을 갈아치우게 된다.

`HOT ISSUE`

6위

태아성별 언제든 알 수 있다 …
헌재 "고지금지 조항 위헌"

임신 32주 이전까지 의료인이 태아의 성별을 알려주는 것을 금지한 기존 의료법 조항에 대해 헌법재판소(헌재)가 위헌 결정을 내렸다.

헌법재판소

헌재, '32주 이전 성별고지 금지' 조항 위헌 결정

헌재는 2월 28일 '32주 이전 성별고지 금지'가 명시된 의료법 20조 2항에 대해 재판관 6 대 3 의견으로 위헌 결정했다. 9명 전원이 해당 조항이 헌법에 어긋난다는 데 동의했으며, 이중 재판관 3명은 위헌 결정보다는 **헌법불합치*** 결정을 통해 국회에 개선 입법시한을 줘야 한다는 소수의견을 냈다. 해당 판결 이전까지 의료인은 임신 32주 이전에 태아의 성별을 임신부나 그 가족 등에게 알려줄 수 없었으나, **이날 위헌 결정으로 즉시 효력이 발생하면서 임신 주수과 상관없이 언제든지 의료진에게 태아의 성별을 문의할 수 있게 됐다.**

헌법불합치

법 규정의 위헌성이 확인됐으나 위헌 결정을 내릴 경우 당일부터 해당 규정의 효력이 상실됨으로써 생길 수 있는 각종 혼란을 방지하기 위해 관련 법이 개정될 때까지 한시적으로 법적 효력을 인정해주는 헌재의 변형결정 중 하나다. 헌법불합치 판결을 내리기 위해서는 재판관 6인 이상의 찬성이 필요하며, 결정이 내려지면 국회와 행정부는 헌재가 제시한 기간까지 해당 법률을 개정해야 한다.

다수의견을 낸 6명의 재판관은 "임신 32주 이전 태아의 성별을 알려주는 행위를 태아의 생명을 직접적으로 위협하는 행위로 보고 태아의 생명을 박탈하는 낙태의 전 단계로 취급해 제한하는 것은 더 이상

타당하지 않다"고 밝혔다. 또 "부모가 태아의 성별을 알고자 하는 것은 본능적이고 자연스러운 욕구로 태아의 성별을 비롯해 태아에 대한 모든 정보에 접근을 방해받지 않을 권리는 부모로서 누려야 할 마땅한 권리"라며 "(금지조항은) 현저하게 불합리하고 불공정하다"고 지적했다.

반면 소수의견을 낸 재판관 3명은 다수의견의 주된 취지에는 동의하면서도 태아의 성별고지를 제한 없이 허용하기보다 32주라는 기존 제한기간을 앞당기는 게 맞다는 반대의견을 냈다. 이들은 "우리 사회에서 성별을 이유로 한 낙태 발생 가능성은 여전히 남아 있으므로 국가는 낙태로부터 태아의 생명을 보호할 책임을 소홀히 해서는 안 된다"며 "(일거에 폐지하기보다는) 태아의 성별고지를 앞당기는 것으로 개정함으로써 침해를 최소화해야 한다"고 밝혔다.

여아 낙태 막고자 1987년 제정된 지 37년 만

이로써 남아선호사상으로 인한 무분별한 여아 낙태를 막기 위해 1987년 제정된 '태아 성감별 금지법'은 37년 만에 역사 속으로 사라졌다. 헌재가 꼽은 위헌 결정의 주된 이유는 시대변화에 따른 '성평등의식 확대'와 '성비불균형의 해소'였다. 국민의 가치관과 의식이 변화하면서 전통 유교사회의 영향인 남아선호사상이 확연히 쇠퇴했고, 이로 인해 부모의 알권리를 과도하게 침해하는 태아 성감별 금지조항도 타당성을 잃었다는 것이다.

해당 조항이 만들어진 1980년대 말~1990년대 초만 해도 남아선호사상과 산아제한정책, 의료기술의 발달에 따른 여아 낙태가 무분별하게 이뤄졌다. 이에 대해 여성계·종교계의 지적이 이어지자 1987년 태아의 생명을 보호하고 성비불균형을 막기 위한 목적으로 출산 전 태아 성감별을 원천적으로 금지하는 조항이 제정됐다. 그러나 2000년대 들어 성비불균형이 점차 해소되면서 법이 시대의 변화를 따라가지 못한다는 지적이 이어졌다. 이에 제정 21년 만인 2008년 헌재가 한 차례 헌법불합치 결정을 내렸고, 법 개정을 거쳐 원칙적으로 전면 금지됐던 태아 성별고지는 임신 32주가 지나면 가능해지는 방향으로 완화됐다.

하지만 임신 8개월이 지나서야 태아의 성별을 알 수 있도록 하는 것 또한 부모의 정보접근권을 침해하는 것은 마찬가지이고, 성감별이 가능한 임신 16주부터 태아의 성별을 부모에게 우회적으로 알려주는 행위가 별다른 제재 없이 이뤄지고 있어 현실을 외면한 규정이라는 비판이 끊이지 않았다. 이처럼 시대의 변화로 입법목적이 상당 부분 달성된 데다 의료현장에서 사실상 사문화된 만큼 헌재 역시 조항을 남겨둘 필요성도 사라졌다고 판단한 셈이다. 다만 현행 법률상 낙태를 처벌할 수 있는 근거가 전혀 없는 상황에서 태아의 성감별 허용이 자칫 낙태를 더 부추길 수 있다는 우려도 제기되고 있는 만큼 성감별에 의한 낙태를 막기 위한 추가적인 입법 노력이 필요할 것으로 보인다.

7위

청년 지원정책 민생토론회 개최 … 부담 경감 위한 추진계획 발표

3월 5일 국무조정실, 기획재정부, 교육부 등 관계부처는 광명 아이벡스 스튜디오에서 열린 윤석열 대통령이 주재한 '국민과 함께하는 민생토론회'에서 ▲ 양육비 선지급제 도입 ▲ 기업 출산지원금 세제지원 ▲ 국가·근로장학금 확대 ▲ 소득공제 확대 등을 중심으로 한 청년정책 추진계획을 발표했다. 이날 민생토론회는 청년 460여 명이 참석해 목소리를 내는 '청년 신문고' 방식으로 진행됐다.

청년정책 민생토론회에서 발언하는 윤석열 대통령

양육비 선지급제 도입, 출산지원금은 전액 비과세

정부는 한부모가 홀로 아이를 양육하며 비양육자로부터 양육비를 받지 못할 때 정부가 양육비를 먼저 지급하고 비양육자에게 그 비용을 환수하는 '한부모가족 양육비 선지급제'를 단계적으로 도입한다고 밝혔다. 신영숙 여성가족부 차관은 "법적 근거를 조속히 마련하고 관련 시스템을 구축해 내년 하반기부터 도입할 수 있도록 하겠다"고 설명했다. 또 기업이 출산지원금을 지급하면 기업과 근로자의 세부담을 줄이도록 하는 방안도 마련한다. 청년층의 결혼·출산부담을 경감하고자 기업 출산지원금을 최대 2회까지 전액 비과세해 기업의 부담을 덜어주고 더 많은 근로자가 혜택을 받을 수 있도록 하겠다는 것이다.

청년들의 주거부담 완화를 위해서는 연내에 공공분양 6만 1,000호, 공공임대 5만 1,000호를 공급하고 신생아 특례대출과 청년주택드림 대출을 시행하기로 했다. 또 수도권 지역에 4개 연합 기숙사를 착공하고, 대학과 카드사 등과 협의를 거쳐 기숙사비 카드결제를 확대한다는 방침도 밝혔다. 청년 자산형성 지원을 강화하기 위한 방안으로는 청년도약계좌 가입 소득요건을 완화하기로 했다. 이에 따라 현재 청년이 속한 가구의 소득이 중위 180% 이하인데, 중위 250% 이하로 조정할 계획이다. 아울러 가입기간이 5년인 청년도약계좌를 3년만 유지해도 정부가 지원하도록 해 청년들의 자금 활용도를 높이는 한편 군 장병은 **청년주택드림 청약통장***에 가입할 수 있게 하고, 장병내일적금 만기 시 청년주택드림 청약통장에 일시납입할 수 있도록 해서 제대 후 자산형성을 돕기로 했다.

청년주택드림 청약통장

청년층이 내 집 마련을 위해 목돈을 모을 수 있도록 한 상품이다. 소득 5,000만원 이하의 만 19~34세 청년을 대상으로 하며, 이자율은 최저 연 2.0%, 최대 연 4.5%다. 기존 청년 우대형 청약통장에 50만원이었던 월 납부한도를 100만원으로 높였고, 연 납입금의 300만원까지 40% 소득공제를 받을 수 있다. 청년 우대형 청약통장 가입자는 별도의 신청 없이 자동으로 전환 가입할 수 있으며, 일반 청약종합저축 가입자도 소득기준을 비롯한 청년주택드림 청약통장 가입요건을 충족하면 전환 가입이 가능하다.

국가장학금·근로장학생 대폭 확대

국가장학금 수혜범위와 근로장학생도 대폭 확대해 대학생들의 학비부담을 줄이기로 했다. 현재 100만명인 국가장학금 수혜대상을 150만명까지 늘리고, 현재 12만명이 받는 근로장학금도 내년부터 20만명까지 확대한다. 이와 함께 주거장학금을 신설해 연간 240만원까지 지원하는 방안도 검토 중이다. 'K-패스', '청년문화예술패스' 등으로 청년의 대중교통비와 문화비를 지원해서 생활비 부담을 줄이도록 하고, 주소지가 아닌 타지역에 거주하는 청년들을 위해 생활인구에 기반한 청년혜택도 제공할 계획이다. 이밖에 모바일 자가검진 서비스 등 청년 마음관리 지원을 강화하고, 해외체류 시 영사 조력을 확대하며, 청년의 국정참여 채널도 현재보다 더욱 늘리는 내용이 제시됐다.

청년정책 관련 사전 브리핑을 하는 방기선 국무조정실장

그러나 이날 발표된 출산지원금 전액 비과세 조치를 두고 세수중립 등 엄정한 원칙에 따라 최대한 안정적이고 효율적으로 운용돼야 할 조세정책이 대통령의 발언으로 인해 휘청이고 있다는 비판이 나왔다. 정권과 무관하게 국민개세주의·세수중립 등 원칙 아래에서 추진하던 세제개편 맥락과 맞지 않는다는 것이다. 정세은 충남대 경제학과 교수는 "아무리 취지가 좋아도 대통령 한마디에 이렇게 결정돼선 안 된다"라며 "세제 불확실성은 경제의 안정성과 개인의 경제활동을 교란하는 부작용이 있을 수 있다"고 꼬집었다.

최근 갑작스럽게 터져 나오는 굵직한 세제개편안이 대부분 저소득층·중소기업을 외면한 감세정책이라는 지적도 여전하다. 전문가들은 소득이 있는 계층이 주로 혜택을 볼 수 있는 비과세·공제 확대보다는 직접적인 재정투입이 저출산 해소에 더 효과적이라는 의견을 냈다. 이와 함께 최근 금융투자소득세 폐지를 비롯한 잇따른 감세정책과 더불어 역대급 세수감소에 허덕이는 재정에 더 큰 부담을 줄 수 있다는 우려도 내놨다.

비트코인 '롤러코스터 변동성' … ETF·기관투자자 유입 등 요인

가상화폐 대표주자 비트코인이 3월 5일(현지시간) 연이어 사상 최고가를 경신한 직후 14%가량 급락했다가 다시 낙폭을 줄이는 등 롤러코스터 장세를 보였다. 이어 8일에는 사상 처음으로 7만달러대를 돌파하기도 했다.

비트코인, 7만달러대 '사상 최초' 경신

미국 가상화폐 거래소 코인베이스에 따르면 동부시간 기준 3월 8일 오전 10시 30분께 비트코인 1개당 가격이 7만 199달러(시장평균 7만 88달러)까지 치솟았다. 비트코인 가격이 7만달러를 돌파한 것은 이번이 처음이다. 이는 앞선 5일 6만 9,000달러선(코인메트릭스 기준 6만 9,210달러, 시장평균 6만 9,225달러)을 뚫으며 2021년 11월 기록한 사상 최고가(6만 8,991.85달러)를 28개월 만에 갈아치운 지 3일 만이다. 이날 6만 7,000달러대에서 거래되던 비트코인은 갑자기 매수세가 유입되며 순식간에 7만달러 위까지 치솟았다.

미국 경제매체 CNBC 방송은 이날 비트코인 상승세가 "미국 증시 개장과 비슷한 시점부터 시작됐다"며 "현물 상장지수펀드(ETF)가 도입된 후 비트코인은 전통적인 주식거래 시간대에 큰 움직임이 일어나는 경향이 있다"고 짚었다. 이어 "투자자들이 2월 고용보고서를 주시하던 가운데 1월 고용지표가 큰 폭으로 하향조정됐고, 실업률도 상승한 것으로 나타나 올해 금리인하를 시작할 수 있다는 기대감이 초반 상승을 주도한 것으로 보인다"고 분석했다. 그러나 이날 비트코인 가격은 7만달러를 돌파한 후 곧바

로 하락세로 돌아서며 한때 6만 6,000달러선이 위협받기도 했다. 28개월 만에 사상 최고치를 경신했던 5일에도 14% 급락하며 6만달러선 아래까지 추락하는 등 비트코인은 상승세를 이어가면서도 큰 변동성을 보이고 있다.

기관투자자 유입 등으로 가격 고공행진 가능성

블룸버그는 이러한 가격급등락에 대해 투자자들이 차익을 실현하며 '뉴스에 팔라*(Sell-the-News)'는 전략을 취했기 때문이며, 이러한 흐름이 얼마나 이어질지에 대해 모두가 궁금해하고 있다고 평가했다. 최근 비트코인 가격상승의 상당부분은 파생상품 투자자들의 강세베팅에 힘입었다는 게 블룸버그의 설명이다. 가상화폐 데이터 추적업체인 코인글래스 집계를 바탕으로 보면 비트코인 선물시장에서 반대매매(전매, 환매)되거나 결제되지 않고 남아 있는 미결제 약정이 300억달러(약 40조원)를 넘긴 바 있다는 것이다. 또 5~6일 나타난 가격급락은 비트코인 파생상품 시장인 무기한선물(Perpetual Futures) 거래에서 가격상승에 베팅했던 8억달러(약 1조원) 넘는 매수포지션이 강제청산돼 가격하락을 부추겼다는 게 코인글래스 설명이다. 가상화폐 헤지펀드인 MNNC그룹의 아이샤 키아니 최고운영책임자(COO)는 "항상 사상 최고치를 경신한 이후 대규모 청산이 있다"면서 "일부 시장 조정이 예상된다"고 설명했다.

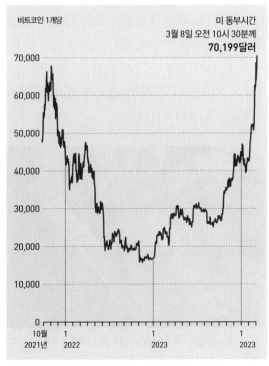

비트코인 가격 추이

비트코인 1개당 / 미 동부시간 3월 8일 오전 10시 30분께 **70,199달러**

자료 / 코인베이스

소문에 사고 뉴스에 팔라

투자시장에서 자주 언급되는 전략 중 하나다. 어떤 한 회사의 주가가 상승할 것이라는 소문이 돌고 있을 때 이 소문을 듣고 더 많은 자금을 투자하는 것을 '소문에 산다'고 말하고, 이후 소문이 사실로 확인돼 해당 회사의 주가가 갑자기 오를 때 보유하고 있던 수익을 매도하는 것을 '뉴스에 판다'고 표현한다. 그러나 이러한 소문의 진위 여부를 정확하게 알 수 없기 때문에 급변하는 시장상황을 주시하면서 신중하게 투자하는 것이 현명한 투자방법이다.

비트코인은 지난해 10월 이후 160% 급등했고, 올해 2월에만 40%가 넘게 상승했다. 비트코인 가격은 테라·루나 사태와 가상화폐거래소 FTX 파산 등으로 1만 6,000달러대까지 급락했던 2022년 11월 대비 4배 수준을 넘었다. 이러한 비트코인 강세장 배경에는 비트코인 현물 ETF를 통한 자금유입이 있다는 평가가 나온다. 지난 1월 미국에서 비트코인 현물 ETF 거래가 승인된 뒤 해당 ETF들에 약 73억 5,000만달러가 순유입됐다는 것이다. 비트코인 채굴량이 4년마다 절반씩 줄어드는 이른바 반감기에 대한 기대도 긍정적 요인으로 꼽힌다. 비트코인의 공급량은 총 2,100만개로 제한돼 있으며, 이 중 1,900만개는 이미 채굴된 상태다. 반감기 이후 채굴자들에게 주어지는 보상은 절반으로 줄어든다.

한편 로이터통신은 기관투자자 유입으로 2021년 강세장 때보다 비트코인 가격 고공행진이 이어질 가능성이 있다고 봤다. 2021년 고점 당시에는 개인 투자자들이 가격을 밀어 올렸다면 최근에는 장기적 관점에서 투자하는 기관자금이 들어왔다는 것이다. 일례로 소프트웨어업체 마이크로스트래티지가 지난 2월 1억 5,500만달러(약 2,063억원)를 들여 비트코인 3,000개가량을 추가매입, 비트코인 보유규모를 100억달러(약 13조 3,000억원)가량으로 늘렸다고 밝히면서 가격을 끌어올린 바 있다.

거대양당 구도 깬다 ···
제3지대 신당 속속 구축

4·10총선을 앞두고 거대양당의 맞대결 구도 속에서 제3지대 신당이 잇단 창당을 선언했다. 1월 말 이준석 국민의힘 전 대표를 중심으로 '개혁신당'이 문을 열었고, 이어 2월 4일 이낙연 더불어민주당 전 대표가 '새로운미래'를 창당했다. 총선출마 가능성이 지속해서 거론돼왔던 조국 전 법무부 장관도 3월 3일 '조국혁신당' 창당을 선언해 제3지대를 구축한 신당들이 표심향방에 어떤 영향을 줄지 주목됐다.

합당 11일 만에 쪼개진 개혁신당-새로운미래

개혁신당과 전격 합당을 발표했던 새로운미래는 통합 11일 만에 결별하게 됐다. 이낙연 당시 개혁신당 공동대표는 통합선언 11일 만인 2월 20일 합당철회를 선언했다. 개혁신당의 총선 지휘권을 놓고 다퉈온 이준석 대표와 끝내 결별을 택한 것이다. 이낙연 대표는 민주당을 탈당해 새로운미래를 창당했다가 설 연휴 첫날인 2월 9일 이준석 대표가 창당한 개혁신당에 '새로운선택', '원칙과상식'과 함께 합당형태로 합류한 바 있다.

이준석 개혁신당 대표(왼쪽)와 이낙연 새로운미래 대표

조국혁신당의 조국 당 대표

2월 9일 이준석 대표 측과 합당에 합의했던 이낙연 대표 측은 최고위원회의에서 새로운미래 측의 반대에도 이준석 대표의 요구로 총선 선거캠페인 및 정책결정권한을 이준석 대표에 위임하는 안건이 의결되자 강하게 반발해왔다. 이는 이준석 대표에 사실상 선거 관련 전권을 부여하는 조치로 이낙연계는 이낙연 대표가 총괄 선거대책위원장을 맡기로 한 합당의 원칙을 파기한 것이라고 주장해왔다. 한편 새로운미래와의 결별 후 개혁신당은 2월 26일 김종인 전 국민의힘 비상대책위원장을 위원장으로 앞세워 **공천***관리위원회를 출범시키고 본격적인 공천작업에 착수했고, 이준석 개혁신당 대표는 3월 4일 경기 화성을 출마를 공식선언했다.

공천

> 정당이 대통령선거나 국회의원선거에 출마할 후보자를 추천하는 것을 말한다. 비례대표제를 실시하는 우리나라의 경우 총선에는 지역구 의원과 전국구인 비례대표 의원을 각각 추천한다. 공천에는 단수공천과 경선이 있는데, 단수공천은 '전략공천'이라고도 하며 당선 가능성이 떨어지는 지역구에 정당이 능력 있고 신선한 인재를 투입해 승리를 노리는 것이다. 경선에서는 복수의 후보자가 경쟁해 최종출마할 인물을 가린다.

조국혁신당 창당 ⋯ "검찰독재 조기종식" 기치로

한편 조국 전 법무부 장관이 이끄는 새 정당 '조국혁신당'이 3월 3일 "검찰독재의 조기종식과 민주공화국 가치 회복"을 기치로 내걸고 정식 창당했다. 조국혁신당은 이날 중앙당 창당대회를 열고 조 전 장관을 당 대표로 추대했다. 조 대표는 수락연설에서 "문재인정부 검찰개혁의 책임자로서 정치검사의 준동을 막지 못하고 검찰공화국 탄생을 막아내지 못한 과오에 대해 국민 여러분께 머리 숙여 사과드린다"고 말했다.

조 대표는 3월 5일 이재명 더불어민주당 대표를 국회에서 예방해 총선에서 윤석열정권의 심판에 힘을 합치자는 뜻을 모았다. 두 사람은 한목소리로 현 정권을 강하게 비판했다. 이 대표는 "우리 모두에게 주어진 과제는 동일하다"며 "현 정권의 폭정을 종식하고, 심판하고, 국민께 희망을 드리는 것"이라고 말했다. 이어 "총선에서 정권을 심판하고자 하는 모든 정치세력이 힘을 합쳐야 한다"며 "그중에 조국혁신당이 함께 있다"고 강조했다.

이에 조 대표는 "민주당은 현 정권에 실망한 중도파와 합리적 보수파까지 끌어와 지역구에서 1 대 1 구도를 형성해 승리하기 바란다"며 "이렇게 협력해야 총선에서 '검찰독재의 강'을 건널 수 있다"고 주장했다. 이 같은 입장은 사실상 '윤석열정권 심판' 캠페인으로 민주당의 지역구 후보들을 측면지원하면서 조국혁신당은 비례대표 후보들의 당선에 집중하겠다는 의지로도 해석됐다.

HOT ISSUE 10위

스웨덴, 200년 중립 폐기 ⋯ 32번째 나토 회원국 공식 합류

스웨덴이 3월 7일(현지시간) 북대서양조약기구(NATO, 나토)의 32번째 회원국으로 공식 합류했다. 이로써 스웨덴은 나토의 집단방위 규정인 5조의 적용을 받게 됐다.

크리스테르손 스웨덴 총리(왼쪽)와 토니 블링컨 미국 국무장관

발트해 나토 방어선 강화 역할 기대

미국을 방문한 울프 크리스테르손 스웨덴 총리는 이날 워싱턴DC 국무부에서 나토 설립조약에 동의한다는 내용을 담은 공식 가입문서(Instrument of Accession)를 토니 블링컨 미국 국무장관에게 전달했다. 미국에 공식 가입문서를 전달하는 것은 나토 가입규정의 마지막 절차다. 미국은 신규 회원국의 나토 조약 가입서 수탁국 역할을 맡고 있다.

블링컨 장관은 스웨덴의 나토 합류에 대해 "오늘보다 블라디미르 푸틴의 전략적 대실패를 더 잘 보여주는 예는 없다"면서 "나토 동맹은 그 어느 때보다 더 커졌고 강해졌다"고 말했다. 이어 "우리는 푸틴이 막으려고 했던 것이 그의 (우크라이나) 침공으로 더 촉진됐다는 것을 반복해서 보고 있다"라고 말했다. 크리스테르손 총리는 "오늘은 진정으로 역사적인 날"이라면서 "스웨덴은 이제 200년간의 중립과 군사적 비동맹주의를 뒤로하고 있다. 이것은 중대하지만 자연스러운 조치"라고 밝혔다. 또한 "우리는 나토 동맹국의 기대에 부응할 것이며 부담과 책임, 리스크를 다른 동맹국과 분담할 것"이라면서 "오늘은 자유의 승리"라고 밝혔다.

러, 무기 추가배치 예고

앞서 스웨덴은 2022년 2월 러시아가 우크라이나를 침공하자 석 달 뒤인 5월 핀란드와 함께 **나토 가입신청서를 냈다. 러시아가 스칸디나비아 국가를 침공한다면 미국과 서유럽이 자동개입할 것이므로, 전쟁억지 효과가 있을 것이란 판단** 때문이다. 나토 가입을 위해서는 기존 회원국이 모두 자국 의회에서 비준안을 처리해야 하는데, 핀란드가 지난해 4월 나토에 합류한 것과 달리 스웨덴은 튀르키예, 헝가리 등의 비준지연으로 가입절차 진행이 늦어졌다가 지난 2월 26일 마지막으로 헝가리 의회가 가입 비준안을 가결하면서 가입요건을 모두 갖췄다.

발트해 연안 북대서양조약기구 회원국 전망

자료 / 북대서양조약기구(NATO)

가입신청 1년 9개월여 만에 스웨덴의 나토 합류가 완성되면서 나토 회원국과 러시아가 마주하는 국경이 기존보다 2배가량 늘어나게 됐다. 특히 전략적 요충 해역인 발트해를 나토 동맹국이 사실상 포위하는 형세가 됐다. 이에 따라 나토는 **스웨덴 동남부에 있는 고틀란드섬을 주축으로 러시아 위협에 맞선 방어선 재구축에 속도를 낼 전망**이다.

스웨덴은 200년 동안 **비동맹 중립노선***을 고수하면서도 전쟁에 대비해 이른바 '총력방어체제'를 가동해왔다. 2017년 부활한 징병제를 바탕으로 강력한 해군력을 보유하고 있으며, 전투기를 생산해 수출하는 세계적인 방산강국이다. 다만 오랜 기간 자체 방위망을 구축해온 만큼 나토 지휘구조에 완전히 통합되려면 길게는 몇 년이 걸릴 수 있다는 관측도 있다.

비동맹 중립노선

대외적 자주성과 국가적 이익을 확보하려는 중립노선의 외교정책이다. 가입자격은 1961년 카이로 준비회의 합의에 따라 "상이한 정치적·사회적 이념을 초월해 국가 간 평화적 공존과 자주적 정책의 수행, 민족해방운동주의에 대한 무조건 지지, 냉전에 휘말려들 수 있는 다변적 군사블럭에도 가입하지 않을 것, 동서분쟁에 관계되는 쌍무적 군사조약을 체결하지 않을 것, 그리고 그러한 군사조약 목적으로 자국영토 내에 외국 군사기지를 두지 않을 것" 등으로 규정돼 있다.

북유럽 안보지형 재편에 대응하려는 러시아의 움직임도 빨라질 전망이다. 헝가리 국회비준이 보도된 후 세르게이 라브로프 러시아 외무장관은 3월 2일 "핀란드와 스웨덴 영토에서 나타날 수 있는 도전에 적절히 대응할 수 있도록 모스크바·레닌그라드 군관구에 추가로 무기를 배치할 것"이라고 예고한 바 있다. 이에 앞서 2월 26일 블라디미르 푸틴 러시아 대통령은 서북부 지역의 군사위협 증가에 대비하기 위해 모스크바 군관구와 레닌그라드 군관구를 창설하는 대통령령에 서명했다.

HOT ISSUE

11위

20년 걸린 수교 …
한국-쿠바 외교관계 수립

2월 14일 쿠바와 **외교관계 수립***을 발표하면서 미수교국 쿠바를 향해 오랫동안 공들여온 정부의 외교적 노력이 드디어 결실을 보게 됐다. 미국 뉴욕에서 양국 주유엔대표부가 대사급 외교관계 수립에 합의했다는 소식은 예고 없이 늦은 밤 전격적으로 발표됐다. 황준국 주유엔대사와 헤라르도 페냘베르 포르탈 쿠바대사는 이날 뉴욕에서 최소한의 인원만 참석한 가운데 수교를 위한 외교공한을 교환했다.

외교관계 수립

외교관계 수립, 즉 수교란 국가와 국가가 서로 관계를 맺는 것을 의미한다. 국가 간에 수교를 한다는 것은 두 국가가 공식적으로 정치, 경제, 사회, 문화 등 다양한 방면에서 협력하고 우호적 관계를 맺는다는 의미가 있다. 2024년 2월을 기준으로 우리나라는 전 세계 193개국과 외교관계를 수립했다.

철통보안으로 비밀리에 이뤄진 수교

수교협의는 발표 직전인 설 연휴기간에 급진전한 것으로 알려졌다. 설 연휴 직전 쿠바 측이 적극적인 협의의사를 표하면서 연휴 내내 미국 뉴욕 주유엔대표부 창구를 통해 양국정부 간 막판소통이 이뤄졌다. 양국은 이전까지 뉴욕의 유엔대표부와 멕시코 주재 양국 대사관 채널을 통해 협의를 지속해왔다.

황준국 주유엔한국대사

양국 유엔대표부에서는 황 대사와 포르탈 대사를 포함해 극소수를 제외하고는 막판협의가 진행 중이라는 점을 전혀 알지 못할 정도로 철통보안을 유지했다. 양국은 최종합의에 이른 뒤 외교관계 수립을 위한 국내절차를 밟았다. 국내에서는 연휴 직후인 2월

13일 한덕수 국무총리 주재 국무회의에서 비공개로 한·쿠바 수교안이 의결됐다. 국무위원들은 회의장에 착석한 뒤에야 수교안 안건이 적힌 종이를 보고 수교 방침을 인지했다고 한다.

양측은 이후 뉴욕 현지시간으로 14일 오전 8시(한국시간 14일 오후 10시) 외교공한을 교환한 뒤 정확히 5분 뒤 이를 공표하기로 '분'까지 합의한 것으로 알려졌다. 대외적으로 발표하기 전까지 얼마든지 있을 수 있는 북한의 반발과 방해공작 가능성 등을 감안한 조치였다. 한 소식통은 "보안을 고려해 1분이라도 서로 어긋남이 없어야 했다"고 전했다. 양국은 외교공한 교환사진도 외부에 배포하지 않았다.

대통령실 "쿠바 국민, 한국에 대한 호감 있어"

쿠바가 수십년간 닫혔던 빗장을 푼 데는 다각도로 경제협력 여지가 많은 데다 K팝, K드라마에 관심이 많은 쿠바 국민의 한국에 대한 긍정적인 시선도 작용한 것으로 정부에서는 보고 있다. 쿠바 측은 수교를 위한 협의과정에서 우리 측에 "우리 국민이 한국과 외교관계 수립에 상당히 만족할 것이란 확신이 섰다"고 밝힌 것으로 알려졌다.

2016년 처음으로 열렸던 한·쿠바 외교장관 회담

대통령실 고위관계자는 용산 대통령실 브리핑에서 쿠바가 수교를 결정한 배경에 대해 "쿠바가 수교 안한 나라가 우리와 이스라엘 정도인 것 같은데 그 자체가 부자연스러운 면이 있다"며 "또 한류 등으로 인한 쿠바 국민의 한국에 대한 호감을 쿠바정부도 인식하지 않을 수 없을 정도의 상황인 것 같다"고 말했다. 이어 "우리와 경제적 협력에 대한 기대감도 있을 것 같다"고 부연했다.

한편 대통령실은 이번 외교관계 수립에 대해 "과거 동구권 국가를 포함해 북한의 우호국가였던 대(對)사회주의권 외교의 완결판"이라고 자평했다. 이어서 "결국 역사의 흐름 속에서 대세가 어떤 것인지, 또 그 대세가 누구에게 있는지 분명히 보여준 것"이라고 설명했다. 이번 수교가 북한의 외교적 고립이 심화하는 반면 우리나라 외교지평은 갈수록 넓어지고 있음을 국제사회에 보여주는 계기가 됐다는 설명으로 풀이된다.

7월부터 가상자산 부정거래 금지 … 위반 시 최대 무기징역

올해 하반기부터 가상자산에 관한 시세조종이나 부정거래, 미공개 중요정보 이용행위가 금지되며 부당이득액이 50억원 이상이면 최대 무기징역까지 선고될 수 있다. 금융위원회(금융위)는 오는 7월 19일 가상자산이용자보호법 시행을 앞두고 1월 22일까지 가상자산이용자보호법 시행령과 가상자산업감독규정에 대한 입법예고를 진행했다고 밝혔다.

중요정보 이용·시세조종 차단 … 위반 시 강력처벌

시행령과 감독규정에 따르면 가상자산에 관한 시세조종이나 부정거래, 미공개 중요정보 이용행위는 금지된다. 위반 시 1년 이상의 징역 등 형사처벌을 받거나 부당이득액의 3배 이상 5배 이하의 벌금이 부과될 수 있다. 부당이득액이 50억원 이상인 경우 최대 무기징역까지 선고될 수 있고, 부당이득액의 2배에 상당하는 과징금 부과도 가능하다. 과징금은 금융위가 혐의를 검찰총장에게 통보하고 검찰총장으로부터 과징금 부과 대상자에 대한 수사·처분 결과를 통보받은 후 부과할 수 있다.

가상자산거래소 등 **가상자산사업자***는 가상자산이용자가 가상자산을 매매하기 위해 맡긴 예치금을 은행을 통해 관리해야 한다. 또 가상자산사업자는 이용자가 보유한 가상자산의 경제적 가치의 80% 이상을 인터넷과 분리해 안전하게 보관해야 한다. 아울러 해킹·전산장애 등 사고의 책임을 이행하기 위해 인터넷과 분리해 보관하는 가상자산을 제외한 나머지 가상자산의 경제적 가치의 5% 이상에 해당하는 금액을 보상한도로 보험 또는 공제에 가입하거나 준비금을 적립해야 한다.

가상자산사업자

가상자산의 매도·매수, 교환, 이전, 보관·관리, 중개·알선 등의 영업을 하는 사람을 말한다. 현재 우리나라에서는 2021년 3월 25일 발표된 '특정 금융거래정보의 보고 및 이용 등에 관한 법률(특금법)'에 따라 금융거래 등을 이용한 자금세탁 행위와 공중협박 자금조달 행위를 규제하는 데 필요한 사항들을 규정하고 있으며, 개정안을 마련해 가상자산사업자 신고제를 운영하고 있다.

금융당국은 가상자산사업자가 가상자산이용자보호법을 적절히 준수하는지를 감독하고 검사하며, 시세조정 등 불공정거래행위 위반 혐의가 있는 자나 그밖의 관계자에 대해 자료제출과 진술요구 등을 통해 조사할 수 있다. 법 위반 사실이 발견될 경우 금융위는 가상자산사업자 등에 대한 영업정지, 시정명령, 고발 또는 수사기관 통보 등의 조처를 할 수 있다.

이복현 금감원장, "가상자산시장 위법행위 만연"

이복현 금융감독원장은 가상자산시장에서 코인리딩방, 불법투자자문, 유사수신 등 각종 위법·부당 행위가 만연하다며, 업계를 대상으로 근절을 위한 노력을 촉구했다. 이 원장은 2월 7일 이석우 두나무 대표 등 가상자산사업자 CEO 20여 명과 간담회를 열고 모두발언을 통해 "오는 7월 시행되는 가상자산이용자보호법은 이용자 보호를 위해 시급한 최소한의 내용만 담고 있어 향후 2단계 입법까지 일부 규제공백이 불가피하다"면서 이같이 밝혔다. 이 원장은 "위법·부당행위 근절 없이는 시장신뢰 회복과 가상자산산업 발전을 기대하기 어렵다"면서 "업계에서도 적극적 감시체계 가동 등 시장질서 회복을 위한 노력을 경주해줄 것을 부탁한다"고 당부했다. 또한 "법 시행 이후 위법사례가 발견될 경우 중점검사 등을 통해 엄중히 대처하겠다"고 강조했다.

가상자산사업자 CEO 간담회에서 발언하는 이복현 금감원장

이 원장은 금감원이 제시하는 로드맵에 따라 법 시행 전까지 조직, 시스템, 내부통제 체계 등 제반사항을 완전히 갖춰 달라고도 당부했다. 로드맵은 4월까지 가상자산사업자에 대해 자율규제 이행 내규 제·개정, 이상거래 감시조직 구성과 감시시스템 구축 등을 권고했다. 금감원은 가상자산사업자의 로드맵 이행을 지원하기 위해 자체점검, 현장컨설팅, 시범적용 등을 지원한다.

공정위, '플랫폼법' 후퇴 …
업계 반발에 '사전지정' 재검토

거대플랫폼들의 독과점 횡포를 막기 위해 '플랫폼 공정경쟁촉진법(플랫폼법)'을 추진하던 공정거래위원회(공정위)가 업계 반발에 부딪혀 법안의 핵심이던 '지배적 사업자 사전지정'을 재검토하기로 했다. 공정위는 충분한 의견수렴을 위한 조치라는 입장이지만, 당초 계획했던 것보다 규제수위가 낮아질 가능성이 제기됐다.

공정위, "전략적 숨 고르기일 뿐 계획 변함 없어"

공정위는 2월 7일 브리핑에서 "플랫폼법 입법을 위해 국내외 업계 및 이해관계자와 폭넓게 소통하고

있다"며 "사전지정제도를 포함해 다양한 대안을 열어놓고 논의 중"이라고 밝혔다. 시장 내 독과점적 지위를 가진 플랫폼의 '지배적 사업자 사전지정'을 전면 재검토하겠다는 의미다. 공정위가 추진하고자 했던 플랫폼법의 핵심내용은 소수의 독과점 플랫폼을 '지배적 사업자'로 사전지정하고, 멀티호밍*(Multi-homing) 금지 등 4대 반칙행위에 대한 감시를 강화한다는 것이었다. 그러나 이를 두고 업계에서는 위법행위가 발생하기 이전에 기업들을 사전지정해 옭아매는 것은 과도한 규제라며 반발했다. 외국기업들을 지배적 사업자로 지정하는 경우 통상 문제가 제기될 수 있다는 우려도 제기됐다.

멀티호밍

플랫폼 이용자가 기존에 사용하던 플랫폼에서 다른 플랫폼으로 옮겨 가거나 동시에 여러 개의 플랫폼을 사용하는 현상을 말한다. 정보기술(IT) 분야에서는 다중 IP주소를 통해 둘 이상의 네트워크 또는 링크에 다중접속을 실행하는 것을 의미한다. 이용자들의 입장에서는 선택의 폭이 넓어지고 합리적인 선택을 할 수 있다는 장점이 있다.

공정위는 이러한 우려를 의식해 법안의 세부내용 발표를 잠정 연기하고, 추가적인 의견수렴 절차를 갖기로 했다. 사전지정과 비슷한 효과를 기대할 수 있으면서도 시장에 미치는 충격이 덜한 대안이 있는지를 모색하면서 학계와 관련자들의 의견을 더 듣겠다는 것이다. 당초 공정위는 독과점 구조 고착화가 빠르게 진행되는 플랫폼시장 상황에 대응하기 위해 플랫폼법을 신속히 제정하겠다는 입장이었다. 그러나 정부안 발표를 목전에 두고 추가적인 의견수렴이 필요하다는 결정이 내려지면서 실제 입법과 시행까지는 상당한 시간이 더 소요될 것으로 관측된다. 원안보다 규제대상이나 강도가 완화되면서 플랫폼 독과점에 대한 실효성 있는 규율이 어려워질 수 있다는 전망도 나왔다.

다만 공정위는 플랫폼법 추진이 백지화되거나 무기한 연기되는 것은 아니라고 강조했다. 공정위 관계자는 "독과점을 효과적으로 규제하면서도 업계 우려를 최소화할 수 있는 최선을 방안을 찾기 위한 '전략적 숨 고르기'"라며 "사전지정 외에 마땅한 대안이 없다는 판단이 들면 원안대로 사전지정을 포함해 입법에 나설 수도 있다"고 부연했다.

플랫폼법 제정 추진과 관련해 설명하는 육성권 공정위 사무처장

소비자단체·소공연, '조속한 법안 제정' 촉구

한편 한국소비자단체협의회(협의회)는 공정위의 플랫폼법 재검토 결정에 대해 유감을 표명하고 공정위의 각성을 촉구했다. 협의회는 성명을 통해 "공정위가 충분한 의견수렴과 투명한 내용공개 등 절차적 정당성을 확보하지 못하고 입법을 추진해 기업들에 빌미를 제공했다"고 비판했다. 협의회는 "플랫폼시장에서 공정한 경쟁이 이뤄질 수 있는 환경을 조성해 소비자 선택권이 충분히 보장될 수 있도록 국내 거대플랫폼과 해외플랫폼이 동일한 규제대상에 들어가도록 입법이 필요하다"고 강조했다. 또한 "공정위가 거대플랫폼의 압력에 굴복하지 말고 중단 없이 완성도 있는 플랫폼법을 추진할 것을 강력히 촉구한다"고 밝혔다.

소상공인연합회(소공연) 역시 법안의 조속한 제정을 촉구했다. 소공연은 기자회견에서 "비대면 유통이

대세가 된 경제생태계에서 플랫폼의 시장지배력이 높아지며 독과점 문제가 나날이 심화하고 대안을 마련할 여력이 없는 소상공인은 갑질과 불공정행위를 고스란히 감내하는 상황"이라며 이같이 주문했다.

글로벌 '반도체 전쟁' 격화 … 핵심기술 유출 차단 필요

인공지능(AI) 확대로 **고대역폭 메모리***(HBM)를 둘러싼 메모리업계 경쟁이 치열한 가운데 SK하이닉스가 HBM 후발주자인 마이크론으로 이직한 전직 연구원을 상대로 낸 전직금지 가처분이 인용됐다. 반도체업계의 첨단기술 경쟁이 격화하면서 해외 경쟁업체로의 기술유출 우려도 커지고 있다.

> **고대역폭 메모리**
>
> D램 여러 개를 수직으로 연결해 데이터 처리속도를 혁신적으로 끌어올린 고성능 메모리로 AI 반도체의 핵심으로 꼽힌다. 최근 AI시장이 확대되면서 폭발적인 성장세가 예상되고 있다.

HBM기술 경쟁 치열한데 하이닉스→마이크론 이적

3월 7일 업계에 따르면 SK하이닉스에서 D램과 HBM 설계 관련 업무를 담당하던 연구원 A씨는 2022년 7월 SK하이닉스를 퇴사하고 이후 미국 마이크론에 임원급으로 이직했다. A씨는 SK하이닉스 퇴직 무렵 마이크론을 비롯한 경쟁업체에 2년간 취업하거나 용역·자문·고문 계약 등을 맺지 않는다는 내용의 약정서도 작성한 상태였다. 서울중앙지법 제50민사부(재판장 김상훈)는 지난 2월 말 SK하이닉스가 A씨를 상대로 낸 전직금지 가처분 신청을

인용하고, 위반 시 1일당 1,000만원의 이행 강제금을 지급하라고 결정했다. 현재 SK하이닉스가 HBM 시장을 선점하고 있는 가운데 A씨가 SK하이닉스에서 근무하며 얻은 정보가 경쟁사인 마이크론으로 흘러갈 경우 SK하이닉스의 경쟁력 훼손이 불가피하다는 판단에서다.

업계에서는 A씨의 전직금지 약정이 5개월 정도 남은 가운데 이 같은 가처분이 받아들여진 것에 대해 의미를 부여하고 있다. 업계 관계자는 "전직금지 기간이 얼마 남지 않을 경우 가처분이 기각되는 경우도 종종 있는데 이행 강제금까지 내려진 것은 그만큼 법원도 반도체기술, 특히 HBM기술의 중요성을 인지한 것"이라고 말했다. HBM은 1세대(HBM)-2세대(HBM2)-3세대(HBM2E)-4세대(HBM3)-5세대(HBM3E) 순으로 개발되고 있으며, 현재 HBM3를 엔비디아에 사실상 독점공급하는 SK하이닉스가 시장 주도권을 쥐고 있다. 이런 가운데 최근 글로벌 3위 메모리 제조사인 마이크론이 SK하이닉스와 삼성전자보다 앞서 5세대 HBM3E 양산 소식을 가장 먼저 내놓고, 삼성전자가 마이크론 발표 직후 업계 최초로 12단 36기가바이트(GB) HBM3E 개발에 성공했다고 밝히는 등 차세대 개발·양산 경쟁이 격화하고 있다.

핵심기술 해외유출 우려 점증

업계 관계자는 "HBM 분야에서 상대적으로 후발주자인 마이크론이 특히 공격적으로 삼성전자와 SK하이닉스 등 국내 인력을 영입하고 있는 것으로 안다"고 전했다. 실제로 반도체업계에서는 핵심기술의 경쟁업체 유출이 빈번하게 일어나고 있어 이에 대한 우려의 목소리도 커지고 있다. 앞서 지난해에는 삼성전자의 영업비밀인 반도체공장의 설계도면을 빼내 그대로 본뜬 반도체공장을 중국에 세우려 한 혐의로 삼성전자 전 임원이 적발돼 업계에 충격을 주기도 했다. 삼성전자 자회사인 세메스 전 연구원이 세메스의 영업기밀을 이용해 반도체 습식 세정장비를 만들어 수출했다가 적발돼 징역형을 선고받기도 했다. 다른 업체로 이직을 준비하던 삼성전자 엔지니어가 국가 핵심기술이 포함된 중요자료를 사진 촬영해 보관하다 적발된 사례도 있다.

산업통상자원부에 따르면 최근 5년간 전체 산업기술 유출 적발건수는 총 96건으로 매년 증가하는 추세다. 국가정보원 산업기밀보호센터(NISC)가 2003년부터 2023년 7월까지 20년간 집계한 산업기술 해외유출은 총 552건으로 피해규모는 100조원 이상인 것으로 추산된다. 국내기업 입장에서는 퇴사한 핵심기술 인력이 경쟁업체로 이직한 사실을 파악하기 쉽지 않은 데다 이를 알아내고 전직금지 가처분 등을 내도 법원의 인용결정이 내려지기까지 수개월의 시간이 걸리는 만큼 사실상 속수무책인 경우가 많다. '솜방망이 처벌'도 문제로 지적된다. 대법원 사법연감에 따르면 2021년 산업기술보호법 위반으로 재판에 넘겨진 1심 사건 총 33건 중 무죄(60.6%)와 집행유예(27.2%)가 전체의 87.8%였다. 2022년 선고된 영업비밀 해외유출 범죄의 형량은 평균 14.9개월에 불과했다.

15위

야당은 강행, 대통령은 거부권 ⋯ '쌍특검법'까지 8개 법안 폐기

2월 29일 국회 본회의에서 '쌍특검법'이 부결되면서 야당의 강행처리 뒤 윤석열 대통령의 재의요구권(거부권) 행사로 국회로 돌아와 폐기된 법안이 8개로 늘었다. 현 정부 출범 이후 양곡관리법 개정안, 간호법 개정안, 노동조합법 개정안(노란봉투법), 한국교육방송공사법·방송법·방송문화진흥회법 개정안(방송3법) 등 6개 법안이 이와 동일한 과정을 거쳐 폐기됐다. 쌍특검법은 윤 대통령 부인 김건희 여사의 도이치모터스 주가조작 의혹과 대장동 개발사업 '50억클럽' 뇌물의혹을 각각 수사할 특별검사 도입 법안이다. 이들 2개 법안은 더불어민주당 주도로 지난해 12월 29일 국회를 통과했다가 이후 윤 대통령의 거부권 행사로 1월 5일 국회로 돌아왔다.

야당이 강행하면 대통령은 거부권 ⋯ '악순환'

여소야대 입법지형 아래 민주당이 처리하고 대통령은 거부권을 행사하는 악순환이 되풀이됐다. 국회로 되돌아온 법안들은 재의결에 필요한 '3분의 2 이상 찬성' 요건을 넘지 못해 결국 휴지통으로 들어가게 됐다. 여당인 국민의힘은 '민주당이 의석수를 무기로 합의되지 않은 법안을 처리하며 대통령의 거부권 행사를 유도하고 국회를 정쟁의 장으로 만든다'는 입장이다. 반면 민주당은 '윤 대통령이 거부권을 남발하면서 국회 입법권을 무력화하고 있다'는 비판을 제기한다.

쌍특검법 폐기되자 국회에서 퇴장하는 민주당 의원들

특히 쌍특검법의 경우 여야가 총선 유불리 계산 속에 재의결 시점을 두고도 줄다리기를 이어왔다. 국민의힘은 최대한 빨리 재표결에 부쳐야 한다는 입장이었지만, 민주당은 권한쟁의심판 청구 검토 및 당내 의견수렴절차 등을 이유로 재표결을 미뤘다. 이에 국민의힘은 총선 공천과정에서 여당 이탈표를 노리는 것 아니냐고 비판했다. 양측이 신경전을 거듭한 끝에 총선을 41일 앞둔 이날에야 쌍특검법의 재표결이 이뤄지면서 재의요구 시점부터 재표결까지 55일이 걸렸다. 앞서 재표결에 부쳐진 6개 법안이 재의결까지 최장 14일이 걸린 것과 대조적이다.

윤 대통령은 지금까지 5차례, 법안 수로는 9개 법안에 대해 거부권을 행사했다. 가장 최근에 거부권을 행사한 것은 '10·26 이태원참사 특별법(이태원법)'이다. 여야는 국회로 돌아온 이태원법의 재표결 시점을 이날까지 확정하지 않았다. 이날 본회의는 2월 임시국회 마지막 본회의로 4·10총선 전까지 본회

이태원특별법 거부권 비판하는 이태원참사 유가족들

발의된 국회의 법안처리가 무한정 미뤄지는 것을 막고, 법안을 신속하게 처리하기 위한 제도. 본회의 의석수가 많더라도 해당 상임위원회 혹은 법제사법위원회 의결을 진행시킬 수 없어 법을 통과시키지 못하는 경우가 있는데, 이런 경우 소관 상임위 혹은 본회의 의석의 60%가 동의하면 '신속처리안건'으로 지정해 바로 본회의 투표를 진행시킬 수 있다.

의 일정은 잡혀 있지 않았다. 21대 국회 임기가 끝나는 5월 말까지 이태원법이 재표결에 부쳐지지 않으면 법안은 자동폐기된다. 윤재옥 국민의힘 원내대표는 이태원법의 재표결 시기를 4·10총선 이후에 하기로 민주당과 잠정 합의했다고 3월 3일 전했다.

민주당, "김건희 특별법 재발의할 것"

한편 민주당은 3월 5일 김 여사에게 제기된 각종 의혹의 진상을 규명할 특별검사 도입을 위한 이른바 '김건희 특검법'을 재발의했다. 기존 특검법안이 폐기되자 내용을 보강해 다시 법안을 발의한 것이다. 권인숙 민주당 의원이 대표로 발의한 법안에는 기존에 있던 주가조작 의혹과 민간인 대통령 순방 동행 의혹 등에 더해 서울·양평고속도로 관련 김 여사 일가 특혜 의혹과 명품가방 수수 의혹을 수사대상에 추가하는 내용이 담겼다. 그러나 기존 특검법이 여당이 위원장으로 있는 법제사법위원회의 문턱을 넘지 못해 지난해 4월 **패스트트랙***(신속처리안건)으로 지정됐다가 8개월 뒤 처리된 점을 고려하면 재발의된 법안은 21대 국회 임기종료와 함께 폐기될 가능성이 크다. 국민의힘은 민주당이 정쟁을 유발해 자당의 공천논란을 피해보려는 것이라며 비난했다.

남태평양에 대한 중국 공략 …
미국·대만·일본·호주 긴장

최근 중국공안이 남태평양의 섬나라 키리바시에서 활동 중인 것으로 알려졌다. 이에 미국 해안경비대가 키리바시 경찰과 함께 불법어업 단속에 나서 중국어선 2척에 직접 승선해 조사하는 등 최근 몇 년 새 남태평양 지역에서는 영향력을 확대하려는 중국과 이를 차단하려는 미국의 외교·안보 경쟁이 치열하게 벌어지고 있다.

중국어선에 승선하는 미국 해양경비대

중국의 공격적인 남태평양 영향력 확대

2월 26일(현지시간) 로이터통신은 미국 괌 해양경비대가 2월 11~16일 키리바시 경찰과 함께 약 10년 만에 키리바시 배타적경제수역(EEZ) 내 불법어업 단속에 나섰다고 보도했다. 이 과정에서 해양경비대는 중국국적 어선 2척을 단속했으며, 직접 어선에 승선해 배타적경제수역(EEZ) 내 규정준수 여부를 확인한 것으로 알려졌다. 해양경비대 측은 키리바시 경찰과 미국 해안경비대원이 모두 승선작전에 참여했다며, 이는 일상적인 해양법 집행활동이었고 문제점을 발견하지는 못했다고 설명했다.

미국과 키리바시의 이번 공동단속작전은 중국이 키리바시 내 영향력을 확대하고 있다는 소식이 나온 가운데 이뤄졌다. 키리바시는 하와이에서 남쪽으로 약 2,200km 떨어져 있어 전략적으로 중요한 국가로 꼽힌다. 인구가 11만 5,000명에 불과하고, 면적은 811km^{2}로 서울시보다 조금 큰 수준이지만 350만 km^{2}에 이르는 세계 최대 EEZ를 관할하고 있어 각국 참치어선이 몰려들 정도로 풍부한 수산자원을 보유하고 있다.

이런 키리바시가 2019년 대만과 단교하고 중국과 수교하면서 정치적으로도 주목을 받고 있다. 중국은 수교 직후 키리바시 본섬 타라와에 대규모 대사관을 세웠고, 2022년에는 왕이 중국 외교부장이 남태평양 8개국을 순방하면서 솔로몬제도와 안보협정을 맺어 솔로몬제도의 섬들에 군함을 파견하고, 필요 시 군 병력과 경찰을 주둔할 수 있게 했다. 여기에 중국은 제2차 세계대전 당시 미군이 활용하던 칸톤섬 비행장을 재건할 계획을 발표해 미국의 우려를 불러일으켰다.

최근에는 키리바시의 요청에 따라 현지에서 중국공안이 제복을 입고 키리바시 경찰의 치안활동 등을 지원하고 있다. 또한 중국은 최근 대만과 수교국이던 나우루와 수교를 맺으며 대만과 단교하게 만들기

중국 왕이 외교부장 순방 남태평양 8개국

※ 2022년 5월 26일~6월 4일

중국
미크로네시아 연방
남태평양
인도네시아
❼ 파푸아뉴기니
❶ 솔로몬제도
❷ 키리바시
❽ 동티모르
❹ 피지
❸ 사모아
나우에
쿡제도
호주
❻ 바누아투
❺ 통가
1,000km

도 했다. 아울러 남태평양 도서국의 항만과 공항 등을 새로 건설하겠다며 대규모 인프라 투자에 나서고 있다.

미국, 군사적·경제적·외교적 목적의 관계 확대

이에 미국은 이런 인프라 투자가 중국의 군사기지 역할을 할 수 있다고 우려하며 솔로몬제도와 통가에 대사관을 열고 다른 지역에도 대사관 개설을 예고하는 등 외교관계를 확대하고, 각종 지원예산도 늘리고 있다. 2022년부터는 키리바시를 포함해 솔로몬제도와 피지, 통가, 파푸아뉴기니 등 남태평양 도서국들과 푸른태평양동반자*(Partners in the Blue Pacific, PBP)를 결성하고 공동으로 해양경비 협력을 펼치며 중국 견제에 나서고 있다.

> **푸른태평양동반자**
>
> 태평양 도서국가와의 경제·안보 협력 강화를 목적으로 내세운 국제협력체로 전임 트럼프정부의 고립주의에서 탈피하겠다고 선언한 바이든정부의 태평양정책의 하나다. Quad(쿼드), IPEF(인도태평양 경제프레임워크), NATO(나토) 확장 등의 사실상 연장선에 있는 것으로 '외교적인 방법으로 태평양 지역에서의 질서를 유지'한다는 것이 표면적인 목적이나 실상은 중국의 남태평양 진출을 겨냥한 것이다. 현재 회원국은 미국, 영국, 호주, 뉴질랜드, 일본이다.

중국이 남태평양 도서국 중에서도 키리바시에 집중하는 이유로 크게 세 가지가 꼽힌다. 우선 키리바시가 풍부한 수산자원을 보유한 국가라는 점이고, 둘째는 키리바시가 미국 하와이에 접근하는 교두보에 위치해 있기 때문이다. 셋째는 키리바시가 전통적으로 미국·대만을 비롯해 안보파트너인 호주 등 동맹국들과 가까웠던 만큼 대만을 외교적으로 고립시키기 위한 지렛대로서도 유효하기 때문이다.

17위

노동자의 생명, 안전이 더 중요 … 중대재해법 적용유예 법안 백지화

더불어민주당은 2월 1일 중대재해처벌법의 50인 미만 사업장 적용을 2년 유예하자는 국민의힘 제안을 수용하지 않기로 했다. 홍익표 민주당 원내대표는 이날 국회에서 열린 의원총회(의총) 후 "민주당은 산업현장에서 노동자의 생명, 안전이 더 우선한다는 기본가치에 더 충실하기로 했다"며 "정부·여당 제안을 거부하기로 했다"고 말했다. 지난 2022년 1월 시행된 중대재해처벌법은 사망 등 중대한 산업재해가 일어났을 때 사업주나 경영책임자를 처벌하는 내용으로 상시근로자 50인 미만 사업장에 대해서는 올해 1월 27일부터 확대적용됐다.

야당, 토론 끝에 "중대재해법 개정 안 할 것"

앞서 국민의힘은 중소기업 경영난 등을 이유로 확대적용유예를 주장했지만 민주당은 노동자 안전을 위한 산업안전보건청*(산안청) 설치가 필요하다고 요구해 협상이 난항을 겪었고, 결국 1월 25일 본회의 처리가 무산됐다. 이에 국민의힘이 확대적용 시기를 2년 유예하되 산안청을 2년 후 개청하는 내용의 최종협상안을 제시했고, 민주당 원내 지도부도 수용 가능성을 내비치면서 유예안이 극적으로 국회 문턱을 넘을 수도 있다는 관측이 제기됐다. 그러나 민주당이 의총에서 여당의 협상안을 거부하기로 결론내면서 이날 본회의에서도 중대재해처벌법 개정안 처리는 결국 불발됐다.

산업안전보건청

2017년부터 현 야권을 중심으로 신설이 논의되고, 2020년 설치를 위한 정부조직법 개정안이 발의된 산업안전담당 전문기관이다. 산업현장의 중대재해를 막기 위해 산업안전보건업무를 전담하는 조직·인력을 확보해 전문성을 높이고 위험요소들에 선제적으로 대응할 필요가 있다는 주장에 따라 논의됐다.

앞서 노동계는 정부·여당이 중대재해처벌법의 적용유예를 계속 추진하자 노동계가 '법 개악논의'

중대재해처벌법 유예법안에 반대하는 정의당과 노동계

중대재해처벌법 개악협상 중단을 촉구하는 민주노총

를 즉각 중단하라고 촉구해왔다. 전국민주노동조합총연맹(민주노총)과 생명안전행동, 정의당은 "이미 시행 중인 법에 대한 개악협상에 나선 정치권 행태에 참담함을 느낀다"라며 "작은 사업장에서 일하는 노동자는 죽어도 된다는 말인가"라고 물었다. 이어 "사업장이 크든 작든 최소한의 안전조치를 지켜 (5~49인 사업장 83만 7,000곳에서 일하는) 800만 노동자의 생명과 안전만큼은 지키자는 것이 중대재해처벌법"이라고 지적했다. 한국노동조합총연맹(한국노총)도 성명을 내고 "대통령까지 동네식당과 빵집 줄폐업을 언급하며 모든 소상공인이 처벌될 것처럼 여론을 호도하고 있지만 2022년 5~49인 음식숙박업의 산업재해 사망자 수는 5명으로 전체 사망자의 0.6%에 불과하다"라고 지적했다.

2월 29일 열린 국회 본회의

중대재해처벌법 유예법안 본회의서 상정 안 돼

결국 중대재해처벌법의 50인 미만 사업장 적용유예법안 처리는 무산됐다. 2월 29일 중소기업계에 따르면 이날 국회 본회의에서는 해당 개정안이 상정조차 되지 못했다. 중소기업단체협의회와 건설업계 협회·단체는 이날 논평을 통해 "오늘 중대재해처벌법 유예법안이 다시 국회 문턱을 넘지 못하고 무산돼 중소기업계는 매우 통탄스럽고 비참한 심정"이라고 밝혔다.

이어 "1월 31일 국회를 시작으로 수도권, 호남권 등 전국 각지에서 이어진 결의대회에 1만 2,500여 명의 중소기업인과 중소건설인 및 소상공인이 모여 법 적용유예를 간절하게 호소했지만, 법안 처리가 재차 무산돼 83만명이 넘는 중소기업인은 형사처벌에 따른 폐업공포에 빠졌다"고 토로했다. 이들은 "최소한 준비할 시간만이라도 달라는 요구를 무시한 것은 너무 가혹한 처사"라며 "이미 1,222개의 산업안전보건법 관련 규정이 있음에도 중대재해처벌법을 통해 사업주를 과도하게 처벌하는 것은 중소기업의 폐업과 근로자의 실직을 초래해 민생을 어렵게 하는 일"이라고 지적했다.

18위

러시아 야권 운동가 나발니, 돌연 옥중 사망

러시아 야권 지도자이자 블라디미르 푸틴 러시아 대통령의 대표적 정적으로 꼽히는 알렉세이 나발니(47)가 옥중에서 돌연 사망했다. 이에 미국과 영국, 유럽연합(EU) 등은 대러시아 추가제재를 추진하고, 나발니 측근인사들은 투쟁을 계속하겠다고 선언했다. 이런 가운데 블라디미르 푸틴 대통령이 철권통치를 더욱 강화할 수 있다는 어두운 해석이 나온다.

정부 "자연사" vs 측근 "정부가 증거인멸 중"

2월 16일(현지시간) 로이터통신은 러시아 연방교도소 발표를 인용해 러시아의 대표적인 야권 지도자인 나발니가 러시아 최북단 시베리아 지역 야말로네네츠 자치구 제3교도소(일명 북극늑대 교도소)에서 복역 중 사망했다고 보도했다. 연방교도소는 성명을 통해 "나발니는 산책 후 몸 상태가 좋지 않았고, 거의 즉시 의식을 잃었다"면서 "의료진과 구급차가 즉시 도착해 필요한 모든 응급조치를 실시했지만, 좋은 결과를 얻지 못했다"고 밝혔다. 이어 "의료진이 나발니의 사망을 확인했다"면서 "사망원인은 확인 중"이라고 전했다.

모스크바 보리솝스코예 공동묘지에 조성된 나발니 묘

나발니의 시신은 사망 5일 만에 가족 확인절차를 거쳤으며, 8일 만에야 가족에게 인도됐다. 이 과정에서 러시아당국은 나발니의 정확한 사망원인이 나오기도 전에 그가 혈전증이나 돌연사 증후군 등으로 숨졌다는 식의 정보를 국영 언론사 등을 통해 흘렸고, 화학적 검사를 위해 나발니의 주검을 최소 14일 동안 가족에게 인도할 수 없다고 유족에게 통보했다고 알려졌다. 최초로 시신을 확인한 나발니의 어머니 류드밀라 나발나야는 나발니 사인을 조사하는 수사관들로부터 '아들의 장례식을 비공개로 치르는 것에 동의하지 않으면 시신을 교도소에 묻겠다'는 협박을 받았다고 폭로하기도 했다.

서방, 추가제재 … 사라지는 러시아 반체제인사들

나발니는 "푸틴정권보다 러시아에 더 큰 위협은 없다"고 소셜미디어에 게시하는 등 푸틴의 권위주의

통치를 비판해온 인물로 2011년 창설한 반부패재단을 통해 러시아정부와 고위관료들의 비리 등을 폭로해왔다. 그러던 지난 2020년 공항에서 차를 마시고 항공기에 탑승했다가 혼수상태에 빠져(**노비촉***(Novichok) 노출 추정) 독일에서 치료를 받았으며, 이듬해 러시아에서 불법금품 취득, 극단주의 활동, 사기, 법정모독 등 혐의로 총 30년 이상의 징역형을 선고받고 복역 중이었다.

노비촉

소련과 러시아에 의해 1971~1993년에 개발된 신경작용제로 제4세대 생화학무기로 불린다. 생화학무기 가운데 가장 강력한 독극물이며, 영국의 VX(신경독)보다 5배에서 8배 이상 독성이 강하고 독일의 소만(Soman)보다는 10배나 강하다. 유명한 신경작용제들이 가스형태인 것과 달리 미세한 분말형태다. 흡입을 통해 인체에 작용하고, 피부와 점막을 통해서도 흡수되는 것으로 추정된다. 노비촉은 러시아어로 '새로운 자'라는 의미다.

나발니 사망소식이 전해진 후 미국은 즉각 러시아에 대해 추가제재에 나설 것을 시사했다. 조 바이든 미국 대통령은 나발니의 갑작스러운 사망과 관련해 러시아에 대한 추가제재를 검토 중이라고 밝혔고, 다음 날인 20일에는 존 커비 백악관 국가안보소통보좌관이 나서서 "러시아정부가 세계에 어떤 이야기를 하기로 결정한다 해도 푸틴 대통령과 그의 정부는

나발니(왼쪽)와 푸틴 대통령

나발니의 사망에 분명 책임이 있다"며 "그 대응으로 우리는 조 바이든 대통령의 지시에 따라 나발니에게 일어난 일에 대해 러시아에 책임을 지우는 중대제재 패키지를 발표"할 것이라고 확인했다. 유럽연합(EU) 외교장관들도 대러시아 제재를 추가하는 한편 나발니의 사망을 기리기 위해 EU의 인권침해제재 프로그램의 공식명칭을 '나발니 인권침해제재'로 바꾸겠다고도 했다.

푸틴 정적의 의문사

알렉세이 나발니 야권 운동가	**2024.02** 교도소에서 돌연 사망
예브게니 프리고진 용병그룹 바그너 수장	**2023.08** 전용기 추락 사망
표트르 쿠체렌코 러시아 과학고등교육부 차관	**2023.05** 비행 중 돌연 사망
파벨 안토프 블라디미르 지방의회 의원	**2022.12** 호텔에서 추락 사망
라빌 마가노프 민영 석유업체 회장	**2022.09** 병원에서 추락 사망
보리스 넴초프 야권 정치인	**2015.02** 다리 위에서 총격 사망
보리스 베레조프스키 러시아 신흥재벌	**2013.03** 자택에서 숨진 채 발견
알렉산드르 리트비넨코 전 러시아 연방보안국 요원	**2006.11** 호텔에서 음독 사망
안나 폴릿콥스카야 언론인	**2006.10** 자택 계단에서 총격 사망

한편 이를 계기로 과거 푸틴 대통령에게 반기를 들었거나 러시아-우크라이나 전쟁 반대의사를 밝혔던 인사들의 의문사가 재조명되고 있다. 무장반란을 시도한 러시아 민간군사기업(PMC) 바그너그룹 수장 예브게니 프리고진이 지난해 8월 비행기 추락사고로 사망한 사건이 대표적이다. 지난해 5월에는 표트르 쿠체렌코 러시아 과학고등교육부 차관이 쿠바에서 출발해 러시아로 향하던 비행기 안에서 호흡곤란

을 호소하다가 돌연사했다. 2022년 12월에는 모스크바 동부 블라디미르 지방의회 의원이자 소시지 가공업체 '발라디미르스탠다드' 설립자인 파벨 안토프가 인도 오디샤주 라야가다의 한 호텔 3층에서 떨어져 숨지기도 했다.

개정 건강보험법 시행 …
6개월 이상 거주해야 피부양자 자격

4월 초부터 건강보험료(건보료)를 한 푼도 내지 않은 외국인과 재외국민이 국내 건강보험에 무임승차해서 보험혜택을 받는 것이 힘들어지게 됐다. 건강보험당국이 외국인과 재외국민의 피부양자 자격조건을 강화했기 때문이다.

4월 3일부터 적용, 해외거주 사유 있으면 예외

외국인은 한국계 외국인을 포함해 외국국적을 가진 사람을, 재외국민은 외국에 살면서도 우리나라 국적을 유지하는 한국인을 말한다. 1월 24일 국민건강보험공단(건보공단)에 따르면 이들이 피부양자가 되려면 직장가입자와의 관계나 소득·재산 요건을 맞춰야 할 뿐 아니라 국내 거주기간이 6개월 이상이어야

한다는 조건을 추가한 국민건강보험법 개정안이 4월 3일부터 시행된다.

개정안은 외국인 등의 친인척이 피부양자로 이름을 올려 필요할 때만 잠시 입국해 수술이나 치료받고 출국해버리는 일을 막겠다는 취지를 담고 있다. 다만 이를 예외 없이 적용할 경우 외교관이나 외국기업 주재원의 가족 등이 국내 건강보험을 적용받지 못하는 문제가 생기는 등 선의의 피해가 발생할 수 있다. 그래서 건보당국은 피부양자가 19세 미만 미성년 자녀이거나 배우자일 경우 유학(D-2) · 일반연수 초중고생(D-4-3) · 비전문취업(E-9) · 영주(F-5) · 결혼이민(F-6) 등 해외거주 사유가 있으면 즉시 건보혜택을 받을 수 있게 했다.

건보료 부과 형평성 위해 자격조건 강화 불가피

피부양자는 직장에 다니는 자녀나 가족에 주로 생계를 의존하는 사람으로 기존에는 내국인이든 외국인이든 피부양자가 되는 데는 차별이 없었다. 건보당국이 정한 일정 소득기준과 재산기준, 부양요건기준을 충족하면 내국인 직장가입자든 국내에 기반을 둔 기업에서 일하는 외국인 직장가입자든 차별 없이 자기 가족을 피부양자로 등록할 수 있었다.

건보당국은 그간 건보료 부과의 형평성을 높이고자 피부양자 자격조건을 강화해왔다. 소득기준은 2018년 7월부터 소득세법상 연간 합산 종합과세소득 3,400만원 초과에서 2022년 9월부터는 2,000만원 초과로 대폭 낮췄다. 재산세 **과세표준액***이 9억원을 넘거나 연소득이 1,000만원을 넘으면서 과세표준액이 5억 4,000만원을 초과하면 피부양자에서 탈락시키는 등 재산기준도 강화했다. 그러나 외국인의 경우 이런 소득 및 재산 요건을 충족하는지 확인하기 어렵다 보니 <mark>일부 외국인 직장가입자는 외국에 체류하는 가족까지 피부양자로 등록한 뒤 질병에 걸리면 국내에서 치료, 수술 등 건보혜택을 받을 수 있었다.</mark> 이에 보건복지부(복지부)와 건보공단은 외국인의 건강보험 피부양자 자격요건을 제한해 단기간 국내에 거주하는 외국인은 피부양자가 될 수 없도록 했다.

과세표준액

세금을 부과할 때 대상자가 보유한 재산에 따라 정해지는 기준을 말한다. 재산세의 경우 지방세법 4조(취득세 과세표준)의 규정에 의한 토지 및 주택의 시가표준액으로 산정되며, 토지나 주택, 건축물에 대한 과세표준은 시가표준액에 공정시장가액 비율(주택 60%, 토지 · 건축물 70%)을 곱해서 산정한다.

아울러 불필요한 의료를 과도하게 이용한 환자의 본인부담률을 대폭 상향하기로 하고, 반대로 스스로 건강을 잘 관리하는 이들에게는 지원금을 지급하는 등의 혜택을 주기로 했다. 통상 건보 적용 후의 외래진료 본인부담률은 20% 수준이다. 여기에 개인적으로 가입한 실손보험이 있다면 실질적인 본인부담률은 더 낮아져 일부 환자가 과도한 '의료쇼핑'을 한다는 지적이 제기됐다. 이에 복지부는 오는 7월부터 연간 외래진료 횟수가 365회를 초과한 환자의 외래진료 본인부담률을 90%로 상향하기로 했다. 다만 18세 미만 아동과 임산부, 장애인, 희귀난치성질환자, 중증질환자 등이 연간 365회를 초과해 외래진료가 필요한 경우에는 시행령 적용대상에서 제외하도록 했다.

20위

5월 문화재청 → 국가유산청 ···
미술작품 해외매매도 가능해져

지난 60여 년간 이어져 온 '문화재'의 명칭과 분류체계가 5월부터 바뀐다. 1946년 이후 제작된 미술작품은 별도 제한 없이 해외에서 전시·매매가 가능해지고, 유럽에 소재한 우리 문화유산 보존·환수를 위한 거점이 프랑스에 마련된다. 문화재청은 이런 내용을 포함해 올해 추진할 주요정책 계획을 2월 22일 발표했다.

주요정책 추진계획을 브리핑하는 최응천 문화재청장

'문화재' 명칭 대신 '국가유산'으로

문화재청은 올해 '국가유산' 체계로의 첫발을 내디딜 예정이다. '국가유산'은 과거 유물이나 재화의 느낌이 강했던 '문화재'라는 용어 대신 과거와 현재, 미래를 아우르는 국제기준인 '유산(遺産, Heritage)' 개념을 적용한 체계다. 최응천 문화재청장은 이날 정부서울청사 별관에서 열린 주요정책 추진계획 브리핑에서 국가유산에 대해 "국가가 책임지고 모든 유산을 관리·총괄하겠다는 의미가 담긴 것"이라고 의미를 부여했다. 문화재청은 관련 법 체계와 제도를 정비해 기존의 문화재를 '문화유산', '자연유산', '무형유산'으로 나누고, 내부조직을 개편해 5월 17일 '국가유산청'을 출범할 예정이다.

각 유산의 특성에 맞는 보존·전승 활동도 지원한다. 전통재료 수급의 안정적 관리를 위해 오는 9월 경북 봉화에 '국가유산수리재료센터(가칭)'를 개관하고 기와, 한지 등의 품질과 제작공정을 평가하는 인증제를 시행한다. 천연기념물, 명승, 지질유산을 관리하기 위한 '국립자연유산원' 설립도 추진한다. 무형유산 분야에서는 전통의 맥이 잘 보존될 수 있도록 전승기반을 확대한다. 문화재청에 따르면 현재 **국가무형문화재보유자*** 174명 가운데 70세 이상은 127명으로 평균연령이 74.6세에 달한다. 이에 문화재청은 관련법을 개정해 보유자 아래단계인 전승교육사 인정을 위한 조사대상을 보유자가 추천한 이수자뿐 아니라 일반전승자까지 포함되도록 범위를 넓힐 계획이다.

국가무형문화재보유자

예술적·역사적·학술적으로 중요한 가치가 있다고 판단해 보호대상으로 지정하는 제도로 중요무형문화재를 원형대로 정확히 수련해 보전하고 있다고 국가에서 인정한 사람을 말한다. 흔히 '인간문화재'라고 부르기도 한다. 국가무형문화재로 지정되는 대상은 무용, 연극, 음악, 공예기술, 놀이 등이 있으며, 각 지방자치단체에서 지정한 무형문화재와 구별된다.

해외반출제도·예비문화유산제도도 새롭게 시행

미술계의 지적이 잇달았던 해외반출제도도 손본다. 그동안 일반동산문화재(추후 '일반동산문화유산'으로 변경)에 포함된 일부 미술작품은 국외로 반출하거나 매매가 제한돼 국내외 시장변화에 대응하지 못한다는 의견이 꾸준히 나왔다. 일반동산문화재는 제작한 지 50년 이상 지났으며 상태가 양호하고 역사적·예술적·학술적 가치를 지닌 문화유산 중 희소성이나 명확성, 특이성, 시대성이 있다고 판단하는 사례다. 문화재청은 연내에 법 절차를 개정해 1946년 이후 제작된 미술작품 등은 어떠한 제한 없이 해외로 내보내거나 전시·매매할 수 있도록 할 방침이다. 문화재청 관계자는 "연구용역 결과, 해방 이후 (미술)작품 수가 많이 늘어난 것으로 파악된다"며 "작품 수, 미술시장 형성, 전업작가 등장 등을 고려해 기준점을 1946년으로 정했다"고 설명했다.

국외 소재 한국 문화유산

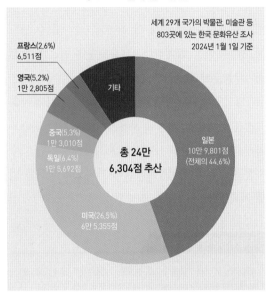

세계 29개 국가의 박물관, 미술관 등 803곳에 있는 한국 문화유산 조사
2024년 1월 1일 기준

프랑스(2.6%)
6,511점

영국(5.2%)
1만 2,805점

기타

중국(5.3%)
1만 3,010점

독일(6.4%)
1만 5,692점

총 24만
6,304점 추산

일본
10만 9,801점
(전체의 44.6%)

미국(26.5%)
6만 5,355점

자료 / 문화재청, 국외소재문화재재단

또 하반기에는 1988년 서울올림픽 당시 전 세계의 주목을 받은 굴렁쇠, 국내 최초의 스마트폰 등 제작되거나 형성된 지 50년이 지나지 않은 문화유산을 보존·관리할 수 있도록 한 '예비문화유산' 제도도 새롭게 시행된다. 문화재청은 오는 5월 공모전을 거쳐 예비문화유산을 선정할 방침이다. 아울러 외교선물이나 기증, 매매, 불법유출 등 다양한 이유로 세계 곳곳에 퍼진 K-문화유산을 보존하고 활용하는 데도 힘 쏟을 계획이다. 특히 국외 소재 문화유산의 약 20%가 모여 있는 유럽에서 현지조사 및 보존·활용 논의 등을 원활하게 할 수 있도록 프랑스 파리에 현지사무소 등 거점을 마련할 방침이다.

대형마트 공휴일 의무휴업 사라져 … 단통법 전면폐지 추진

정부가 대형마트에 적용하는 **공휴일 의무휴업 규제*** 를 폐지하고 영업 제한시간 동안 온라인배송을 허용하는 방안을 추진하기로 했다. 2014년 도입된 이동통신 단말장치 유통구조 개선법(단통법)을 10년 만에 전면폐지하는 방안도 마련했다.

대형마트 의무휴업일 제도

전통시장과 골목상권 활성화를 위해 마련된 유통산업발전법 제12조 1·2·3항에 따라 지방자치단체가 대형마트나 기업형 슈퍼마켓(SSM) 등에 영업시간 제한 등의 규제를 할 수 있도록 한 제도다. 그러나 이러한 제도가 소상공인의 매출증가에 큰 효과가 없고 소비자의 선택권이 제한된다는 주장이 꾸준히 제기돼왔다.

정부, 생활규제 개혁방안 마련

국무조정실은 1월 22일 열린 '국민과 함께하는 민생토론회'에서 이 같은 생활규제 개혁방안을 논의했다고 밝혔다. 정부는 우선 국민이 주말 장보기를 편하게 할 수 있도록 대형마트 의무휴업일을 공휴일로 설정하도록 한 원칙을 폐기하고, 평일에 휴업하도록 하는 방안을 추진한다. 또한 대도시와 수도권 외 지역의 새벽배송을 활성화하기 위해 대형마트의 영업 제한시간 동안 온라인배송도 허용하기로 했다.

현행 유통산업발전법에 따르면 대형마트는 자정부터 오전 10시까지 영업을 할 수 없고, 월 2회 공휴일에 의무휴업을 실시해야 했다. 하지만 평일 장보기가 어려운 맞벌이 부부나 1인 가구, 새벽배송이 제한적인 지방을 중심으로 대형마트 영업 규제를 풀어달라는 요구가 꾸준히 제기돼왔다. 정부는 "당초 대형마트 영업규제는 골목상권을 보호하기 위해 도입됐으나 유통시장 경쟁구조가 변화하며 국민 불편만 가중해 규제를 원점 재검토해야 하는 상황"이라고 설명했다. 이에 따라 대형마트 사업자들은 법 개정 이전에도 각 지방자치단체의 결정 및 조례 개정을 통해 의무휴업일을 평일로 전환할 수 있을 것으로 기대했다.

단통법 폐지·웹콘텐츠 도서정가제 적용예외 추진

정부는 단통법 전면폐지도 추진하기로 했다. 이 법은 당초 가계 통신비 인하를 유도하기 위한 목적으로 제정됐으나 이동통신사업자들의 적극적인 보조금 경쟁효과가 사라지면서 소비자 후생이 후퇴했다는 비판이 있었다. 정부는 "그간 국민 통신비 부담을 덜기 위해 다양한 요금부담 경감정책을 추진해왔다"며 "그러나 스마트폰시장이 프리미엄 모델 중심이 되고 제품가격이 계속 상승하고 있어 국민의 단말기 구입비용 부담을 낮추는 노력이 필요한 시점"이라고 설명했다. 정부는 단통법 폐지를 통해 통신사−유통점 간 자유로운 지원금 경쟁을 촉진하고, 국민들이

저렴하게 휴대전화 단말을 구입할 기회를 줄 수 있을 것으로 기대했다.

아울러 웹콘텐츠에는 도서정가제를 적용하지 않고, 15%로 제한된 도서가격 할인한도를 영세서점에서는 유연화하는 방안을 추진하기로 했다. 도서정가제는 판매가 목적인 간행물에 정가를 표시해서 판매하는 제도로 정가의 15% 이내에서 가격할인과 경제상 이익제공을 조합하는 것은 가능하다. 그러나 웹콘텐츠는 전자출판물에 해당하는 새로운 형식의 신생 콘텐츠로서 일반도서와 특성이 달라 획일적으로 도서정가제를 적용해서는 안 된다는 지적이 있었다.

생활규제 개혁방안 관련 브리핑하는 방기선 국무조정실장

다만 이날 확정발표된 3개 규제 개선방안을 시행하려면 모두 법 개정이 필요하다. 정부는 국회와 긴밀히 협조해 법이 개정되도록 한다는 방침이지만, 4월 총선과 맞물려 법 개정 논의에 당장 속도가 나긴 쉽지 않을 것이란 전망도 나온다. 방기선 국무조정실장은 정부서울청사 브리핑에서 "현 단계에서 국민이 체감할 시행시점이 구체적으로 언제쯤이라고 말하긴 어렵지만 빠르게 체감할 수 있도록 모든 노력을 다하겠다"고 말했다.

22위

'성난사람들'·'패스트 라이브즈' ···
한국 이민자 콘텐츠 주목받는 이유

한국계 배우·감독이 주축이 된 넷플릭스 시리즈 '성난 사람들'과 영화 '패스트 라이브즈'가 골든글로브·에미상을 비롯해 주요 시상식에서 상을 휩쓸고 있다. 할리우드를 중심으로 다양성을 추구하는 분위기가 강해진 데다 한국콘텐츠가 세계적으로 흥행한 데 힘입은 결과라는 분석이 나온다.

미국 에미상에서 수상한 스티븐 연(왼쪽)과 이성진 감독

미국·유럽이 추구하는 '다양성'과 맞아떨어져

두 작품이 세계 영화계의 주목을 받는 이유는 이른바 '코리안 **디아스포라***(한국인 이민자)' 콘텐츠가 주류 문화계에서도 주목받고 있다는 방증으로 풀이된다. 한국계 이민자 콘텐츠가 본격적으로 조명된 첫 사례는 정이삭(리 아이작 정) 감독의 영화 '미나리(2021)'다. 정 감독이 자전적 이야기를 바탕으로 각본을 쓰고 연출한 이 작품은 1980년 미국 아칸소로 이주한 한인가정이 겪는 일을 그렸다. 윤여정 배우는 이 작품을 통해 한국배우로는 최초로 미국 아카데미(오스카) 여우조연상을 수상했으며, 영국 아카데미 여우조연상과 미국배우조합상 등 다른 굵직한 시상식에서도 수상했다.

디아스포라

특정 민족이 자의적·타의적으로 기존에 살던 지역을 떠나 다른 지역에 정착해 집단을 형성하는 것 또는 그렇게 형성된 집단을 일컫는 말이다. '흩뿌리거나 퍼트리는 것'을 뜻하는 그리스어에서 유래했다. 인종이나 종교, 또는 정치적인 이유 등으로 살던 지방이나 국가에서 탈출해 다른 지역에서 살아가는 난민의 집단 형성과 관련 있다는 시각도 있다. 유대인, 집시가 대표적인 디아스포라의 사례로 꼽힌다.

그러나 당시 골든글로브는 미국영화인 '미나리'를 한국어로 극이 전개된다는 이유로 작품상이 아닌 외국어영화상 부문 후보에 올려 아시아계 작품 홀대 논란이 일기도 했다. 이에 골든글로브는 올해 심사위원 규모를 기존의 3배로 늘리고 이들의 출신 국가와 성별, 인종을 다양화하며 쇄신에 들어갔다. 그 결과 한국계 이성진 감독이 연출한 '성난 사람들'은 TV 미니시리즈 부문 작품상, 남우주연상(스티븐 연), 여우주연상(앨리 웡)을 가져갔다. 비록 수상에는 실패했으나 한국계 캐나다인 신인감독 셀린 송의 영화 '패스트 라이브즈'도 5개 부문의 후보로 지명되는 파란을 일으켰다.

셀린 송 감독

몇 년 전만 해도 비주류로 분류되던 이런 작품들이 평단의 마음을 사로잡을 수 있었던 건 최근 콘텐츠 업계의 화두로 떠오른 '다양성'에 알맞은 콘텐츠여서라는 분석이 나온다. 한 업계 관계자는 "미국 주류사

회에서 갈수록 문화적 다양성을 중요시하고 있다는 점은 분명한 것 같다"며 "가장 보수적이라고 평가받던 골든글로브까지도 '성난 사람들'에 상을 준 건 변화의 정점"이라고 평가했다. '미나리'의 국내 배급사인 판씨네마 관계자도 **"미국과 유럽이 추구하는 다양성이라는 가치가 한국계 콘텐츠의 특징과 맞아떨어진다"**고 짚었다. 이어 "아카데미는 윤여정 배우에게 여우조연상을 수여한 이듬해에는 '코다'에 출연한 청각장애인 배우에게 남우조연상을 줬다"면서 "미국과 유럽에서 이민자, 장애인, 소수 인종 등으로 다양성을 넓히고 있다는 의미"라고 설명했다.

'오징어 게임'·K팝으로 한국 친숙해져

이처럼 최근 한국계 콘텐츠가 주목받는 이유로 세계적으로 흥행한 K-콘텐츠 덕분에 한국에 대한 인지도와 친밀도가 높아졌다는 점이 거론된다. 한국이 더는 낯선 나라로 인식되지 않아 자연스럽게 한국인의 이야기를 받아들일 수 있게 됐다는 것이다. 봉준호 감독의 영화 '기생충(2020년)'이 오스카 작품상 등 4관왕을 차지한 데 이어 이듬해에는 넷플릭스 시리즈 '오징어 게임'이 신드롬급 인기를 누렸다. 그이전부터는 방탄소년단(BTS), 블랙핑크 등 K팝 그룹이 빌보드 메인앨범·싱글차트를 휩쓸며 '한국 홍보대사' 역할을 톡톡히 했다.

인물과 배경 등은 한국적 색채가 강하지만, 주제는 보편적이어서 공감을 끌어내는 콘텐츠 자체의 강점도 있다. 한 영화계 관계자는 "'미나리'는 이민자가 많은 미국 사람이 공감할 수 있는 이주가정 이야기고, '패스트 라이브즈'는 사랑하지만 계속해서 엇갈리는 사람들의 이야기"라며 "인종, 언어에 상관없이 누구에게나 소구점이 있는 스토리"라고 평했다. 윤성은 영화평론가는 "('성난 사람들'은) 에피소드 하나하나는 분노, 빈부격차 같은 보편적인 맥락에서

크게 벗어나지 않는다"면서 "콘텐츠 자체가 재밌고 웰메이드라는 것도 무시할 수 없다"고 강조했다.

23위

R&D 예산삭감 항의하다, 카이스트 졸업생 입막음 후 끌려가

2월 16일 대전 한국과학기술원(KAIST, 카이스트)의 학위 수여식에서 윤석열 대통령을 향해 항의하던 한 졸업생이 대통령경호처 요원들에 의해 강제로 퇴장당했다. 윤 대통령이 카이스트 2024년 학위 수여식장에서 축사하는 가운데 카이스트 졸업생인 신민기 씨가 윤 대통령이 선 곳을 향해 고성을 질렀다. 신씨는 윤 대통령 축사 중 "과학강국으로의 **퀀텀점프***(Quantum Jump)를 위해 R&D(연구개발)예산을 대폭 확대하겠다"고 하자 "생색내지 말고 R&D예산을 복원하십시오"라는 취지로 발언한 것으로 전해졌다. **현장에 있던 사복 경호원들은 신씨의 입을 막고, 팔과 다리를 들어 졸업식장 밖으로 끌고 나갔고, 이후 신씨는 경찰에 인계됐다.**

퀀텀점프

물리학의 양자도약이라는 의미로 미시세계에서 양자가 에너지를 흡수·방출해 한 단계에서 어떤 다른 단계로 도약하는 것을 뜻한다. 유사한 의미로 경영계에서는 퀀텀점프를 기업이나 산업이 단계를 뛰어넘어 비약적으로 발전하는 의미로 사용하고 있다.

경호처 대처 놓고 비판 커져

더불어민주당(민주당)은 2월 17일 해당 사태에 대해 비판을 이어갔다. 강선우 민주당 대변인은 "카르텔 운운하며 R&D예산을 날려놓고는 염치없이 카이

항의 중 경호원에게 제지당하는 카이스트 졸업생

대통령 사과를 촉구하는 카이스트 졸업생(오른쪽)

스트 졸업식을 찾은 것 자체가 기막힌데 졸업생 입을 틀어막고 사지를 잡아 끌어내냐"라며 "윤 대통령의 '입틀막' 정부에서 참담하고 슬픈 시절을 살아가고 있다"고 지적했다. 이어 "그야말로 공포정치의 극단"이라며 "윤 대통령의 심기를 조금이라도 불편하게 하면 모두 위해 행위인가. 과잉진압도 아니고, 폭행이자 국민의 기본권 침해"라고 강조했다.

카이스트 총학생회 등도 이번 사태에 대해 2월 19일 성명을 내고 "과도한 대응으로 깊은 유감을 표한다"고 밝혔다. 이들은 "학생들의 권리가 존중되지 않고 짓밟힌다고 판단될 경우 이를 수호하기 위해 직접 발언하고, 행동할 것"이라고 강조했다. 또한 카이스트 동문들은 다음 날 경호처장과 직원 등을 대통령경호법상 직권남용, 폭행·감금죄 등으로 경찰에 고발하기도 했다. 2월 23일에는 신씨가 윤 대통령과 경호처를 국가인권위원회에 진정하기도 했다.

신씨는 3월 6일 경찰 피의자 조사에 앞서 거듭 대통령의 사과를 요청하며 정부가 삭감한 R&D예산을 복원하라고 촉구했다. 신씨는 이날 오후 1시께 대전 유성경찰서 앞에서 기자회견을 열고 "R&D예산을 복원하라는 저의 절박한 외침을 무시하지 말아달라"며 "예산삭감은 연구자와 대한민국의 미래를 포기하는 국정기조였기에 이렇게 나설 수밖에 없었다"고 강조했다.

대통령실 "경호원칙에 따른 불가피한 조치"

대통령실은 해당 사태에 대해 "법과 규정, 경호원칙에 따른 불가피한 조치였다"고 설명했다. 신씨가 의도적으로 경호검색을 피해 천으로 된 정치슬로건을 숨겨 현장에 들어왔고, 경호처의 구두경고에도 불응했다는 것이 대통령실의 설명이다. 대통령실 고위 관계자는 과잉경호 논란과 관련해 "대통령은 바쁜 일정에도 특별히 과학기술계를 독려하고 축하하기 위해 학위 수여식에 간 것"이라며 "순수한 행사마저 정략적으로 이용하는 것은 개탄스러운 일"이라고 말했다.

경호원들에게 제지당하는 강성희 진보당 의원

이 관계자는 신씨가 녹색정의당 대전시당 대변인인 것을 두고 "진보당, 녹색정의당 등 이념을 가진 정당이 특정한 정치적 목적을 갖고 하는 것 같은데, 순수한 자리를 정치로 얼룩지게 하면 안 된다"고 지적했다. 그러면서 "경호법 등 관련법규상 뿐만 아니라 카이스트 측에도 졸업식 행사의 업무방해이고, 대통령 축사라는 공적업무를 방해한 현행범이기 때문에 규정에 따라 적법한 법 집행을 한 것"이라고 설명했다. 앞서 1월 18일에는 윤 대통령이 참석한 전북특별자치도 출범식에서 강성희 진보당 의원이 대통령경호처 경호요원들에 의해 강제 퇴장당한 바 있다.

총리 사퇴를 요구하는 아이티 갱단 조직원

24위

무법천지 아이티 …
공포 속 국민 절반 굶주린다

조직범죄단(갱단)의 활동으로 공항이 마비되고 해외 방문에 나섰던 총리의 귀국마저 막히는 등 기존 취약한 정치체제마저 붕괴할 위기에 처한 카리브해 섬나라 아이티가 비상사태를 연장하기로 했다.

총리 부재에 정치체제마저 위기 … 비상사태 연기

AFP통신 등에 따르면 아이티정부는 3월 7일(현지시간) 수도 포르토프랭스를 포함한 서부지역에 내린 비상사태를 4월 3일까지 연장하고 3월 11일까지 야간 통행금지령을 내렸다고 밝혔다. 아이티정부는 "질서를 재확립하고 상황을 다시 통제하기 위한 적절한 조치를 하기 위한 것"이라면서 앞으로 주·야간의 모든 시위가 금지되고, 보안군이 통행금지령을 위반하는 사람을 체포하기 위해 모든 법적 수단을 쓸 수 있다고 덧붙였다. 이는 갱단이 아리엘 앙리 아이티 총리가 해외순방으로 자리를 비운 3월 3일 포르토프랭스에 있는 교도소를 습격해 재소자 3,000여 명을 탈옥시키고, 갱단의 공항 공격으로 총리의 귀국길까지 막히면서 치안악화 등 행정기능이 사실상 마비된 데 따른 긴급조치다.

아이티에서는 2016년 이후 선거가 실시되지 않았고 대통령 자리는 공석인 상태다. 모이즈 대통령 암살* 이후 권력을 잡은 앙리 총리는 올해 2월 퇴임할 예정이었지만, 새 선거 전까지 야권과 권력분점에 합의하면서 물러나지 않아 이번 사태를 촉발했다. 3월 7일 기준 갱단이 수도의 80%를 장악한 가운데 무장폭력을 주도하는 아이티 갱단연합체 'G9'의 수장 지미 셰리지에는 혁명의 당위성을 주장하는 메시지에서 "국민은 지칠 대로 지쳤다"며 "우리의 총이 국민과 함께 나라를 해방할 것"이라며 앙리 총리의 사임을 요구했다. 이들은 총리가 사임하지 않으면 대량학살과 내전도 불사하겠다며 국가기관을 조직적으로 공격했다.

모이즈 대통령 암살사건

2021년 7월 7일 아이티 수도 포르토프랭스에서 아이티 제42대 대통령인 조브넬 모이즈가 대통령 사저에 침입한 콜롬비아 전직군인 등 용병의 총을 맞고 사망했다. 모이즈 대통령 당시 아이티 고위층 내 마약범죄 연루자들의 명단을 작성해 미국에 넘기려 했다는 보도가 나오면서 배후에 대한 증언이 나왔지만, 담당 치안판사가 협박과 각종 정치적 논란 속에 네 차례나 바뀌는 등 수사는 지지부진했다. 최근에는 당시 임시총리였던 클로드 조지프, 경찰청장 레온 샤를, 심지어 모이즈 대통령의 부인까지 총 51명이 새롭게 기소됐다.

미국 책임 도마 위 … 국민 절반이 굶주려

미국정부는 새로운 통치구조로의 신속한 전환을 촉구했다. 매슈 밀러 미국 국무부 대변인은 3월 6일

브리핑에서 "우리는 아이티 총리가 현재의 안보상황을 해결하고 자유롭고 공정한 선거를 위한 과정을 따르기 위한 거버넌스 구조 전환을 가속하길 바라고 있다"면서도 "우리는 (총리에게) 사임을 요구하거나 강요하지 않을 것"이라고 해 구체적으로 개입하지는 않을 것을 시사했다. 그러나 토니 블링컨 미국 국무장관이 카리브해 지역 정상들과 회동한 직후인 3월 11일 앙리 총리는 결국 사임의사를 밝혔다.

'G9'의 수장 지미 셰리지에

이런 가운데 미국이 모이즈 대통령 암살 이후 앙리 총리를 전폭적으로 지지해 아이티 사태를 더 악화시켰다는 비판이 커지고 있다. 아이티 주도의 해결법을 모색해온 연합단체의 회원인 아이티 작가 모니크 클레스카는 앙리 총리가 무능과 무대책으로 일관해왔다면서 "이 모든 것에도 불구하고 미국은 그와 함께해왔다. 그들은 그의 가장 큰 조력자였다"고 미국을 비난했다.

한편 로이터·EFE 통신에 따르면 국제 구호단체 컨선월드와이드는 1,100만명 안팎의 아이티 인구 중약 500만명이 제대로 된 식사를 하지 못한 채 굶주리고 있다고 밝혔다. 또한 갱단의 습격과 이들에 맞선 경찰·시민군의 교전, 각종 보복성 폭력 등으로 지난해만 수천명의 사망자가 나온 것으로 전해졌다. 구호단체인 국경없는의사회(MSF)는 수도 포르토프랭스 인구의 9%가 거주하는 한 지역에서만 지난해 폭력사태로 최소 2,300명이 숨진 것으로 파악된다고 밝혔다. 현재 아이티에는 200여 개에 달하는 갱단이 활개를 치고 있으며, 이 가운데 수도에만 95개가 활동 중이다. 이 갱단들은 크게 두 그룹(FRG9, G-Pep)으로 분열돼 있으며 각각 정치권과 연줄이 있다.

3월부터 학폭 전담조사관 배치 … 전문성·법적근거 부족 우려도

정부가 그동안 교사들이 맡아왔던 학교폭력(학폭) 조사를 **학폭 전담조사관***이 담당할 수 있도록 도입 근거를 담은 '학폭예방 및 대책에 관한 법률 시행령' 일부 개정령안을 2월 20일 심의·의결했다. 이에 따라 3월부터 전담조사관이 학폭사안 처리를 위해 현장에 투입됐다.

학폭 전담조사관제도

학폭조사나 생활지도, 수사경력이 있는 퇴직경찰이나 퇴직교원 등 특정 자격을 가진 이들을 전담조사관으로 채용해 교사들이 담당하던 학폭 조사업무를 맡도록 한 것을 말한다. 이에 따라 학폭사건이 발생해 이를 인지하면 전담조사관이 사안을 조사한 뒤 학교장 자체해결 요건 충족 및 피해학생 측 동의 여부를 확인해야 한다. 만약 요건을 미충족하거나 동의를 받지 못한 경우 학교폭력 사례회의를 통해 조사결과를 검토한 후 학교폭력대책심의위원회에 심의를 요청해야 한다.

학폭 조사관 1,955명 위촉 … 목표치 28% 미달

교육부는 이날까지 각 교육청이 위촉한 전담조사관은 생활지도나 수사·조사 경력이 있는 퇴직 경찰·교원 등 총 1,955명이라고 밝혔다. 이는 교육부가 지난해 말 제시한 목표치(2,700명)의 72% 수준이다. 이와 관련해 교육부 관계자는 "(위촉 목표치는) 2022년 학폭 건수 약 6만 2,000건을 기준으로 전담조사관 한 명이 한 달에 두 건 정도 사안을 처리한다고 생각하고 추산한 것"이라며 "3월에 바로 6만 2,000건이 발생하는 것이 아닌 만큼 현재 규모로 전담조사관제도를 운영하는 데에는 문제가 없을 것"이라고 밝혔다. 또 "시도교육청 상황에 따라 상반기 중에 (전담조사관을) 추가 위촉할 계획도 있다"고 덧붙였다.

학교폭력 전담조사관 역량강화 연수

시행령 개정을 통해 교육부는 새 학기 신설되는 '피해학생 지원 조력인(전담지원관)' 자격요건 등도 마련했다. 지원관은 학폭 피해학생이 필요로 하는 서비스를 파악해 지원기관을 연계하는 역할을 담당하는데, 교육부는 사회복지사, 교원·경찰로 재직하고 있거나 재직했던 사람 등으로 자격요건을 정했다. 이를 통해 피해학생이 필요로 하는 서비스를 적시에 파악하고 맞춤형 지원이 이뤄질 수 있을 것으로 기대했다. 또한 사이버폭력 피해학생 지원규정도 신설됐다. 규정에 따르면 사이버폭력에 해당하는 촬영물 등의 유포로 피해를 본 학생을 위해 피해상담, 촬영물 유포로 인한 피해정보 수집, 촬영물 삭제 여부에 대한 확인 및 점검 등을 지원할 수 있다. 이와 함께 학폭대책심의위원회(학폭위) 위원으로 학교 전담경찰관(SPO)을 반드시 포함해야 한다고 명시하고, 가해학생이 학폭위 결정에 불복해 집행정지를 신청할 때 피해학생의 진술권을 보장하는 절차도 마련했다.

법적 지위·권한 불분명 … 소송시 보호방안 필요

그러나 일각에서는 학교에 투입될 조사관이 학생과 정서적 유대감이 없는 데다 낮은 보수와 부족한 전문성 탓에 성과를 거두기 어려울 것이라는 지적이 나왔다. 조사관의 법적 지위와 권한이 불분명하고, 학생·학부모로부터 민원이나 소송을 당했을 경우에 대한 보호막이 불충분하다는 우려도 제기됐다. 제도 시행을 위한 준비기간이 짧았던 데다 조사관 업무에 대한 연수가 3~5일에 불과한 것도 이들의 전문성 확보에 걸림돌이 될 것으로 전망됐다. 김동석 한국교원단체총연합회 교권본부장은 "책임성과 전문성을 갖춘 인력을 확보하려면 처우 보장이 필수적인데, (1건당 15만원에서 40만원 정도로 공고된 수당으로는) 한계가 있을 것"이라고 말했다. 아울러 정부는 제도운영에 필요한 재정을 조달할 구체적인 방법을 제시하지 않은 상황이다.

학폭 전담조사관제 정상운영 촉구하는 교원노조원들

교사노동조합연맹(교사노조) 역시 학폭사안 조사시 교사가 동석하도록 한 것은 제도 도입취지에 어긋난다며 비판했다. 실제 교사노조가 교사 1만 4,329명을 대상으로 2월 20일부터 22일 오전까지 실시한

설문조사에 따르면 제도 시행 이후 교사가 조사일정을 조율하고 조사에 동석한다면 업무가 줄어들 것으로 보느냐는 질문에 응답자의 78.2%는 업무가 늘어날 것으로 예상했다. 특히 조사에 교사가 동석하는 경우 교사에 대한 민원문제가 해결되지 못할 것이라는 응답도 92.5%에 달했다. 이에 교사노조 관계자들은 조사업무를 교육청으로 완전히 이관하는 조건으로 전담조사관제를 도입해야 한다며 제도보완을 촉구했다.

26위

프로야구 유무선 유료시대 …
4월까지 무료, 5월부터 월 5,500원

인터넷과 스마트폰, 태블릿 PC 등 유무선기기로 프로야구를 무료로 관전하던 시대가 끝나고 유료시대가 막을 올린다. 프로야구를 주관하는 한국야구위원회(KBO)는 CJ ENM과 2024~2026년 3년 동안 KBO리그 유무선 중계방송권 계약을 체결하고, 올해부터 CJ ENM의 동영상스트리밍(OTT) 서비스인 티빙(TVING)을 통해 유무선 중계방송을 실시한다고 3월 4일 발표했다.

KBO, CJ ENM과 3년 1,350억원에 계약

KBO에 따르면 계약규모는 3년간 총 1,350억원(연평균 450억원)으로 국내 프로스포츠 사상 최대이며 종전계약(5년간 1,100억원, 연평균 220억원)보다 연평균 금액이 두 배 이상 증가했다. CJ ENM은 이번 계약으로 3년간 KBO리그 전 경기의 국내 유무선 중계방송과 중계방송권 재판매의 독점적 권리를 보유한다.

2023년 한국시리즈 5차전 경기

앞서 KBO 사무국은 CJ ENM을 유무선 중계방송권 우선협상 대상자로 선정해 50일간 협상한 끝에 최종합의에 도달했다. 기존 통신·포털 연합이 유무선 중계권을 보유했을 때 프로야구 시청자들은 인터넷과 스마트폰을 통해 공짜로 경기를 볼 수 있었으나, 올해부터는 돈을 내고 프로야구 경기를 봐야 한다. 프로스포츠 콘텐츠의 유료시청은 더는 거스를 수 없는 세계적인 대세가 됐다.

CJ ENM은 3월 9일 개막한 시범경기를 포함해 3월 23일 정규리그 개막전부터 4월 30일까지 티빙 서비스에 회원가입한 이용자들을 대상으로 KBO리그를 무료로 시청할 수 있는 특별이벤트를 진행한다고 밝혔다. 무료이벤트 기간이 끝나는 5월 1일부터는 티빙 이용권을 구매해야 정규리그와 포스트시즌 전 경기를 볼 수 있다. 또한 TV 중계권 방송사가 제작하지 않는 시범경기를 직접 제작하고 티빙을 통해 송출할 예정이다. 다만 생중계서비스를 제외한 전체 경기 다시보기, 전 경기 하이라이트, **주문형비디오***(VOD), 문자 그래픽 중계 등의 서비스는 티빙에서 모두 무료로 제공한다.

주문형비디오

가입자가 원하는 시간에 드라마나 영화 등 원하는 방송 프로그램을 즉시 선택해 시청할 수 있는 양방향 영상서비스를 말한다. 지역 전화회사나 유선텔레비전 방송사가 제공하고 있으며, DVD급의 화질에 VCR 기능(재생, 정지, 되감기 등)을 탑재하고 있다. 형태별로 프로그램당 일정 요금을 지불하는 건당 요금제 VOD서비스, 횟수에 관계없이 제공되는 프로그램을 시청하고 월정액을 지급하는 가입형 VOD서비스, 마케팅 수단으로 무료로 공급되는 FOD(Free VOD)서비스 등이 있다.

소셜미디어서 경기영상 자유롭게 이용 가능

돈을 내고 프로야구를 보는 대신에 콘텐츠 활용 폭은 훨씬 넓어졌다. KBO 사무국은 야구를 사랑하는 팬 누구나 40초 미만 분량의 경기 쇼츠영상을 유튜브, 인스타그램 등 모든 소셜미디어(SNS) 플랫폼에서 자유롭게 활용할 수 있게 됐다고 설명했다. 야구 팬들이 각종 '밈'과 '움짤(움직이는 이미지)'을 적극적으로 생산할 수 있는 토대가 마련돼 KBO 사무국과 각 구단은 이를 통해 신규 야구팬들의 접근성이 좋아져 다채로운 영상활용을 통한 인기상승을 기대하고 있다. CJ ENM은 기존 유무선 중계방송 사업자를 통해 제공된 전 경기 하이라이트, 전체 경기 다시 보기, 10개 구단 정주행 채널 운영, 놓친 장면을 다시 볼 수 있는 타임머신 기능, 채팅 기능인 티빙톡 등의 부가기능을 정규시즌 개막일인 3월 23일부터 정식으로 제공하고 있다.

한편 KBO 사무국은 2월 29일 KBS, MBC, SBS 지상파 방송 3사와 3년간 1,620억원(연평균 540억원) 규모의 TV 중계방송권 계약을 3년 연장했다.

이로써 지상파 3사는 지상파 TV로 3년간 KBO리그 경기를 직접 방송할 수 있는 권리와 함께 케이블 및 IPTV 유료채널 사업자에 중계방송권을 재판매할 수 있는 권리, 동영상 취재권 및 보도권을 보유한다. 프로야구 팬과 시청자들은 예년처럼 3대 방송사와 5대 케이블채널(KBSN스포츠, MBC스포츠플러스, SBS스포츠, SPOTV, SPOTV2)에서 프로야구를 시청할 수 있다.

HOT ISSUE **27위**

'살 빼는 약' 임상 성공 … 바이킹테라퓨틱스 주가 급등

지난해 12월 국제학술지 사이언스(Science)가 한 해 가장 주목할 만한 연구성과로 선정하는 '2023 올해의 혁신'에 장에서 분비되는 인슐린 분비조절 호르몬인 '글루카곤 유사 펩티드-1(GLP-1*, Glucagon like peptide-1)' 기반의 비만치료제를 뽑는 등 세계가 '살 빼는 약' 개발에 집중하고 있다. 이런 가운데 자사 비만치료제 임상시험 성공소식을 밝힌 미국 바이오제약업체 바이킹테라퓨틱스 주가가 2월 27일(현지시간) 120% 넘게 급등했다.

체내에서 자연적으로 발생하는 호르몬인 '글루카곤 유사 펩티드-1'의 약자다. 음식을 섭취하면 혈당이 상승하는데, GLP-1은 췌장이라는 체내 장기와 함께 작용해 인슐린을 방출시켜 혈당의 균형을 유지하는 역할을 한다. 특히 위에서 음식물의 통과를 지연시키고 뇌에 작용해 식욕을 억제하는 등 혈당조절에 관여할 뿐 아니라 체중감소에도 도움을 준다.

일라이릴리·노보노디스크에 도전

CNBC방송 등에 따르면 바이킹테라퓨틱스는 이날 비만·과체중 환자 170여 명을 대상으로 임상 2상을 진행한 결과 신약후보 물질 'VK2735'를 복용한 사람의 체중이 13주 후 최대 14.7% 빠졌다는 초기 결과가 나왔고, 복용자의 최대 88%는 몸무게가 적어도 10% 빠졌다고 밝혔다. 비록 임상시험 규모가 상대적으로 작다는 점이 걸림돌이기는 하지만 임상시험 중간결과가 매우 고무적이라는 평가다.

바이킹테라퓨틱스 로고

이 결과에 대해 바이킹테라퓨틱스는 13주 이후 체중감소세가 정체된다는 증거가 없다면서 **복용기간을 늘릴 경우 체중이 더 빠질 것으로 기대하고 있으며, 안전성이 고무적이고 부작용도 낮다고 평가**했다. 아울러 향후 의학 콘퍼런스에서 임상 2상 전체자료를 공개할 예정이며, 규모를 키운 3차 임상도 필요한 상황이지만, 일단 신약개발 진척을 위해 미국 식품의약처(FDA)와도 논의할 계획이라고 설명했다.

살 빼는 약 시장은 2020년대 말까지 1,000억달러(약 133조원) 규모로 성장할 수 있다는 평가가 나올 정도로 유망한 분야로 2012년 9월 설립돼 미국 캘리포니아주 샌디에이고에 본사를 둔 바이킹테라퓨틱스는 이 시장에 뛰어든 여러 소형업체 중 하나다. 도이체방크 애널리스트들은 이번 임상결과에 대해 다른 제약업체 노보노디스크와 일라이릴리가 양분 중인 살 빼는 약 시장구도가 결국에는 깨질 수 있다고 평가했다. 그러면서도 치료제를 대량생산하는 게 쉽지 않은 만큼 당분간은 노보노디스크와 일라이릴리에 유리할 것으로 봤다.

경쟁사 주가 하락 … 경쟁구도 가열

그러나 이날 미국증시는 출렁였다. 살 빼는 약 시장을 선점한 덴마크 노보노디스크와 미국 일라이릴리 주가가 떨어지고 바이킹테라퓨틱스 주가가 폭등한 것이다. 바이킹테라퓨틱스 주가는 장중 133% 급등하며 90달러까지 찍었다가 상승분을 일부 반납, 121.02% 오른 85.05달러로 장을 마쳤다. 머스크와 화이자 등 대형 제약회사가 바이킹테라퓨틱스의 제품을 구매할 수 있다는 관측도 주가상승에 부채질을 한 것으로 분석된다.

글로벌 살 빼는 약 시장 전망

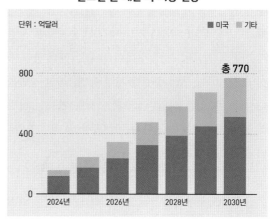

단위 : 억달러   ■ 미국 ■ 기타

총 770

자료 / 니혼게이자이신문

살 빼는 약에 대한 기대는 비단 미국만의 일은 아니다. 바이킹테라퓨틱스의 발표가 있기 하루 전인 26일에는 덴마크 바이오테크업체 질란드제약과 독일 제약메이저 베링거인겔하임이 서보두타이드(Survodutide) 임상시험에서 고무적인 결과를 내놨다. 그러나 이러한 살 빼는 약들이 췌장염, 장폐색, 위 무력증 등 심각한 위장질환 위험을 크게 높인다는 연구결과가 나오고, 국내에서 처방되는 비만치료제 중 '살 빼는 약'으로 알려진 펜터민의 경우에는 심각한 정신장애를 일으키는 원인으로 지목되는 등 우려의 목소리도 크다. 한편 벨기에는 비만치료 목적으로 쓰려는 수요를 공급이 따라가지 못해 정작 당뇨병 환자들이 약을 받지 못할 수도 있다는 이유에서 오젬픽(노보노디스크) 처방을 제한하고 나섰다.

HOT ISSUE

28위

"교권보호의 변곡점" …
서울 서이초 교사, 순직인정

근무하던 학교에서 숨진 채 발견된 뒤 '교권회복'에 대한 사회적 관심을 불러일으킨 서울 서이초등학교 교사가 **순직***을 인정받았다. 또 출근 도중 서울 신림동 둘레길에서 폭행당해 숨진 초등교사에 대해서도 순직신청이 받아들여졌다.

순직

> 군인이나 경찰관, 소방관, 공무원 등이 교육훈련 또는 직무를 수행하던 중 사망하거나 질병으로 사망하는 경우를 가리킨다. 계급이 있는 직업의 경우 사망 후 특별승진(추서)을 하거나 국가유공자로 지정되기도 한다.

교권침해에 대한 현실 알리고 사회적 변화 이끌어

서이초 A교사의 유가족 측은 2월 27일 일부 교육계 관계자들에게 보낸 메시지를 통해 "순직이 인정됐음을 전달받았다"고 밝혔다. 그러면서 "본인의 일처럼 생각해 나서주시고, 함께 눈비 맞아가며 울어주신 모든 일들을 절대 잊지 못할 것이며 평생 가슴에 새기겠다"라고 덧붙였다. 전국의 교사들이 여러 차례 집회와 기자회견 등을 통해 교권침해에 대한 현실을 알리고 A교사의 순직인정을 촉구해온 점에 대해 감사의 뜻을 표한 것으로 풀이된다.

유족 측 대리인인 문유진 변호사는 "서이초 선생님에 대한 순직인정은 우리 사회의 시스템 변화, 교육환경의 변화가 필요하다는 사회적 인식과 맥을 같이 하는 것이고, 24살 꽃다운 나이의 죽음에 대해 우리 어른들이 사회적 책임을 지는 것"이라고 밝혔다. 이어 "(순직인정은) 선생님 사망의 책임이 개인이 아니라 우리 사회에도 있다는 점을 인정한 것"이라며 "문제교육환경의 변화를 끌어낸 '교권보호의 변곡점'이 돼 역사에 남을 것"이라고 덧붙였다.

서이초 교사 순직심의를 앞두고 열린 도심집회

교육계, "순직심사서 교원업무 특수성 고려해야"

A교사는 지난해 7월 18일 학교 안에서 숨진 채 발견됐다. 고인은 숨지기 직전 학생 간 다툼을 중재한 일로 학부모 민원에 시달리는 등 고충을 겪어왔다고

알려졌다. 그러나 경찰은 조사결과 학부모의 지속적 괴롭힘이나 폭언·폭행, 협박 등과 같은 범죄 혐의점은 발견하지 못했다고 결론지었다. A교사 사망 이후 교사들은 자발적으로 대규모 집회를 열어 무분별한 아동학대 신고와 악성민원 등 '교권침해'에 시달리는 교사들의 현실을 지적하며 정부와 국회에 대책 마련을 촉구했다. 이후 정부는 교권보호 종합대책을 내놨고, 국회는 교사의 정당한 교육활동을 보호하기 위한 '교권회복 5법'을 통과시켰다.

서이초 교사 순직인정 및 제도개선 촉구 기자회견

이와 별도로 인사혁신처는 지난해 8월 17일 서울 관악구 신림동 등산로에서 폭행당해 숨진 B교사에 대해서도 순직을 인정했다. B교사는 출근길에 폭행당한 뒤 심정지 상태로 병원으로 옮겨졌으나 이틀 뒤 숨졌다. 피의자 최윤종은 지난 1월 1심에서 무기징역을 선고받았다. 다만 인사혁신처는 지난해 9월 전북 군산 인근 해상에서 숨진 채 발견된 C교사에 대해서는 순직을 인정하지 않은 것으로 전해졌다.

교육계는 두 교사의 순직인정과 관련해 환영의 뜻을 내비치면서도 군산 초등교사의 순직이 인정되지 않은 부분에 대해서는 안타깝다는 입장을 밝혔다. 그러면서 정부가 순직 심의과정에서 유가족의 증빙자료 준비 등을 더 적극적으로 지원하고, 교원업무의 특수성을 고려하는 방향으로 제도를 개선할 필요가 있다고 지적했다. 교사노동조합연맹은 "교사의 순직인정 비율이 낮은 이유는 입증책임을 유가족에게만 떠맡기고 있기 때문"이라며 "교육당국은 유가족의 순직인정 신청을 위한 조력시스템을 구축하고 인사혁신처는 교권침해, 과도한 업무로 인한 스트레스 등 직·간접적으로 (사망에) 영향을 끼친 내용을 공무상 재해보상 승인의 근거로 인정해야 한다"고 촉구했다. 전국교직원노동조합도 정부가 아동복지법 개정을 비롯한 각종 교권침해 대책을 마련하고, 교사 순직인정 체계의 개선에 더 적극적으로 나서라고 요구했다.

29위

배민 '정률제' 수수료 확산에 자영업자 불만 폭주

2월 19일 정보기술(IT)과 외식업계에 따르면 음식배달 시장의 60% 이상을 점유한 배달의민족(배민)이 1월 중순 내놓은 '**정률제*** 수수료' 기반의 '배민1플러스(배민 앱에서 '배민배달 알뜰·한집'으로 표시)' 상품에 가입한 외식업주들의 불만이 폭주하는 것으로 나타났다.

정률제

과세 물건이나 과세표준 따위에 어떤 기준을 미리 정한 뒤 세금을 일정 비율로 부과하는 제도를 말한다. 배민은 최근 주춤하고 있는 배달시장 상황을 고려해 '배달비 인하'에 초점을 두고 정률제를 시행하기로 했다. 기존에는 업주가 배달비를 직접 설정(기본 6,000원 중 업주가 고객 부담 배달팁을 설정해 고객과 분담)하는 것이 가능했으나 배민이 배달비를 직접 지정해 고객이 부담하는 배달비의 상한선을 제한하도록 한 것이다.

배민, 수수료 정률제 '배민배달'로 고객 유인

배민은 요금제를 개편하면서 자체 배달은 '배민배달'로, 대행사를 이용한 배달은 '가게배달'로 명칭을 바꿨다. 소비자가 쓰는 배민배달(한집·알뜰배달)은 업주들에게는 '배민1플러스' 상품이다. 가게배달은 업주가 '울트라콜(광고비, 정액제)'이나 '오픈리스트' 상품에 가입해 광고로 가게를 노출시키는데, 대다수 소상공인이 선호하던 울트라콜 상품은 배민에 고정된 금액의 광고비만 내면 됐었다.

그러나 배민의 새 상품인 '배민배달'은 업주 매출이 늘어날수록 이에 비례해 배민에 지급하는 수수료가 많아지는 정률제다. 업주는 배민에 주문 중개이용료로 음식값의 6.8%(부가세 포함 7.48%)를 내야 한다. 또 '배민1플러스' 상품에서 업주가 배민에 지급하는 배달요금은 지역에 따라 2,500~3,300원(부가세 별도)이다. 여기에 업주는 결제수수료 1.5~3%(부가세 별도)도 배민에 내야 한다. 예를 들어 '배민배달'로 1만원짜리(부가세 포함) 주문이 들어오면 점주가 배민에 내는 '배민1플러스' 상품 이용요금은 중개이용료 680원, 배달요금 업주 부담금 3,300원(서울 기준), 결제수수료 300원 등을 합한 4,280원에 부가가치세 10%를 더해 총 4,708원이나 된다.

배민 운영사인 우아한형제들 측은 다양한 상품을 업주들이 자유롭게 선택할 수 있다고 했지만, 업주는 이번 요금개편 이후 기존 가게배달의 주문이 급격히 줄어 '울며 겨자 먹기' 식으로 새 상품에 가입할 수밖에 없다고 토로한다. 배민이 '배민배달' 상품에 대한 프로모션을 대대적으로 벌이고 있고, 노출빈도에 차별을 둬 소비자들이 '배민배달' 상품을 선택하도록 의도적으로 유도하고 있다는 것이다. 또 업주가 거부하지 않을 경우 '배민1플러스'로 자동전환되도록 한 것이나 인상된 배달요금에 대해서도 불만의 목소리가 터져나왔다.

배달형식에 따른 배민 상품 비교

구분	기본형	묶음형
가입비용	없음	
수수료	주문발생 시 각 상품별 중개이용료율에 따름	
배달방식	한집배달(단건 배달)	묶음배달(다건 배달)
가게 부담 배달비	6,000원 (VAT 별도)	2,500~3,300원 (VAT 별도)
고객 배달팁	0~6,600원 → 가게 매출로 귀속	변동 배달팁 → 가게 매출로 귀속되지 않음

2020년에도 정률제 도입했다가 비판받고 백지화

배민의 정률제 수수료 위주의 요금체계 도입 시도가 이번이 처음은 아니다. 배민은 2020년 4월 5.8%의 수수료를 받는 요금체계인 '오픈서비스'를 도입했다가 업주들이 반발하고 정치권까지 비판에 나서자 이를 백지화한 바 있다. 당시 소상공인연합회는 "금액 제한이 있는 정액제와 비교해 매출규모에 따라 수수료가 기하급수로 증가하는 정률제는 소상공인들에게 큰 부담이 될 것"이라고 주장했다. 공정거래위원장도 "(배민이) 정액제에서 정률제로 바꿨는데, 이를 실증 분석해보니 수수료가 인상되는 효과가 있었다"고 밝히기도 했다.

우아한형제들 측은 배민의 수수료율(배민1플러스 상품)이 국내 주요 3개 업체 중 가장 낮으며 대부분 플랫폼은 정률제 상품을 운용하고 있다고 강조했다. 수수료는 부가세 별도 기준으로 배민 6.8%, 쿠팡 9.8%, 요기요 12.5% 등이다. 하지만 배민은 시장의 3분의 2가량을 지배하고 있어 이 회사의 수수료 개편이 미치는 영향은 막대하다고 외식업주들은 말한다. 이처럼 우아한형제들이 이익 극대화 전략을 추진하는 상황에서 모기업인 독일 딜리버리히어로(DH)가 막대한 투자금 회수에 나서는 것이 아니냐는 관측도 나왔으나, 우아한형제들 관계자는 "배당은 공시사항이라 그전에는 밝힐 수 없다"고 밝혔다.

HOT ISSUE

30위

전기차 접은 애플, 생성형 AI에 집중한다

애플이 10년간 개발을 추진해온 **자율주행*** 전기차(EV) '애플카 프로젝트'를 끝내 접었다. 향후 생성형 인공지능(AI) 개발에 집중할 것으로 보인다.

자율주행

운전자의 개입 없이 시스템이 자체적으로 주변환경을 인식하고 주행상황을 판단해 차량을 제어하면서 목적지까지 주행하는 것을 말한다. 1960년대에 '자율주행'이라는 개념이 처음 제시된 이후 일부 연구가 진행돼오다 컴퓨터의 판단기술 분야가 크게 발전한 1990년대 들어 본격적으로 연구되기 시작했다. 최근에는 딥러닝을 이용한 기술연구가 진전돼 상용차에 제한적으로 탑재되고 있다.

블룸버그, "연구직원 2,000명 대거 이동"

블룸버그 통신은 2월 27일(현지시간) 소식통을 인용해 애플의 전기차 개발중단 소식을 전하면서 연구직원 중 상당수가 AI 부서로 재배치될 것이라고 전했다. 애플의 전기차 연구조직으로 알려진 '스페셜 프로젝트 그룹' 직원만 총 2,000명으로 기존조직에 더해 AI 연구조직은 수천명에 이를 것으로 추정됐다.

그동안 오픈AI의 챗GPT 출시로 비롯된 생성형 AI 열풍이 거세게 불어닥친 가운데 애플은 경쟁사들보다 뒤처져 있다는 평가를 받았다. 마이크로소프트(MS)와 오픈AI, 구글, 메타 등은 앞다퉈 생성형 AI와 이를 접목한 제품을 내놓았지만, 애플은 이렇다 할 AI를 내놓지 못했다. 삼성전자가 지난 1월 출시한 생성형 AI를 탑재한 갤럭시폰도 시장의 주목을 받았으나, 애플은 올해 하반기에야 AI폰을 내놓을 것이라는 관측만 나오고 있다.

팀 쿡 애플 CEO

이처럼 애플이 AI 경쟁에서 후발주자가 되는 사이 수년간 유지해왔던 '세계에서 가장 비싼 기업'의 자리도 AI를 앞세운 MS에 내주고 말았다. 애플 주주인 금융회사 시노버스 트러스트의 수석 포트폴리오 매니저인 댄 모건은 "애플이 이 프로젝트(애플카)를 폐기한 것은 다행"이라며 "이 프로젝트는 애플에 가장 무리한 것이었고, 애플이 감당할 수 있는 수준이 아니었다"고 말했다. 그는 "애플이 소비자 가전사업에 도움이 될 수 있는 AI와 같은 분야에 엔지니어와 투자를 재배치하는 것이 더 낫다"고 덧붙였다. 애플이 AI 개발에 본격적으로 뛰어들면서 AI 주도권을 잡기 위한 경쟁이 더욱 치열해질 전망이다.

자율주행 전기차 열기는 한풀 꺾여 침체국면

반면 애플카 개발 중단으로 자율주행 분야의 열기는 한층 더 꺾이게 됐다. 자율주행은 테슬라를 시작으로 많은 기업이 뛰어들었지만, 현재는 침체국면을 맞고 있다. 지난해 8월 미국 샌프란시스코에서 유료 운행을 시작했던 무인 로보택시는 잇따른 사고로 지역사회의 반발에 직면해 있다. 제너럴모터스(GM)의 자율주행 자회사 크루즈는 로보택시 사업을 일시 중단했고, 구글의 웨이모는 로스앤젤레스 등으로 사업확장을 계획하고 있으나 당국에 의해 보류된 상태다. 당초 완전자율주행(FSD) 차량을 표방했던 테슬라도 당국의 조사를 받으면서 현재는 FSD 기능을 운전 보조장치로만 소개하고 있다.

애플이 2014년부터 '프로젝트 타이탄'이란 이름으로 야심 차게 추진한 애플카는 애플의 차세대 대형 프로젝트였다. 당초 자율주행 전기차로 아이폰, 아이패드에 이은 혁신이 기대됐다. 그러나 이러한 기대감에도 불구하고 출시시점이 계속해서 미뤄지다가 결국 결실을 보지 못한 채 사업을 접게 됐다. 업계 관계자들은 그 배경에 대해 "완성차 산업의 특성상 애플의 차별화된 디자인·성능 구현과 낮은 공급가격 요구를 동시에 충족시키는 데 한계가 있었기 때문일 것"으로 추정했다.

애플이 10년간 애플카 개발에 투입한 자금만 100조원을 훌쩍 넘는다. 뉴욕타임스(NYT)에 따르면 지난 5년간 애플이 새로운 기술 분야에 투입한 자금은 1,130억달러(150조 5,386억원)에 달하는데, 이 중 상당한 금액이 애플카 개발에 쓰인 것으로 추정된다. NYT는 애플카 포기에 대해 "애플이 크게 주목받아온 프로젝트를 폐기하는 것은 이례적인 일"이라고 평가했다. 시대

화제의 뉴스를 간단하게!
간추린 뉴스

한국인 선교사, 러시아서 간첩혐의로 체포 … 모스크바에 구금

3월 11일(현지시간) 러시아 타스통신은 한국인 1명이 올해 초 러시아 극동 블라디보스토크에서 간첩혐의로 러시아 연방보안국(FSB)에 체포됐다고 보도했다. 한국인이 러시아에서 간첩혐의로 체포된 것은 이번이 처음이다. 체포된 한인은 현지에서 북한이탈주민 구출활동 등을 해온 선교사 백모 씨로 알려졌다. 백씨는 블라디보스토크에서 구금된 후 추가조사를 위해 2월 말 모스크바로 이송돼 레포르토보 구치소에 구금된 상태다. 외교부 당국자는 "체포 사실을 인지한 직후부터 필요한 영사 조력을 제공하고 있다"며 구체적인 내용은 조사 중이라 언급하기 어렵다고 밝혔다.

FC서울, EPL 출신 린가드 영입 … '5만 관중 신기록' 쓰며 인기 재입증

프로축구 FC서울이 3월 10일 열린 홈 개막전에서 '5만 관중 신기록'을 썼다. 잉글랜드 프리미어리그(EPL) 출신 제시 린가드를 '깜짝' 영입해 화제가 된 FC서울은 서울월드컵경기장에서 열린 홈경기에서 2018년 유료관중 집계 이후 K리그 최다인 5만 1,670명의 관중을 끌어모았다. 린가드는 맨체스터 유나이티드(맨유)에서 200경기 이상 뛰고 잉글랜드 국가대표 경력도 지닌 공격형 미드필더다. FC서울은 최근 4시즌 연속 중하위권에 머물러 '인기구단'의 이미지가 퇴색되기도 했지만, 올 시즌 지휘봉을 잡은 김기동 감독과 린가드의 영입으로 분위기 쇄신을 노리고 있다.

FC서울에 입단한 제시 린가드

이변 없었던 아카데미 … '오펜하이머' 작품상 등 7관왕 싹쓸이

미국의 핵무기 개발을 주도한 천재과학자 로버트 오펜하이머의 전기영화인 크리스토퍼 놀런 감독의 '오펜하이머'가 미국 아카데미(오스카) 시상식에서 주요상을 휩쓸었다. 3월 10일(현지시간) 미국 로스앤젤레스 돌비극장에서 열린 제96회 아카데미 시상식에서 '오펜하이머'는 최고상인 작품상을 비롯해 7개 부문 수상의 영예를 안으며 최다 수상작이 됐다. 앞서 오스카상의 향배를 가늠할 수 있는 시상식에서 작품상을 잇달아 수상해 일찌감치 이런 결과가 예견된 바 있다. 한국계 셀린 송 감독의 '패스트 라이브즈'도 작품상 후보에 올랐지만, 수상으로 이어지진 못 했다.

생애 첫 아카데미 감독상을 수상한 크리스토퍼 놀런 감독

후티 공격받은 화물선 침몰 … 홍해 '환경재앙' 현실로

루비마르호

지난 2월 18일 홍해와 아덴만을 연결하는 바브엘만데브 해협에서 예멘의 친이란 반군 후티의 공격을 받은 영국 소유 벌크선 루비마르호가 결국 침몰하면서 환경재앙 위기가 현실이 됐다. 로이터·AP 통신 등 외신은 3월 2일(현지시간) 예멘정부 관계자를 인용해 루비마르호가 침몰했다고 보도했다. 지난해 11월 시작된 후티의 상선공격으로 선박이 침몰하기는 처음이다. 외신은 루비마르호 침몰에 따른 기름과 비료의 대규모 유출이 홍해에 서식하는 다양한 해양생물에 치명적 결과를 초래하고 사우디아라비아 등 주변국에 직접적 피해를 줄 것이라 분석했다.

민원 시달리다 온라인서 신상공개된 공무원 사망 … "마녀사냥"

항의성 민원에 시달리던 경기 김포시 공무원이 차 안에서 숨진 채 발견돼 경찰이 수사에 나섰다. 3월 6일 인천 서부경찰서에 따르면 5일 오후 3시 40분께 인천시 서구 도로에 주차된 차량에서 9급 공무원 A씨가 숨진 채 발견됐으며, 차 안에서는 극단적 선택을 한 정황이 확인됐다. A씨는 2월 29일 김포 도로에서 진행된 포트홀(도로 파임) 보수공사와 관련해 차량정체가 빚어진 것을 두고 온라인카페에 신상이 공개된 이후 항의성 민원을 접한 것으로 확인됐다. 김포시는 공무집행방해와 명예훼손 혐의로 가해 누리꾼들에 대한 수사를 경찰에 의뢰할 예정이라고 밝혔다.

차르 푸틴, 5선 확정 '대관식' ··· 종신집권 길 열었다

현대판 '차르(황제)'로 불리는 블라디미르 푸틴 러시아 대통령이 3월 15~17일(현지시간) 진행된 러시아 대선에서 4명의 후보 중 압도적 지지(출구조사 결과 80%대 득표율)로 5선을 확정하며 30년 종신집권의 길을 열었다. 실권은 유지한 채 총리로 물러나 있던 2008~2012년을 제외하면 2000년부터 2030년까지 대통령으로서 러시아를 통치하게 된 셈이다. 압도적 지지를 재확인한 푸틴 대통령은 2년 넘게 이어가고 있는 우크라이나 '특별군사작전'의 정당성을 확보했다는 자신감을 얻을 것으로 예상돼 서방과의 대립이 심화할 수 있다는 전망도 나왔다.

블라디미르 푸틴 러시아 대통령

교사 업무 늘고 공간 부족하고 ··· "새학기 임박해 졸속 운영" 비판

늘봄학교 실태조사 발표하는 전교조 조합원들

3월 새학기부터 희망하는 초등학생을 대상으로 오전 7시부터 오후 8시까지 학교에서 돌봐주는 '늘봄학교'가 전국 2,700여 개 초등학교에서 시행됐다. 그러나 정부가 무리하게 늘봄학교 정책을 확대 시행하면서 교육현장 곳곳에서 문제점이 나타나고 있다는 지적이 제기됐다. 상당수 학교에서는 인력부족으로 교사들이 늘봄학교 프로그램 강사로 직접 투입되거나 행정업무를 떠안고 있는 것으로 확인됐다. 교사들은 운영공간이 부족하고 교사들이 강사로 투입되면서 수업준비에 차질을 빚고 있다고 주장했다. 아울러 지역별 격차가 큰 것도 문제점으로 꼽혔다.

"권도형, 한국 송환 결정" ··· 몬테네그로 법원, '미국 인도' 결정 뒤집어

몬테네그로 포드고리차 고등법원이 지난해 3월 체포된 권도형 테라폼랩스 대표에 대한 미국 인도 결정을 뒤집고 한국으로의 송환을 결정했다고 현지 일간지 비예스티가 3월 7일(현지시간) 보도했다. 2월 21일 미국 인도 결정이 난 지 15일만으로 몬테네그로 항소법원이 권씨 측의 항소를 받아들여 미국으로의 인도를 결정한 포드고리차 고등법원의 결정을 무효로 하고 재심리를 명령한 데 따른 것이다. 항소법원은 미국정부의 공문에 권씨의 임시구금을 요청하는 내용만 담긴 것과 달리 한국정부의 공문에는 '범죄인 인도 요청서'가 첨부된 점을 재심리 판단의 근거로 제시했다.

권도형 테라폼랩스 대표

EU, 디지털시장법 전면 시행 … '빅테크 갑질' 막을까

3월 7일(현지시간) 유럽연합(EU) 27개국 전역에서 디지털시장법(DMA)이 전면 시행됐다. EU 집행위원회는 이날 알파벳, 바이트댄스, 아마존, 애플, 메타, 마이크로소프트 등 규제 대상기업 6곳으로부터 법 준수를 위해 어떤 조처를 했는지 보고받은 후 이행 조처가 미흡하거나 전혀 없다고 판단되면 즉각 조사에 착수한다고 밝혔다. DMA는 거대플랫폼 사업자의 시장지배력 남용을 방지하고자 일정한 규모의 플랫폼 사업자를 '게이트 키퍼'로 지정해 특별 규제하는 법이다. 의무위반 시 전 세계 연간 총매출액의 최대 10%가 과징금으로 부과될 수 있다.

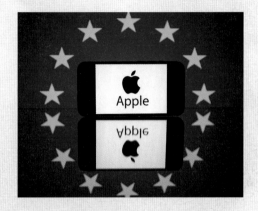

소득 대비 민간부채 14분기째 위험수위 … '역대 최장'

국내 가계·기업 부채 수준이 14분기째 위험수위를 벗어나지 못하고 있다. 1972년 관련 통계 작성 후 최장기간이다. 3월 6일 국제결제은행(BIS) 자료에 따르면 신용갭은 지난해 3분기 말 10.5%포인트(p)로 2020년 2분기 말부터 줄곧 10%p를 웃돌았다. 신용갭은 명목 국내총생산(GDP) 대비 민간신용(가계·기업 부채) 비율이 장기추세에서 얼마나 벗어났는지 보여주는 부채위험 평가지표로 민간신용비율의 상승속도가 과거보다 빠를수록 갭이 벌어진다. BIS는 갭 10%p 초과는 '경보', 2~10%p면 '주의', 2%p 미만은 '보통'으로 분류하는데, 우리나라는 '경보'단계에 있다.

프랑스, 세계 최초로 헌법에 '낙태 자유' 명시한 나라 됐다

프랑스의회가 3월 4일(현지시간) 여성의 낙태할 자유를 명시한 헌법 개정안을 승인했다. 이에 따라 프랑스는 헌법 제34조에 '여성이 자발적으로 임신을 중단할 수 있는 자유가 보장되는 조건을 법으로 정한다'는 조항이 추가돼 세계 최초로 헌법상 낙태할 자유를 보장하는 나라가 됐다. 다만 프랑스에서는 1975년부터 낙태가 허용되고 있어 실질적으로 바뀌는 조치는 없다. 개헌안 통과 이후 전 세계 여성계 및 인권단체들은 "여성 인권운동의 승리"라며 환영의 뜻을 밝힌 반면, 가톨릭을 비롯한 보수세력은 "생명존중의 가치를 훼손한 결정"이라며 반발했다.

개헌안이 통과된 프랑스의회

저커버그 방한 ··· 삼성 파운드리와 협력 가능성 시사

마크 저커버그 메타 최고경영자(CEO)가 2월 27일~29일 우리나라를 찾았다. 저커버그 CEO는 윤석열 대통령을 비롯해 이재용 삼성전자 회장과 조주완 LG전자 대표이사 사장 등을 만나 인공지능(AI)과 확장현실(XR) 협력방안 등을 논의한 것으로 알려졌다. 메타는 자체 개발한 AI 칩을 올해 데이터센터에 탑재할 계획이라고 밝혔는데, 저커버그 CEO가 윤 대통령과 만난 자리에서 세계 최대 파운드리(반도체 위탁생산) 업체인 대만 TSMC에 대한 자사 의존도 문제와 삼성이 세계시장에서 차지하는 중요성을 언급해 향후 AI칩 생산을 삼성전자에 맡길 가능성도 제기됐다.

마크 저커버그 메타 CEO

출산율 첫 '0.6명대' 추락 ··· 역대·세계 최저 '셀프 경신'

우리나라의 저출산 현상이 전 세계적으로 비슷한 사례를 찾을 수 없을 만큼 심각한 수준에 이른 가운데 지난해 4분기 합계출산율이 0.6명대까지 떨어지면서 '인구 쇼크'가 이어졌다. 2월 28일 통계청이 발표한 '2023년 출생·사망 통계'와 '2023년 12월 인구동향'에 따르면 출생아 수는 23만명으로 전년(24만 9,200명)보다 1만 9,200명(7.7%) 줄었다. 또 여성 1명이 평생 낳을 것으로 예상되는 평균 출생아 수를 뜻하는 합계출산율은 0.72명(전년 0.78명)으로 역대 최저수준으로 내려앉았다. 특히 4분기 합계출산율은 0.65명으로 '사상 첫 0.6명대 분기 출산율'로 기록됐다.

대구·광주 등 49개 광역·기초지자체, 교육발전특구 시범 지정

6개 광역자치단체와 43개 기초자치단체가 교육혁신을 통해 지역소멸을 막을 '교육발전특구' 시범지역으로 지정된다. 교육부와 지방시대위원회는 2월 28일 이러한 내용의 시범지역 1차 지정 결과를 발표했다. '지방시대'를 위한 윤석열정부의 핵심정책인 교육발전특구는 지자체와 교육청이 대학, 산업체 등 지역기관과 협력해 공교육의 질을 높이고, 지역인재 양성·정주 기반을 마련하는 사업이다. 비수도권 지역과 수도권 내 인구감소지역, 접경지역이 다양한 혁신모델을 제시해 신청하면, 교육부가 평가를 통해 특구로 지정하고 재정적·행정적으로 지원할 방침이다.

교육발전특구 시범지역을 발표하는 이주호 부총리

'긴급재난문자' 외국인도 이해할 수 있게 … 핵심정보 영어 병행표기

행정안전부(행안부)는 경보음을 동반하는 위급·긴급 재난문자 발송 때 재난유형과 지진규모 등 핵심정보를 영문으로 병행표기 하도록 표준문안 및 시스템을 개선한다고 2월 28일 밝혔다. 이에 지진은 'Earthquake', 테러위협은 'Terror threat warning', 호우는 'Heavy rain'이 병행표기된다. 행안부는 그간 한국어에 능숙하지 않은 외국인을 위해 영어와 중국어로 된 재난문자와 이를 읽어주는 음성서비스를 외국인용 안전디딤돌 앱인 'Emergency Ready App'을 통해 제공해왔다. 이번 조치에 따라 외국인의 재난문자 이해가 더 편리해질 것으로 행안부는 기대했다.

미국 플로리다주, '16세 미만 SNS 계정 보유 금지법' 의회 통과

미국에서 미성년자의 소셜미디어(SNS) 이용 규제 목소리가 커지는 가운데 플로리다주 의회에서 16세 미만 미성년자의 SNS 계정 보유 및 신규계정 개설을 금지하는 내용의 법안이 통과됐다. 2월 27일(현지시간) 미 CNN 방송에 따르면 플로리다주 상·하원은 이날 '미성년자 온라인 보호법'을 각각 통과시켰다. 이 법의 적용 대상에는 16세 미만 일간활성이용자(DAU)의 최소 10%가 하루 2시간 이상 이용하는 SNS 플랫폼과 알고리즘을 이용해 데이터를 분석하고 콘텐츠를 무한 스크롤 방식으로 끝없이 보여주는 플랫폼 등 다수의 SNS가 포함된 것으로 알려졌다.

한은 총재, "올해 상반기 내 금리 인하 쉽지 않은 상황"

이창용 한국은행(한은) 총재가 2월 22일 열린 통화정책방향 기자간담회에서 "올해 상반기에 금리를 인하하기 쉽지 않은 상황이라는 의견을 그대로 유지하고 있다"고 밝혔다. 이날 금융통화위원회는 전원일치 의견으로 기준금리를 3.5%로 동결하기로 의결했다. 이 총재는 "물가가 지금 굉장히 울퉁불퉁한 길을 내려오고 있는 상황"이라며 "대부분 금통위원은 아직 금리인하 논의를 시기 상조로 보고 있다"고 강조했다. 이 총재는 또 현재 한국경제의 잠재성장률에 대해 "2% 정도로 보고 있다"며 "올해 하반기 어느 시점에 새로 발표할 수 있을 것 같다"고 밝혔다.

통화정책방향 기자간담회에서 발언하는 이창용 총재

'괴물' 류현진, 8년 총액 170억원 받고 12년 만에 한화 복귀

'코리안 몬스터' 류현진이 한국프로야구 KBO리그로 돌아왔다. 한화 이글스는 "류현진과 계약기간 8년, 총액 170억원에 계약했다"고 2월 22일 발표했다. 이로써 2012시즌이 끝나고 미국 프로야구 메이저리그(MLB)로 직행한 류현진은 11시즌 동안 '빅리거'로 생활한 뒤 12년 만에 KBO리그로 복귀하게 됐다. 류현진은 "한화 이글스는 지금의 내가 있게 해준 고마운 구단"이라며 "메이저리그 진출 때부터 꼭 한화로 돌아와 보답하겠다고 생각했고, 미국에서도 매년 한화를 지켜보며 언젠가 합류할 그날을 꿈꿨다. 지금 그 약속을 지키게 돼 기쁘다"라고 소감을 전했다.

몸 푸는 류현진

자동차번호판 봉인제 62년만 폐지 … '번호판 차량고정'은 유지

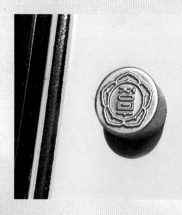

자동차의 인감도장이라고 할 수 있는 '자동차번호판 봉인제'가 1962년 도입 이후 62년 만에 폐지된다. 국토교통부는 이러한 내용을 골자로 한 개정 자동차관리법을 2월 20일 공포했다. 봉인은 후면 번호판을 고정하는 스테인리스 캡으로 정부를 상징하는 무궁화 문양이 각인돼 있다. 국토부는 IT기술 등의 발전으로 번호판 도난 및 위·변조의 실시간 확인이 가능해졌고, 번호판 부정 사용 범죄가 줄어 제도의 실효성이 낮아진 점을 고려해 폐지한다고 설명했다. 자동차번호판 봉인제 폐지는 내년 2월부터 시행된다. 다만 번호판을 차량에 고정하는 방식은 그대로 유지된다.

구글·메타 이어 … 오픈AI도 AI 이미지에 라벨 부착

최근 미국에서 인공지능(AI)이 생성한 딥페이크 이미지의 규제 필요성이 커지는 가운데 챗GPT 개발사 오픈AI가 자사 AI가 생성한 이미지에 라벨(Label, 꼬리표)을 부착키로 했다. 오픈AI는 이미지 생성 AI도구인 '달리3'가 만든 이미지에 콘텐츠 출처 및 진위 확인을 위한 연합(C2PA)의 디지털 워터마크를 부착한다고 2월 7일(현지시간) 밝혔다. C2PA는 미디어 출처와 관련 정보 확인을 위한 개방형 기술표준으로 마이크로소프트와 인텔 등의 기업이 주도하고 있다. 오픈AI는 이러한 조치가 디지털정보에 대한 대중의 신뢰를 높이는 데 도움이 될 것이라고 설명했다.

KBS, 2월부터 시행하려던 TV수신료 분리징수 유예

2월 시행예정이던 TV수신료 분리 고지·징수가 한시적으로 유예됐다. KBS 관계자는 2월 2일 "이달 시행을 목표로 관계 기관과 협의해왔지만, 세부사항을 확정하지 못했다"고 밝혔다. 지난해 시행령이 개정된 이후 KBS는 수신료 징수업무를 담당할 인력을 충원하고, 한전·대한주택관리사협회 등과 징수방안을 협의해왔다. 그러나 아파트 등의 공동주택에서는 전기요금 납부업무를 대행하는 관리사무소가 수신료도 함께 징수해왔는데, 현행 공동주택관리법 시행령에는 분리된 수신료가 관리비 부과항목에 포함돼 있지 않아 관련 협의가 불발된 것으로 알려졌다.

2025년부터 고향사랑기부금 2,000만원까지 … 기부 상한액 올려

고향사랑기부금에 관한 법률 개정안 통과

연간 최대 500만원이었던 고향사랑기부금 기부 상한액이 2025년부터 2,000만원으로 상향된다. 문자메시지 전송 및 사적모임을 통한 기부의 권유 및 독려도 가능해진다. 행정안전부는 이러한 내용의 '고향사랑기부금에 관한 법률' 개정안이 2월 1일 국회본회의에서 의결됐다고 밝혔다. 다만 과도한 기부 권유 및 독려행위 방지를 위해 모금의 횟수와 형식 등 모금방법 및 절차를 대통령령으로 규정하고, 모금활동은 지방자치단체의 명의로만 해야 한다고 별도 규정했다. 아울러 기부 상한액이 상향됨에 따라 기부금에 대한 세액공제 혜택도 함께 확대될 예정이다.

2023년 임금체불 1조 7,845억원 '역대 최대' … 건설업 체불 급증

지난해 임금체불액이 역대 최대수준을 기록했다. 1월 25일 고용노동부에 따르면 2023년 총 임금체불액은 1조 7,845억 3,000만원으로 전년(1조 3,472억원) 대비 32.5% 급증했다. 체불 피해근로자는 27만 5,432명에 달한다. 팬데믹 이후 경제활동이 정상화된 것과 함께 건설업 체불 증가가 영향을 미친 것으로 분석됐다. 특히 부동산경기 부진, 원자재가격 상승에 따른 공사비 증가 등의 여파로 건설업 체불액은 2022년 2,925억원에서 지난해 4,363억원으로 49.2% 급증했다. 노동부는 임금체불 예방과 청산을 위해 전국 민간건설현장 600여 곳에 대한 현장지도를 실시했다.

행복했던 1352일
'안녕' 푸바오

행복을 준 보물, 푸바오

한국에서 태어난 '1호' 자이언트 판다 푸바오가 3월 3일 마지막으로 방사장에 나왔다. 푸바오의 '마지막 출근길'을 보기 위해 수많은 팬과 취재진이 몰렸다.

이날 에버랜드 입장객들은 푸바오를 보기 위해 새벽 3시 반부터 정문 앞에서 진을 쳤는데, 5분 관람을 위해 6시간가량의 대기도 마다하지 않았다.

2020년 7월 20일 태어난 푸바오는 '행복을 주는 보물'이라는 뜻의 이름답게 특유의 장난기 넘치는 행동과 귀여운 표정으로 폭발적인 인기를 끌었다.

그러나 중국이 아닌 해외에서 태어난 모든 판다는 '자이언트 판다 보호연구 협약'에 따라 만 4세가 되기 전에 짝을 찾기 위해 중국으로 옮겨져야 한다.

한편 지난해 7월에는 푸바오의 쌍둥이 동생인 '루이바오'와 '후이바오'가 태어나기도 했다. 현재 쌍둥이 판다는 엄마 아이바오와 함께 방사장에서 만날 수 있다.

이에 따라 사육사들은 한 달간 판다월드 내실에서 비공개 상태로 푸바오의 건강·검역 관리를 진행하며 이송 케이지 적응 등 이동준비에 들어갔다.

핵심 브리핑

전 국민적인 사랑을 받았던 자이언트 판다 '푸바오'가 멸종위기 야생동식물에 관한 국제협약에 따라 4월 초 중국으로 돌아가게 됐다. 푸바오는 2016년 3월 시진핑 중국 국가주석이 친선도모의 상징으로 보낸 판다 '러바오'와 '아이바오' 사이에서 2020년 태어난 이후 성장과정과 일상생활이 모두 공개되면서 용인 에버랜드에 사는 동물 중에서도 단연 독보적인 인기를 얻었다. 시대

'의사도 병원에 고용된 노동자'
집단행동 가능하다?

What?

의사들이 의과대학 정원 확대에 반대해 집단행동을 강화하는 가운데 정부가 법과 원칙에 따라 엄정 대응하겠다는 입장을 고수하며 강대강 대치가 이어졌다. 특히 정부가 의사들의 총파업 등 집단행동 자체를 '불법'으로 규정하면서 의사들의 집단행동이 가능한지, 법적인 측면에서 어떤 문제가 있는지 관심이 쏟아졌다.

'노동삼권' 보장받은 노조와 달리 집단행동에 제약

법조계 등에 따르면 우선 의사들의 총파업이 불법으로 분류되는 근거는 대한의사협회(의협)나 대한전공의협의회(대전협)가 '직능단체'로 분류돼 파업권이 보장되지 않는다는 데 있다. 의협 회원의 대부분을 차지하는 개원의는 노동자로 볼 수 없는 데다 전공의들도 노동조합(노조)에 속해 있지 않아 파업의 법적 요건이 성립되지 않는다는 것이다.

일각에서는 이번 집단행동의 주축이 된 전공의들은 수련병원에 '고용된' 근로자라는 점에서 파업할 권리가 보장되는 것 아니냐고 주장하지만, 이들의 지위도 애매모호하다. 전공의는 의사면허를 취득한 후

전문의 자격을 취득하기 위해 병원에서 수련하는 이들로 수련자이자 근로자라는 '이중적' 지위를 가지고 있다. 이 때문에 이들은 병원과 근로계약이 아니라 전공의 수련환경 개선 및 지위 향상을 위한 법률에 따른 '수련계약'을 체결하고 있다. 상황이 이렇다 보니 전공의들은 2020년 의대정원 확대정책에 대한 의료계 집단행동 당시에도 특정일에 휴가를 쓰거나 사직서를 제출하는 방식 등으로 참여했다.

전공의는 노동법상 노동자로 인정될 여지 있어

헌법상 권리로 보장되는 적법한 파업이 되려면 우선 집단행동에 참여한 의사들이 노동법상 노동자로 인정돼야 한다. '노동자의 쟁위행위권', 즉 파업할 권

리를 규정한 '노동조합 및 노동관계조정법(노동조합법)'은 노동자를 '임금·급료 기타 이에 준하는 수입에 의해 생활하는 자'로 정의한다. 이 때문에 전공의처럼 사립병원 등에 고용돼 급여를 받는 의사들은 노동조합법상 노동자로 인정될 수는 있다.

다만 이들이 노동자로 인정받는다고 해서 집단행동이 적법한 파업이 되는 것은 아니다. 노동조합법이 '노동조합이 주도한 파업'에 대해서만 적법성을 인정하고 있기 때문이다. 즉, 정부가 집단행동을 주도했다고 보는 의협과 대전협이 법률상 노동조합에 해당하지 않으면 '불법' 파업으로 간주될 수 있다. 노동조합법은 노동조합을 '노동자가 주체가 돼 자주적으로 단결해 근로조건의 유지·개선, 기타 근로자의 경제적·사회적 지위의 향상을 도모함을 목적으로 조직하는 단체 또는 그 연합단체'로 규정하며, 이에 해당하더라도 '노동자가 아닌 자의 가입을 허용하는 단체'와 '주로 정치운동을 목적으로 하는 단체'는 노동조합이 아니라고 명시한다.

일단 의협의 경우 노동자성이 인정되지 않는 개원의가 가입된 만큼 노동조합으로 간주되기 어렵다. 또 의료법에 따라 구성된 법정단체이기 때문에 '노동자들이 자주적으로 단결해 만든 단체'라고 보기도 어렵다. 반면 대전협의 경우에는 전공의들이 자신들의 근로조건 유지·개선을 위해 자발적으로 조직한 단체로 인정되면 노동조합법이 규정한 조합의 실질적 요건은 갖춘 것으로 봐야 한다. 하지만 전공의들의 근로조건과 무관한 단순 친목단체 내지 직업이나

직능, 지위별로 조직된 '직능단체'에 불과한 것으로 인정되면 노동조합성이 부정될 수 있다. 일각에서는 노동조합의 형식적 요건인 '설립신고'가 안 됐기 때문에 의협은 물론 대전협도 노동조합이 아니라는 지적이 나온다. 그러나 '설립신고를 하지 않은 노동조합도 단체행동권이 보장되기 때문에 파업을 주도할 수 있다'고 본 법원 판례가 있다. 이밖에 파업 목적이 '근로조건의 유지 및 개선'인지에 따라 정당성의 인정 여부가 달라질 수도 있다.

정부, 면허정지 절차 돌입 … 법적다툼 예상

정부는 의사들의 집단행동을 모두 '불법'이라고 판단하고, 3월 6일까지 의료현장 이탈이 확인된 전공의들에 대한 행정처분(의사면허 3개월 정지) 사전통지서를 발송해 면허정지 절차에 돌입했다. 보건복지부는 사전통지를 통해 이들에게 특정일까지 의견을 달라고 요청하는데, 해당 의견을 고려해 면허정지 여부를 최종결정한다. 면허취소에는 별도의 '청문절차'가 있지만, 면허정지는 의견접수 후 복지부의 자체 판단만으로 최종결정이 가능하다. 당사자 의견 청취기한은 2주가량으로 사전통지서 송달 후 면허정지까지 통상 2~4주가 소요된다. 다만 사전통지서 수신을 피하는 전공의들이 많을 것으로 예측돼 행정처분 본 통지 및 면허정지 집행으로 이어지기까지는 상당한 시간이 걸릴 것으로 전망됐다. 또 법조계 전문가들은 실제로 행정처분이 이뤄진다고 하더라도 법적다툼의 소지가 있는 만큼 효력정지를 요구하는 가처분 신청이나 행정소송 등으로 이어질 가능성이 크다고 봤다. 시대

개원의와 달리 이번 파업을 주도한 전공의들의 경우 법적 지위가 모호하고, 집단행동에 대한 적법성이나 정당성을 인정받는 것 역시 논란의 여지가 많아 법원의 판단이 있기 전까지는 결과를 단언하기 힘들 것으로 전망된다.

고기보다 비싼 과일
"사과 대신 오렌지 먹어라?"

설 연휴 직전부터 고공행진해온 과일값의 오름세가 좀처럼 꺾이지 않고 있다. 2월 과일 물가지수가 1년 전보다 38.3% 오르면서 사과 한 알의 가격이 1만원이 넘기도 했다. 전 세계에서 과일이 가장 비싼 나라라는 불명예도 안았다. 문제는 이런 오름세가 앞으로 이어질 수 있다는 전망이 나오는 것이다. 햇과일 수확시기는 아직 멀었고, 정부는 수입과일로 대체한다지만 수입도 쉬운 것만은 아니기 때문이다.

석유류 가격의 하락에 힘입어 지난 1월 2%대로 떨어졌던 소비자물가 상승률이 한 달 만에 다시 3%대로 올라섰다. 물가상승을 견인한 가장 중요한 요인은 과일값이었다. 한 알에 1만원이라는 충격적인 사과값에 이어 귤값까지 급등했고, 급기야 딸기 한 알에 1,000원이라는 말까지 나왔다.

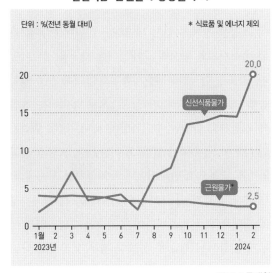

신선식품·근원물가 상승률 추이

단위 : %(전년 동월 대비)   * 식료품 및 에너지 제외

자료 / 통계청

그 결과 신선과실 물가가 2월에 41.2% 올라 32년여 만에 최고치를 찍었다. 지난해 7월 과일, 채소 등 신선식품의 물가상승률이 근원물가 상승률을 추월한 것을 시작으로 폭등을 거듭한 것이다. 이는 지난 2월 근원물가 상승률의 9배에 달한 수치다. 이렇듯 기본적인 먹을거리 가격이 상승하다 보니 소비자들이 직접 체감하는 장바구니물가는 연 4개월째 10%대 이상 상승률을 보이고 있다.

수확량 감소 ··· 원인은 이상기온

❖ 저온피해·집중호우·탄저병 악재 겹쳐
❖ 수입 바나나·오렌지 등으로 대체 유도
❖ 정부, 할인지원에 국고 600억원을 투입

사과는 1월에 56.8% 오른 데 이어 설이 지났음에도 2월 71.0% 급등했다. 2월 16일 한국농수산식품유통공사(aT)에 따르면 상품등급의 사과(후지 10개) 가격은 지난 13일 기준 평균 2만 9,398원으로 설 연휴 직전인 8일(2만 5,243원)보다 16.5% 상승했다. 1개월(2만 6,187원) 전보다는 12.3%, 지난해(2만 2,954원)보다는 28.1% 오른 것이다.

사과가격 상승의 원인은 이상기온으로 인한 수확량 감소가 꼽힌다. 지난해 봄철 저온피해로 착과수가 줄었던 데다가 여름철 집중호우, 수확기 탄저병 발생 등 악재가 겹치면서 생산량이 30% 급감했기 때문이다. 사과를 제외한 감귤, 복숭아, 포도, 배, 단감 등 주요 과일의 생산량도 사정은 비슷하다. 배 생산량은 전년 대비 27% 감소했고 복숭아는 15%, 단감은 32% 각각 감소했다.

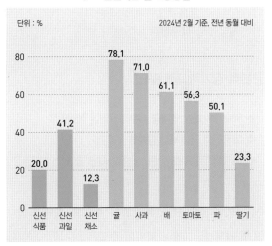

주요 신선식품 물가상승률

단위 : %   2024년 2월 기준, 전년 동월 대비

자료 / 통계청

이에 윤석열정부는 첫 번째로 수입과일을 풀어 과일 수요를 분산하는 작업에 나섰다. 먼저 사과, 배 등 과일의 가격안정을 최우선 과제로 보고 유통업체의 수입과일 판매 수요량을 파악해 할당관세 도입 물량을 배정하기로 했다. 3~4월 대형마트에 바나나

1만 3,700톤(t), 파인애플 3,600t, 자몽 300t, 망고 1,800t, 아보카도 500t 등 총 2만t을 할당관세 물량으로 나눠준다는 것이다. 아울러 대형유통업체에도 할당관세 수입·판매 자격을 부여했다. 농림축산식품부(농식품부) 관계자는 "대체재인 수입과일을 저렴하게 공급해 상대적으로 물량이 부족한 사과와 배에 몰리는 수요를 줄이기 위한 것"이라고 설명했다.

여기에 덧붙여 166억원의 예산을 투입, 참외 등 대체과일이 본격 출하하는 5월까지 하나로마트, 이마트, 홈플러스, 롯데마트 등 대형유통업체와 연계해 총 비정형과인 사과 700t과 배 110t을 최대 40%까지 할인을 지원하고, 이 밖에도 농협과 전국 산지유통센터(APC) 저장물량을 6월까지 분산출하한다는 계획이다. 나아가 지난해와 같은 생산량 부족이 되풀이되지 않도록 올해는 민관합동으로 '과수 생육관리 협의체'를 구성해 냉해방지시설 설치를 지원하고, 3월 중 냉해예방약제를 공급하며, 과수화상병 사전예방에도 집중한다고 밝혔다.

근본적·장기적 대책 필요

❖ 국내 농가는? 역대급 세수펑크인데 예산은?
❖ 외국산의 국내시장 잠식을 부추겨
❖ 독과점 유통구조 방관 … 땜질 처방 급급

정부의 대책은 크게 해외과일 수입과 할인지원으로 요약된다. 그러나 과일의 수입은 말처럼 쉽지 않다. 세계무역기구(WTO)의 동식물 위생·검역 조치(SPS)에 따라 사과와 배는 수입금지품목으로 지정돼 있기 때문이다. 외래 병충해가 유입되는 것을 막기 위해서다.

사과만 해도 수입하기 위해서는 접수, 착수통보, 예비위험평가부터 최종고시까지 총 8단계를 거쳐야

하고, 이 과정에 최장 4~5개월이 소요된다. 그렇다고 검역 문턱을 낮추기도 쉽지 않다. 과수화상병과 같은 해외 병해충을 막을 방법이 사실상 검역 말고는 없기 때문이다. 송미령 농식품부 장관도 기자간담회에서 "과일가격이 높다고 해서 사과를 바로 수입해 올해 바로 효과를 낼 수 있는 것은 아니다"라고 밝힌 바 있다.

이 과정을 거쳐 수입이 되더라도 이번에는 봄철 과일 출하시기와 맞물려 국내농가에 타격을 줄 수 있다. 강도수 한국참외생산자협의회장(경북 성주 월항농협 조합장)은 "참외가 집중적으로 소비되는 봄철에 저렴하고 다양한 수입과일이 국내시장에 밀려들면 타격이 클 수밖에 없다"고 비판했다. 또한 과일값 안정을 명분으로 만다린이나 두리안처럼 기존에 국내 수요가 높지 않은 과일까지 수입을 확대하는 것에 대해서도 국내 소비자에게 생소한 수입과일을 정부가 앞장서서 싼값에 선보일 경우 외국산의 국내 과일시장 잠식을 부추길 수 있다는 비판도 나온다.

특히 우리나라 농산물 도매유통은 공영도매 중심으로 이루어지고 있다. 국내 최대 공영농산물도매시장인 서울 가락시장에서는 90%에 달하는 농산물이 가락시장으로 와서 경매가 이루어지고, 경매를 통해 소매상에 중개하는 중도매인을 거쳐 최종적으로 소비자에게 가는 식이다. 그런데 현재 소수의 도매법인이 농수산물 유통 및 가격안정에 관한 법률에 따라 독점적인 수탁권을 가지고 농산물의 가격결정을 주도하고 있으며, 농협가락공판장과 일신여산 재단 아들 개인 소유인 한국청과를 제외하면 청과부류 4대 도매법인을 모두 대기업이 운영하고 있다. 아모레퍼시픽 자회사인 태평양개발의 중앙청과, 호반건설·호반 프라퍼티의 대아청과, 신라교역의 동아청과, 고려철강의 서울청과가 그것이다.

이들 대기업을 모회사로 하는 도매법인은 1984년 지정 이후 단 한 번의 퇴출도 없이 저렴한 시설사용료만 지불하고 농민들에게 수수료까지 받으면서 우리나라 과일값을 좌지우지해온 것이다. 또한 대기업 평균 영업이익률이 5% 수준인 것에 비해 이들 도매법인의 평균 수익률은 경기가 내내 하락한 지난해에도 26.1%를 기록했다. 낮은 수매가에 농민이 울고 높은 소매가격에 소비자가 우는 사이 대기업이 독점하고 있는 도매법인은 역대급 수익을 챙긴 것이다.

이런 와중에 정부는 대형마트 중심의 할인행사를 정부예산으로 지원하고 있다. 지난해 할인쿠폰에 지원한 예산까지 합치면 500~600억원에 이른다. 반면 정부가 약속한 3~4월 냉해예방약제 지원과 병충해 예방사업에 책정된 예산은 20억원 안팎이다. '대기업이 운영하는 대형마트에 뿌리는 할인쿠폰 예산의 20%만 생산기반 조성에 사용해도 공급이 안정될 것'이라는 비판이 나오는 이유다.

외식수요 감소에 할인행사를 내건 음식점

재원도 문제다. 정부는 국고지원을 약속했지만, 윤석열정부는 출범 이후 2년 연속 세수펑크 사태를 빚었다. 지난해에는 결손액이 사상 최대 규모인 56조 4,000억원이었다. 2024년 올해 세수도 경기침

체로 인한 법인세 세수 감소 외에도 대주주기준 완화, 금융투자소득세 폐지, 임시투자 세액공제 연장, ISA 비과세혜택 등 연이어 내놓고 있는 감세정책으로 낙관할 수도 없다. 게다가 지난해 국회를 통과한 '2024년 예산안'에는 과일값 관련 예산이 포함돼 있지 않아 추가경정예산(추경)을 편성해야 하는데, 지난해 야권의 추경 제안에도 건전재정을 내세워 "추경은 없다"고 선을 그었던 만큼 이마저도 쉽지 않을 전망이다.

한편 통계청이 2월 29일 발표한 2023년 4분기 가계동향조사 결과를 보면 1분위(소득 하위 20%) 계층의 가계지출(147만원)이 전년 대비 0.5% 감소했으나 그중 비소비지출은 1년 새 7.4% 늘었다. 가계지출이 이자나 세금 등 비소비지출과 식비, 주거비, 의료비 등 소비지출로 나뉜다는 것을 생각하면 의식주에 필요한 기본적 비용인 소비지출이 크게 줄었다는 의미다.

구체적으로 보면 1분위 가구가 지출을 줄인 분야는 식료품비나 주거비 등 필수지출에서 오락비용이나 외식비 등 여가 관련 지출까지 다양했지만, 특히 식료품·비주류음료 지출이 1년 새 1.6% 줄었고, 외식비용도 크게 감소했다. 비소비지출 증가에 따라 먹을거리를 줄였다는 의미이고, 식료품비 인상이 저소득층에게 직격탄이 됐다는 의미다. 경기불황에 따른 소비감소 외에도 코로나19 팬데믹 종식 후 외식먹거리 가격이 가파르게 오른 것도 외식수요를 줄이는 요인으로 작용했다. 시대

대기업-중소기업 임금 차 여전히 커,
소득 양극화 해소해야

대기업-중소기업 임금격차 2배

우리나라 대기업과 중소기업의 임금격차가 여전히
2배에 달하는 것으로 나타났다. 통계청의 '2022년
임금근로일자리 소득 결과' 자료에 따르면 재작년
전체 임금근로자의 월평균 소득은 353만원(세전)으
로 전년대비 6% 증가했다. 기업 규모별로는 대기업
이 4.9% 증가한 591만원, 중소기업은 7.2% 늘어난
286만원이었다. 두 그룹의 소득격차는 2.07배(305
만원)였다.

1년 전(2.12배)보다 소폭 줄긴 했어도 여전히 2배
이상 차이가 난다. 성별 소득격차는 남자 근로자의
평균소득이 414만원으로 여성(271만원)의 1.5배 수
준이 유지됐다.

대-중기 격차 연구 분석 발표하는 고영선 KDI 선임연구위원

대기업-중소기업 격차, 사회 부작용 야기해

국책 연구기관인 한국개발연구원(KDI)도 기업 간 과도한 임금격차가 입시경쟁을 부추기고, 저출생·지역불균형 등 다른 사회 부작용을 야기한다는 내용의 보고서를 냈다. 이 보고서에 따르면 우리나라는 경제협력개발기구(OECD) 기준 대기업 일자리가 전체에서 차지하는 비중이 14%(2021년 기준)에 불과하다. 이에 비해 중소기업 강국이라는 독일도 이 비중이 41%에 달하고, 스웨덴(44%), 영국(46%), 프랑스(47%), 미국(58%) 등 주요 선진국은 우리나라의 3~4배 높은 수준이다.

한편 KDI가 대기업의 일자리가 부족해서 나타나는 대표적인 문제로 입시경쟁을 꼽은 점도 주목된다. 소위 상위권 대학에 들어간 사람일수록 향후 직장에서 버는 돈이 상대적으로 많기 때문에 경쟁이 치열하다는 분석이다. 4년제 일반대학을 수능성적에 따라 5개분위로 나눈 후 1분위(하위 20%)부터 5분위(상위 20%) 대학졸업생의 평균임금을 분석한 결과 1분위 대비 5분위 임금이 40대 초반에는 최고 51% 높아지는 것으로 나타났다.

아울러 중소기업에서는 출산 전후 휴가, 육아휴직 등의 제도를 제대로 활용하기 어렵기 때문에 저출생도 대기업 일자리의 부족과 관계가 있다고 KDI 보고서는 진단했다. 이 밖에도 KDI는 "수도권 집중현상도 결국 비수도권에 대기업 일자리가 상대적으로 부족하기 때문"이라고도 분석했다.

격차 줄이고, 양질의 일자리 만들어야

대기업과 중소기업의 임금·복지 양극화가 개선되지 않는 상황에서 청년들이 중소기업 취업을 외면하는 것은 어찌 보면 당연한 일일 것이다. 지방의 젊은 이들이 대기업이 쏠려있는 수도권으로 몰리는 것도 같은 이유라 봐야 한다. 이는 지역 균형발전 측면에서도 바람직하지 않고 '지방소멸'을 더욱 재촉할 수 있다.

물론 대기업이어야만 고소득과 좋은 근무여건이 가능한 것은 아닐 것이다. 중소기업도 적정임금을 보장하고 근무환경을 개선할 수 있도록 정부의 지원책이 실효성이 있게 추진되면 안 될 것도 없다. 자영업 비중이 높은 현재 일자리 구조의 특성을 감안할 때 무작정 대기업 비중을 높이는 것에는 한계가 있다는 지적도 일리가 있다.

결국은 대기업과 중소기업 간 임금과 근무여건 격차를 줄이고 사업체 규모에 상관없이 양질의 일자리를 얼마나 창출하느냐가 관건이다. 정부는 그동안 추진해온 중소기업 지원책의 성과를 다시 한 번 점검하고 임금소득의 양극화 문제해결에 좀 더 적극적인 자세로 임하기를 바란다. 시대

영국은 돌려 달라!
칠레의 모아이 반환요구

영국박물관이 소장하고 있는 모아이 석상 호아 하카나나이아

영국 BBC방송이 2월 18일(현지시간) 칠레 네티즌들이 영국박물관(The British Museum)에 있는 모아이 석상 반환운동을 벌이고 있다고 보도했다. 이에 따르면 칠레 네티즌들은 영국박물관의 SNS에 "모아이를 돌려 달라"는 댓글을 잇달아 올렸다. 반환운동은 예전부터 모아이 석상 문제에 관심을 표했던 칠레의 한 소셜미디어 인플루언서가 최근 팔로워들에게 '모아이 반환' 댓글달기를 제안하면서 시작됐다.

영국박물관 SNS를 점령한 칠레 네티즌

모아이 석상은 칠레령인 폴리네시아 '라파 누이섬(이스터섬)'에서 발견된 고대석상으로 그 실체가 여전히 수수께끼다. 그러나 석상들은 여러 이유로 대륙 곳곳에 전시돼 있다. 칠레 네티즌들이 영국박물관에 반환을 요구하는 모아이 석상 2점은 1869년 리처드 파월 영국 해군제독에 의해 빅토리아 여왕에게 선물로 보내진 것으로 빅토리아 여왕은 이 석상들을 영국박물관에 기증했다.

칠레의 소셜미디어 인플루언서인 미케 밀포르트는 최근 게시물에서 "내 팔로워들이 위키피디아에 모아이 석상 반환을 요구하는 스팸메일을 보내기 시작했고, 영국박물관의 SNS 계정에도 '모아이를 돌려달라'는 글로 가득 찼다"고 말했다. 가브리엘 보리치 칠레 대통령도 한 라디오 인터뷰에서 네티즌들의 모아이 석상 반환운동에 지지를 표시했다.

한편 영국박물관 대변인은 칠레 네티즌들의 댓글기능을 정지시킨 상태라면서 "토론은 언제든 환영하지만 안전문제 등을 고려한 균형 잡힌 토론이 돼야 한다"고 강조했다. 그러면서 "대영박물관은 라파 누이 섬과 좋은 관계를 유지하고 있으며, 라파 누이 대표단이 지난 2018년 이후 여러 차례 런던을 방문하기도 했다"고 소개했다.

그리스와도 반환갈등 겪는 영국박물관

최근 서양박물관을 중심으로 약탈 문화재 반환 움직임이 이어지는 가운데 영국박물관은 오랫동안 갈등을 빚어온 '파르테논 마블스' 반환에 대해서도 그리스와 논의 중이다. 영국박물관은 그리스가 오스만제국에 점령된 19세기 초 당시 오스만제국 주재 영국 외교관 토머스 브루스가 파르테논신전에서 떼어간 대리석 조각품 파르테논 마블스를 보관하고 있다.

영국은 극히 예외적인 상황을 제외하고는 소장문화재를 영구히 돌려주지 못한다는 자국법을 내세워 완전반환이 아닌 문화교류 취지의 대여형식을 염두에 두고 있는 것으로 알려졌다. 반면 그리스는 반환을 줄기차게 요구하고 있는 상황이다. 지난해 11월에는 영국과 그리스의 정상회담이 돌연 취소됐는데, 이는 양측이 반환을 두고 입장차를 좁히지 못했기 때문이라는 분석이 나오기도 했다.

해외에 있는 우리문화재 24만 여점

한편 국외소재문화재재단의 조사결과에 따르면 해외에 있는 우리 문화재도 올해 1월 기준 24만 6,304점에 달한다. 이 중 최근 소란스러운 영국박물관에만 4,000점이 넘는 문화재가 소장돼 있다. 조사가 지속될수록 소재파악이 되는 문화재의 수는 꾸준히 늘어나고 있는 상황이다.

주요 국가별 한국문화유산 현황(2024.1.1. 기준)

소장국	소장처(개처)	수량
일본	도쿄국립박물관 등(397개처)	10만 9,801점
미국	메트로폴리탄미술관 등(171개처)	6만 5,355점
독일	쾰른동아시아미술관 등(27개처)	1만 5,692점
중국	고궁박물관 등(76개처)	1만 3,010점
영국	영국박물관 등(32개처)	1만 2,805점
전체 29개국 803개처 24만 6,304점		

자료 / 국외소재문화재재단

수집이나 기증·선물 등 적법하게 문화재가 넘어간 경우에는 사실상 반환이 이뤄질 가능성이 없다. 대신 약탈 등 불법반출된 문화재와 관련해서는 1970년 유네스코가 '문화재 불법 반·출입 및 소유권 이전 금지와 예방수단에 관한 유네스코 협약'을 제정했고, 1995년에는 유네스코와 국제사법위원회의 주도로 '도난 또는 불법반출된 문화재의 국제적 반환에 관한 UNIDROIT 협약'이 체결되는 등 국제적 노력이 없었던 것은 아니다.

그러나 현실은 어렵다. 문화재 약탈국인 강대국들은 여전히 비협조적이고 소급적용 불가 조항 등으로 실효성이 떨어지는 데다 법적환수에도 많은 시간과 노력이 드는 탓이다. 이러한 이유로 일각에서는 반환이 어렵다면 우리 문화재가 세계적으로 인정받을 수 있도록 해외에서의 적극적인 활용방안을 모색하는 작업도 필요하다고 주장한다. ▣

"현실적 지원 vs 지방 공동화"

찬성

지역인재 육성사업

입시전쟁의 한켠에는 신입생들의 주거 마련 문제도 있다. 대학들이 수도권과 대도시에 쏠려 있기 때문이다. 따라서 원서접수 1순위로 꼽히는 곳은 기숙사 여부이지만, '2022년 10월 대학정보공시 분석 결과'에 따르면 전국 413개대 기숙사 평균수용률은 일반대 23.1%, 전문대 17.1%에 불과하다.

특히 수도권 대학의 경우 기숙사 평균수용률은 일반대 18.4%, 전문대 7.8%로 입소경쟁이 굉장히 치열한 상황이다. 그러다 보니 대학 근처 원룸이나 하숙 가격은 부르는 게 값인 수준이다. 운좋게 거처를 구해도 식비까지 더해지면 개인의 경제적 부담은 늘어날 수밖에 없다. 옛날처럼 소 팔아서는 한 학기 주거비용도 해결하지 못한다.

수도권에 몰려 있는 대학들을 하루아침에 지방으로 분산시킬 수는 없다. 상경 대학생 1명을 위해 소요되는 막대한 비용은 학생뿐 아니라 고스란히 지역에 사는 부모에게도 고통이다. 경제적으로 부담스러워 출산마저 기피하는 현실에서 지자체 운영 재경기숙사는 교육에 부수적으로 들어가는 비용을 지자체가 일정 부담한다는 데 의의가 있다. 또한 도움을 받은 청년들을 졸업 후 지역으로 돌아오게 하는 원동력이 될 것이며, 결과적으로 지역경제를 살리는 길이 될 것이다.

'남명(南冥)'은 조선 전기의 성리학자로서 영남학파의 거두인 조식(曺植)의 호이자 경상남도가 경남지역의 인재육성에 보탬이 되고자 수도권에서 대학을 다니는 경남의 학생들을 대상으로 운영하고 있는 재경기숙사(남명학사)의 이름이다. 경남도는 설립배경을 '대학생들의 높은 주거비용과 열악한 주거환경 개선에 대한 필요성이 대두되면서 이용료가 저렴하면서도 양질의 주거서비스를 제공해 경제적 어려움으로 학업에 애로를 겪는 경상남도 대학생을 지원하기 위해'라고 밝혔다. 현재 경남도는 1998년 3월에 준공한 창원관과 2018년에 준공한 서울관, 두 곳을 운영하고 있다.

이처럼 광역자치단체 또는 지방자치단체(지자체)에서 지원하는 대학생 기숙사인 재경기숙사는 관내 출신 학생들의 주거문제를 지원하는 제도로서 현재 경기, 강원, 충북, 전북, 전남, 광주, 제주, 경남, 충남 등 지자체에서 시행 중이다. 가격도 저렴한 편이다. 월 납부비용은 10만~20만원 선으로 하루 세 번 급식도 제공한다. 또한 학사 내 체력단련실, 독서실, 커뮤니티룸 등도 구비해 별도의 비용 없이 이용할 수 있다.

재경기숙사

일반적으로 재경기숙사는 대부분 정시가 끝나는 12월 말부터 다음 해 1월 중순 사이에 공고하며, 1월 초부터 2월 초 사이 일정이 마감된다. 입사신청은 개별 학사 홈페이지에서 하고, 관련서류를 제출하면 완료되며, 합격자는 지원자의 소득분위, 학교 성적 등을 종합적으로 평가해 선발된다.

대표적인 재경기숙사로는 경기푸른미래관(도봉), 강원학사(관악, 도봉), 충남서울학사(구로), 충북학사(영등포, 중랑), 전라북도 서울장학숙(서초), 광주·전남 남도학숙(동작, 은평), 제주탐라영재관(강서), 경남 남명학사 서울관(강남) 등이 있다. 이외에도 강화장학관, 경산학사, 광양학사, 영덕학사, 영양학사, 영천학사, 제천학사, 청송학사, 청주학사 등 지역의 이름을 딴 지자체 운영 기숙사가 수도권에서만 모두 28개가 운영 중이다. 문제는 정부가 교육자유·도심융합·문화 등 4대특구를 만들어 새로운 '지방시대'를 열겠다는 지역균형발전 종합계획과 반대되는 정책이라는 점이다. 정부는 소멸위기에 처한 지방을 살리자는데, 지자체는 재경기숙사로 지역 인구감소의 핵심층인 청년층의 이탈을 부추기고 있다는 지적이 나온다. 시대

"고물가시대 주거부담에 현실적 지원"
"도움을 받으면 훗날 지역에 배풀 것"

"일자리 없는 지방에 돌아올 리가…"
"지방분권과 지방대 육성에 역행할 뿐"

행정안전부가 소멸위기 지자체라고 판단한 '인구감소지역' 시·군이 89개에 달한다. 저출산 자체가 국가적 재앙이지만, 지방에서는 인구를 수도권으로 빼앗기는 사회적 이동도 심각하다. 핵심은 청년인구 급감이다. 이들이 지역을 이탈하는 것은 진학과 취업을 위해서다. 다닐 만한 상급학교와 일자리가 부족하기 때문이다. '인구소멸 → 지역경제 침체 → 지방 소멸위기'의 악순환에서 벗어나려면 무조건 일정인구를 유지해야 한다. 심각한 저출산에 급속한 고령화까지 겹치는 현실에서 그 목적이 진학이더라도 청년층 상경은 지역경제에 큰 타격일 수밖에 없다. 그런 때에 재경기숙사는 지자체가 가뜩이나 부족한 행정비용을 들여 스스로 청년층을 지역 밖으로 밀어내고 있는 것과 다르지 않다.

재경기숙사를 운영하고 있는 군위, 영양, 영덕, 청송 등은 대부분 인구감소를 걱정하는 지자체다. 진학을 위한 기숙사라고는 하지만 그 예산으로 지역 대학 학생에게 장학금을 주는 게 지역 발전에 훨씬 도움이 될 수 있다. 무엇보다 과거에는 수도권 대학으로의 진학을 두고 개천에서 용 났다고 했다. 그러나 일자리가 없는 개천으로 돌아올 용은 없다. 당장 눈앞의 어려움을 도와주기보다 돌아올 수 있도록 유수의 기업을 유치하는 게 더 중요하다.

"자립지원 vs 관치금융"

찬성

현대판 주홍글씨 안 돼

이른바 '신용불량자'가 되면 최장 5년까지 기록이 남기 때문에 차주가 상환을 마쳤더라도 신용카드 사용과 대출이용 등 금융거래를 하는 데 어려움을 겪는다. 현대판 '주홍글씨'다. 따라서 연체기록을 삭제하면 취약층은 신용카드를 정상발급받거나 신용대출을 받을 때 도움을 받을 수 있다. 은행권 대환대출을 통해 기존 대출을 저금리대출로 바꿀 기회도 생긴다. 연체이력 때문에 제도권 금융사에서 돈을 빌리지 못해 불법 사금융 수렁으로 빠지는 것을 막는 효과도 기대할 수 있다.

신용사면은 과거에도 여러 차례 있었다. 국제통화기금(IMF) 외환위기를 겪은 2000·2001년, 박근혜정부 시절인 2013년, 코로나19가 극심했던 2021년에도 신용사면이 있었다. 이번 조치는 2021년 사면과 비슷하다. 당시에도 2020년 1월부터 2021년 8월까지 발생한 2,000만원 이하 연체에 대해 2021년 말까지 전액상환한 개인과 개인사업자 230만명의 연체기록을 삭제했다. 그 결과 개인 평균 신용점수(NICE 기준)가 24점 올랐고, 개인사업자 평균 신용등급은 0.5등급 상승했다. 최근에도 장기 저성장이 계속되면서 경제 취약층의 어려움이 지속되고 있는 만큼 정부는 취약계층의 저신용 족쇄를 풀어줄 필요가 있다. 즉, 선거를 앞둔 선심성 정책이라고 볼 수 없다.

1월 15일 금융위원회(금융위)는 모든 금융업권의 협회·중앙회와 한국신용정보원, 12개 신용정보회사가 '서민·소상공인 신용회복 지원을 위한 금융권 공동협약'을 체결했다고 발표했다. 협약은 소액을 연체했다가 모두 상환한 차주들의 연체이력을 사실상 삭제해주는 이른바 '신용사면'을 골자로 한다. 코로나19 이후에 발생한 연체기록을 소액에 한해 신용점수 반영에서 빼준다는 것이다. 또한 신용정보원과 신용정보회사는 해당 정보를 신용평가에 활용할 수 없게 기술적으로 제한을 걸어두고, 금융회사들은 타사 정보를 삭제하는 한편 자사 정보의 활용도 최소화할 계획이다.

통상 금융사들은 연체액이 100만원을 초과하고 90일 이상 연체가 지속했을 때 '신용불량자'로 분류해 신용평가사(CB) 등에 연체정보를 공유한다. 이렇게 공유한 연체이력은 돈을 갚아도 최장 5년간 유지돼 신용점수에 반영되고, 연체이력 공유로 신용점수가 떨어지면 대출이나 신용카드 발급에서 불이익을 받는다. 이번에 추진하는 신용회복 지원은 금융사 간 연체이력 공유를 제한하고 이미 공유된 연체이력까지 지워 신용평가·여신심사에서 연체기록을 최대한 반영하지 않기로 해 신용점수가 올라가는 효과가 있다.

선거 전 신용사면

금융위 발표에 따르면 이번 신용사면의 대상은 2021년 9월 1일부터 올해 1월 31일까지 2,000만원 이하를 연체한 개인과 개인사업자로 이들이 올해 5월 31일까지 연체액을 모두 상환한 경우다. 이 조치가 시행되면 290만명 중 250만명의 신용점수가 평균 39점 올라갈 것으로 관측된다. 이에 따라 대환대출 등을 통해 저금리 대출전환이 가능할 전망이다.

하지만 신용대사면 결정이 당정회의 직후 속전속결로 이뤄진 것 자체가 금융사의 상황을 고려하지 않은, 당국 일방주도의 정책추진이라는 비판이 나온다. 지난해 말 윤석열 대통령의 '은행 종노릇' 발언 이후 일방적으로 발표된 은행권의 2조원 규모 '민생금융지원' 방안과 맞물려 입으로는 자유시장경제를 강조하면서 실제로는 금융기관의 인사와 자금운용에 직접 개입(관치금융)하고 있다는 것이다. 여기에 최근 1,400만명에 달하는 개미투자자들을 겨냥한 선심성 정책까지 내놓으면서 그동안 건전재정을 내세우며 복지예산과 R&D 예산을 대폭 삭감한 정부가 총선이 코앞으로 다가오자 '돈 퍼주기' 정부로 돌변했다는 비판이 일었다. 이에 대해 정부는 어려움에 부닥친 서민·소상공인의 상황을 감안, 숙고해 내린 결정이라고 해명했다. 시대

"밥을 주기보다 쌀을 살 수 있도록 돕는 것"
"코로나19의 여파는 아직 끝나지 않았다"

"금융권 재원을 정부가 맘대로 할 수 있나?"
"신용사면 반복하면 누가 돈을 제때 갚지?"

반대
저신용자 은행권 유입

물론 신용불량자가 되면 이후 대출받을 때 금리부담이 늘어나고, 신규대출도 어려워진다. 그러나 이는 금융부실을 예방하고 신용사회로 가기 위해 필요한 장치다. 규정·관행을 무시하고 연체기록을 없애면 차후에 신용이 불량한 사람들이 대출시장에 진입하는 것을 거를 방법이 없다. 카드사도 마찬가지다. 이번 조치로 그동안 카드사 대출·발급이 어려웠던 40만명이 구제될 전망이다. 이는 저신용자 특성을 고려하지 않고 고객에 대한 객관적 평가를 어렵게 만들어 카드업계에 연체율 증가 등 리스크관리 부담으로 이어질 수 있다. 일반적으로 카드사 대출상품 이용자는 이른바 '급전창구'로 접근하는 경우가 많기 때문이다.

금융위는 이번 조치로 신용점수가 상승하는 만큼 대환대출 등을 통해 저금리대출로 전환할 수 있을 것으로 기대된다지만, 제1금융권 대출 갈아타기 가능성은 희박하다. 고금리 장기화와 불황으로 연체자가 꾸준히 늘어나며 신용점수 900점대에도 은행권 대출문턱을 넘기 힘들어졌기 때문이다. 무엇보다도 신용사면은 상환기일을 어겼을 때 받는 불이익을 면제하는 셈인 데다, 악조건 속에서도 제때 빚을 갚은 사람에 대한 역차별 소지도 있다. 또한 주식·부동산 등 투자를 이유로 빚을 낸 차주를 가려낼 수도 없다.

HOT ISSUE QUIZ

핫이슈 퀴즈
한 달 이슈를 퀴즈로 마무리!

01 (   )은/는 의료인의 사직서 제출, 연차·반차 등 연가사용을 통한 진료 중단을 금지하는 명령을 말한다.

02 비례대표제는 사표 방지와 다양한 여론 반영이 가능하다는 장점이 있는 반면, (   )이/가 난립할 수 있다는 단점도 있다.

03 (   )은/는 생물다양성 보전에 장기간 이바지하면서 관리되는 지역을 말하며, 그린벨트 역시 이에 해당한다.

04 최근 이승만기념관 건립이 추진되는 것을 두고 '(   ) 계승'과 '민간인 학살 책임' 등에 대한 논란이 이어졌다.

05 미국의 대통령선거에서 가장 큰 규모의 당대회 또는 예비선거가 한꺼번에 열리는 날을 (   )(이)라고 한다.

06 헌재가 '32주 이전 (   ) 금지'가 명시된 의료법 조항에 대해 위헌 결정을 내렸다.

07 (   )은/는 청년층이 주택마련을 위해 목돈을 모을 수 있도록 한 상품으로 소득 5,000만원 이하의 만 19~34세 청년이 대상자다.

08 최근 나타난 비트코인 강세장에 대해 비트코인 현물 (   ) 거래가 승인된 뒤 대규모 자금이 유입된 결과라는 평가가 나왔다.

09 (   )은/는 당선 가능성이 떨어지는 지역구에 정당이 능력 있고 신선한 인재를 투입해 승리를 노리는 것을 말한다.

10 (   )이/가 200년간의 중립과 군사적 비동맹주의를 뒤로하고 3월 7일 북대서양조약기구의 32번째 회원국으로 공식 합류했다.

11 한국정부가 (   )와/과 비밀리에 수교협의를 진행한 끝에 2월 14일 외교관계 수립을 전격 발표했다.

12 7월부터 가상자산사업자는 가상자산이용자가 가상자산을 매매하기 위해 맡긴 예치금을 (   )을/를 통해 관리해야 한다.

13 공정위는 거대플랫폼의 독과점 횡포를 막기 위해 (   )을/를 추진해왔으나 업계의 반발로 일부 내용을 재검토하기로 했다.

14 인공지능(AI)의 확대로 (   )을/를 둘러싼 메모리업계 경쟁이 치열해지고 있다.

15 총선 이전까지 (　　　) 입법지형 아래 야당이 법안을 처리하고 대통령은 거부권을 행사하는 악순환이 5차례나 되풀이됐다.

16 미국은 중국의 남태평양 영향력 확대를 막기 위해 키리바시를 포함해 남태평양 도서국들과 (　　　)을/를 결성하고 공동으로 해양경비 협력을 펼치고 있다.

17 (　　　)은/는 중대한 산업재해가 일어났을 때 사업주나 경영책임자를 처벌하는 내용을 골자로 하며, 1월 27일부터 상시근로자 50인 미만 사업장에도 적용되고 있다.

18 푸틴 대통령의 정적으로 꼽히던 (　　　)이/가 옥중에서 돌연 사망하면서 사망의 원인을 두고 각종 의혹이 불거졌다.

19 외국인과 (　　　)의 건강보험 피부양자 자격 조건이 강화돼 국내 거주기간이 6개월 이상이어야 한다는 조건이 추가됐다.

20 문화재청은 올해 (　　　) 체계로의 첫발을 내딛기 위해 5월부터 기존 '문화재' 명칭과 분류체계를 (　　　)(으)로 변경한다.

21 정부가 대형마트에 적용하는 (　　　) 규제를 폐지하고 영업 제한시간 동안 온라인배송을 허용하는 방안을 추진하기로 했다.

22 최근 세계 영화계에서 (　　　) 콘텐츠가 주목받는 이유를 두고 미국과 유럽이 추구하는 '다양성'이라는 가치와 맞아떨어졌기 때문이라는 평가가 나온다.

23 갱단의 활동으로 공항이 마비되고 해외방문에 나섰던 총리의 귀국까지 막혀 행정기능이 사실상 마비된 카리브해 섬나라 (　　　)이/가 비상사태를 선포했다.

24 3월부터 (　　　) 제도가 실시됐지만 낮은 보수, 부족한 전문성과 더불어 소송제기 시 보호방안이 불충분하다는 우려가 나왔다.

25 교사노조는 순직인정 심의에 대해 입증책임을 (　　　)에게만 떠맡기고 있는 현 체계를 개선할 필요가 있다고 지적했다.

26 배달의민족은 최근 배달시장 상황을 고려해 '배달비 인하'에 초점을 두고 (　　　) 수수료 상품을 시행하고 있다. [시대]

---

01 진료유지명령　**02** 군소정당　**03** 자연공존지역(OECM)　**04** 4 · 19 민주이념　**05** 슈퍼화요일　**06** 성별고지　**07** 청년주택드림 청약통장　**08** ETF　**09** 단수공천　**10** 스웨덴　**11** 쿠바　**12** 은행　**13** 플랫폼 공정경쟁촉진법(플랫폼법)　**14** 고대역폭 메모리(HBM)　**15** 여소야대　**16** 푸른태평양동반자　**17** 중대재해처벌법　**18** 알렉세이 나발니　**19** 재외국민　**20** 국가유산　**21** 공휴일 의무휴업　**22** 코리안 디아스포라(한국인 이민자)　**23** 아이티　**24** 학교폭력 전담조사관　**25** 유가족　**26** 정률제

임상심리사 2급
자격전망 소개!

SD에듀 유튜브 채널 토크래인 인터뷰 영상 보러가기

 임상심리사란?

국민의 심리적 건강과 적응을 위해 임상심리학적 지식을 활용해 업무를 수행하는 직업이다. 2급 자격시험은 기초적인 심리검사와 심리치료, 상담, 심리재활 및 교육 등을 수행할 수 있는 능력의 유무를 인증하는 것을 말한다. 대학원에서 임상심리를 전공하거나 국가공인시험을 통해 자격을 취득할 수 있다.

임상심리사는 미국에서 만들어진 직업인데요. 원래는 정신건강 분야를 의사들이 치료했거든요. 그러다 보니까 주로 접근하는 치료법은 약물을 통한 것이었어요. 그런데 대인관계에서 어려움을 겪는 문제는 약물로 해결할 수 있는 게 아니잖아요. 대인관계에서의 문제 때문에 우울해지기도 하고 불안해지기도 하는 건데 이걸 꼭 약으로만 치료할 수 있냐는 거죠. 이런 문제를 또다른 인간관계를 통해 해결할 수 있다는 인식이 대두하면서 '치료적 접근'이라는 게 시작됐어요.

제가 알기로 미국 몇몇 주에서는 임상심리사들이 심리상담의 영역부터 약물처방까지 담당하고 있다고 하는데, 우리나라에서는 그렇게까지는 안 되고 크게 심리치료(중증)와 심리검사를 담당하고 있습니다.

 자격 취득의 장점은?

승진 등의 이유로 임상심리사 자격증이 필요한 영역이 있습니다. 다만 이렇게 취업에 도움이 되는 영역은 있어도 자격 취득 자체가 취업을 보장하지는 않아요. 그렇지만 대부분의 상담소에서는 심리상담과 심리검사를 하는 사람들이 별도로 구분돼 있는데, 심리상담을 하는 사람들에 비해 심리검사를 전문적으로 실시해서 내담자(환자)가 어떤 증상을 갖고 있는지 평가하는 일을 하는 사람들이 의외로 적어요. 그래서 관련 자격을 취득했다고 해서 심리검사나 보고서 작성, 진단 등의 업무 관련 능력이 생기는 것은 아니지만, 이를 충분히 연습하고 적절하게 피드백할 수 있는 능력이 있다면 활동할 수 있는 영역이 상당히 넓다고 볼 수 있습니다.

시험 출제경향은?

필기시험에 비해 실기시험의 합격률이 낮은데, 실기시험이 점점 어려워지는 건 아닙니다. 그런데도 합격률이 떨어진다는 것은 제 생각에는 응시자가 많아졌기 때문으로 보입니다. 다만 당연히 출제경향의 변화는 있어요. 과거에는 심리치료와 심리검사 두 가지 업무 중 심리검사의 비중이 심리치료보다 더 크다고 봤어요. 그런데 최근 실기시험 문제들을 보면 이 비중이 바뀌어서 심리치료의 비중이 점점 증가하는 추세입니다. 이 추세가 앞으로도 한동안 계속되지 않을까 유추하고 있습니다.

등급	시험방법	과목	출제형태	시험시간
2급	필기시험(1차)	심리학개론, 이상심리학, 임상심리학, 심리상담, 심리검사	객관식 4지 택일형 (총 100문항)	2시간 30분
	실기시험(2차)	기초심리평가, 기초심리상담, 심리치료, 임상심리의 자문 · 교육 · 재활	필답형 (18~20 문항)	3시간

 ## 임상심리사의 전망은?

본인이 얼마나 기회를 잘 잡아서 적응하는지에 따라 전망이 좋게 느껴질 수도 있고 그렇지 않게 느껴질 수도 있는데요. 다만 보통 다른 직업이 60세 전후로 정년을 맞이한다고 하면 이 분야는 70세까지는 일할 수 있을 정도로 오래 근무할 수 있어요. 또 심리치료 영역 전체로만 봐도 사실 상담 분야는 전망이 좋아요. 현대사회로 들어오면 들어올수록 정신적인 문제를 가진 사람들의 비율이 증가하고 있어서 정신장애에 대한 문제를 치료하는 역할의 비중이 커지는 것은 맞습니다.

하지만 외국과 달리 우리나라 사람들은 '내 이야기를 들어준 사람에게 비용을 지불해야 한다'는 인식이 약해서 '상담'에 관한 저항이 큰 편이에요. 그러다 보니 병원에 가서 약물로 해결하려는 경향이 있는데, 사실 약물만으로는 치료가 되지 않기 때문에 심리 분야에 종사하는 사람들의 역할이 커져야 하는데도 더디게 진행되는 부분들이 있습니다. 그래서 이런 상황이 바뀌어야 더 나아지지 않을까라는 생각은 하고 있습니다. 시대

심리치료 · 심리상담
자문 · 교육
김윤수

경력	경희대학교 공공대학원 객원교수
경력	명지대학교 미래융합대학 외래교수
경력	디지털서울문화예술대학교 외래교수
학력	국제신학대학원 상담심리학과 박사
현	SD에듀 임상심리사 교수

필수
시사상식

화제의 용어를 한자리에!
시사용어브리핑

오야카쿠(親確) 신입사원 채용 시 기업에서 합격자의 부모에게 입사 허락을 구하는 것

국제·외교

일본에서 신입사원을 채용하는 기업이 입사 내정자의 부모에게 자녀의 입사 허락을 구하는 것을 말한다. '부모'를 뜻하는 '오야(親)'와 '확인'을 뜻하는 '가쿠 (確)'의 합성어로 인구감소와 구인난이 심화하면서 구직자와 기업 간 입장이 역전된 일본 채용시장의 현실이 반영된 신조어다. 이처럼 기업들이 오야카쿠 를 시행하는 배경에는 일손 부족이 이어지는 가운데 입사 내정자가 부모의 반
대로 사퇴하는 일이 급증한 데 있으며, 안내문 송부와 입사서약서 서명 등의 방식으로 이뤄진다.

왜 이슈지?

최근 일본에서 부모가 반대한다는 이유로 입사를 취소하는 신입사원 입사 내정자가 증가하면서 채용단계에서 **오야카쿠**를 통해 구직자 본인 과 그 부모의 반대를 사전에 차단해 신입직원을 유치하고자 하는 기업들이 증가하는 것으로 나타났다.

오디세우스 달 착륙에 성공한 세계 첫 민간 달 착륙선

과학·IT

미국의 민간 우주기업 인튜이티브 머신스가 개발한 무인 달 착륙선이다. 지난 2월 15일 미국 플로리다주 케이 프 커내버럴 케네디우주센터에서 오전 1시 스페이스X가 만든 팰컨9 로켓에 실려 발사된 지 48분 만에 로켓에 서 분리돼 자력비행을 시작했고, 같은 달 22일 달 남극 근처 분화구 '말라퍼트 A' 지점 착륙에 성공했다. 이는 미국 항공우주국(NASA)의 달 탐사 프로젝트 '아르테미스'와 연계된 '민간 달 탑재체 수송서비스(CLPS)'의 두 번째 시도였다. 미국에서 개발된 우주선이 다시 달에 도달한 것은 52년 만으로 이날 오디세우스가 달 착륙에 성공하면서 민간기업 중 세계 최초로 달에 착륙하는 기록을 세웠다.

왜 이슈지?

2월 29일(현지시간) 로이터·AP 통신이 미국의 민간 달 착륙선 **'오디세우스'**가 착륙한 지 일주일 만에 배터리 방전을 고려해 가동을 멈췄다 고 밝혔다.

디지털 이민 국내보다 OTT 요금이 저렴한 해외로 우회 가입하는 방식을 뜻하는 신조어

▶ 문화·미디어

온라인동영상서비스(OTT)나 동영상 플랫폼들이 잇따라 가격을 인상하자 국내보다 요금이 싼 해외로 우회 가입하는 방식을 '이민'에 빗댄 신조어다. 가상사설망(VPN)을 통해 국적을 바꾸고 OTT를 이용하는 것인데, 인도나 브라질 등이 대표적인 디지털 이민국으로 꼽는다. 일부 이용자들이 이러한 방법으로 요금을 절감하기도 하지만, 유튜브의 경우 유료서비스 가입약관에 거주국가에 대한 허위진술을 위해 거짓정보를 제시하지 않아야 한다는 내용이 명시돼 있어 이용이 정지될 수도 있다.

왜 이슈지?

유튜브가 프리미엄 멤버십 가격 인상과 제3국으로 위치를 속여 가입하는 '**디지털 이민**' 단속을 예고한 가운데 국내 이용자들은 다른 나라와 비교해 높은 가격으로 요금을 책정하면서도 '가족요금제'를 지원하지 않는 것에 대해 불만을 제기하고 있다.

그래놀라즈(GRANOLAS) 해외 투자전략가들이 주목하고 있는 유럽증시의 10개 종목

▶ 경제·경영

유럽증시의 대형주로 꼽히는 ▲ 글락소스미스클라인(GSK) ▲ 로슈홀딩 ▲ ASML홀딩 ▲ 네슬레 ▲ 노바티스 ▲ 노보노디스크 ▲ 로레알 ▲ 루이뷔통모에헤네시(LVMH) ▲ 아스트라제네카 ▲ 사노피 등 10개 종목을 일컫는다. 로레알과 LVMH는 프랑스의 패션기업이고, 네슬레는 스위스의 식품회사, ASML홀딩은 노광장비를 생산하는 네덜란드의 반도체기업이며, 이외 나머지 6개 종목(영국의 GSK, 스위스의 로슈홀딩 · 노바티스, 덴마크의 노보노디스크, 영국-스웨덴의 합작사인 아스트라제네카, 프랑스의 사노피)은 유럽 각국의 제약회사다. 최근 미국증시의 '매그니피센트7(Magnificent 7, M7)'에 이어 주목받고 있다.

왜 이슈지?

블룸버그 통신은 최근 골드만삭스와 MFS투자운용 등의 전략가들이 미국주식보다 평가가치(밸류에이션)가 낮고, '매그니피센트7'처럼 버블이 꺼질 우려가 없는 유럽의 대형주 '**그래놀라즈**'에 주목하고 있다고 밝혔다.

위축효과(Chilling Effect) 과도한 규제로 개인의 사상과 표현의 자유가 위축되는 현상

▶ 사회·노동·교육

공권력의 과도한 규제나 압력으로 시민 스스로 자신의 생각을 검열함으로써 자유로운 사고나 표현이 위축되는 현상을 말한다. 주로 타인에 대한 명예훼손으로 소송에 휘말릴 것을 우려해 발언을 자제하거나 공무원들이 정책을 수립할 때 고소 · 고발, 인사 불이익 등에 대한 심리적 부담감을 이유로 소극적으로 일관하는 경우 등을 가리킨다. 이는 헌법상 명시된 '표현의 자유'를 위반하는 것으로 이와 같은 자기검열이 반복되다 보면 통상적인 수준의 표현마저 꺼리게 되는 문제로 이어질 수 있다. 2013년 미국 국가안보국 요원이던 에드워드 스노든이 당국의 개인정보 불법수집을 폭로했을 당시 화제가 됐다.

왜 이슈지?

'헌정사 최초 검사 탄핵심판'의 당사자인 안동완 검사는 첫 변론기일에서 서울시 공무원 간첩 조작사건의 공소권 남용을 인정한 법원 판결은 잘못된 것이며, 탄핵소추 자체가 '특정 정당 대표를 대상으로 구속영장을 청구한 검찰에 대한 **칠링 이펙트(위축효과)**'라고 주장했다.

온드미디어(Owned Media) 기업이나 브랜드가 자체적으로 보유·운영하는 디지털미디어 채널

SNS나 웹사이트, 블로그 등 기업이나 브랜드가 자체적으로 운영하는 디지털 미디어 채널을 말한다. 기업이 직접 채널을 운영하므로 자사 상품·서비스 중심의 콘텐츠 제작 및 외부광고비 절감이 가능하다. 또 일관된 브랜드 이미지를 제공하거나 소비자와의 소통이 수월하다는 점 등이 장점으로 꼽힌다. 일정 비용을 지불해야 하는 유료미디어 채널인 '페이드(Paid)미디어'와 별도의 비용 지불 없이 형성된 소비자의 인식을 뜻하는 '언드(Earned)미디어'와 함께 '트리플 미디어'라고도 한다.

왜 이슈지?
기업이 직접 채널 운영과 콘텐츠 제작을 담당해 외부광고비를 줄이고 소비자와 지속적으로 소통할 수 있다는 점에서 **온드미디어**가 최근 기업의 새로운 마케팅 방식으로 주목받고 있다.

AI 소라 오픈AI가 공개한 영상제작 AI시스템

챗GPT를 개발한 미국 오픈AI가 2월 15일 공개한 인공지능(AI)시스템이다. 기존의 이미지를 활용하거나 텍스트로 간단히 명령어를 입력하면 최대 1분 길이의 고화질 영상을 제작해주고, 기존의 동영상을 확장하거나 누락된 프레임을 채울 수도 있다. '소라(Sora)'는 일본어로 '하늘(空)'이라는 뜻으로 오픈AI는 해당 명칭이 '무한한 잠재력을 의미한다'고 밝혔다. 다만 샘 올트먼 오픈AI 최고경영자(CEO)는 엑스(X, 옛 트위터)를 통해 초반에는 '제한된 수의 창작자'만 사용할 수 있도록 허용된다고 밝혔으며, 오픈AI는 해당 시스템을 자사 제품에 통합하기 전에 전문팀에 안전성 여부를 평가할 계획인 것으로 알려졌다.

왜 이슈지?
AI 소라가 공개된 이후 외신과 업계 전문가들 사이에서는 '영상제작의 혁명'이라는 찬사와 '딥페이크(가짜 동영상)로 인한 피해가 확산될 수 있다'는 우려가 동시에 나왔다.

금융의 사막화 금융기관의 유인점포가 수도권에만 남게 되는 현상

은행이나 증권사 등 금융기관의 유인점포가 농촌 등 비수도권에서 점점 사라지고 수도권에만 남게 되는 현상을 가리킨다. 이는 금융기관들이 인건비·임대료 절감을 위해 점포를 통폐합하고 PC나 스마트폰 애플리케이션(앱)을 통한 금융거래가 증가하면서 나타났다. 그러나 디지털기술에 취약한 고령층 등의 금융접근성이 약화하면서 보이스피싱 등 각종 금융사고에 쉽게 노출될 수 있고, 자금이 수도권으로만 집중돼 지역 간 격차와 소득불평등을 심화시키는 원인으로 작용할 위험이 있다.

왜 이슈지?
국내 금융회사의 점포 폐지가 이용고객의 의견이나 편리를 감안하지 않은 채 이뤄지고 있어 **금융의 사막화**를 더 빨리 진행시키고 있다는 의견이 제기된 가운데 이익만을 추구하는 금융사의 점포 전략이 크게 작용하고 있다는 주장이 나왔다.

LTPO(저온 다결정산화물) 애플의 디스플레이 공정기술

▶ 과학·IT

'Low Temperature Polycrystalline Oxide'의 약자로 애플(Apple)이 개발한 TFT(Thin Film Transistor, 박막 트랜지스터) 디스플레이 공정기술을 말한다. 여기서 TFT란 LCD 액정이나 OLED 유기물에 흐르는 전류를 제어함으로써 화소(픽셀)의 밝기를 조절하는 역할을 담당하는 부품이다. LTPO는 LTPS(저온 다결정실리콘) TFT 공정과 Oxide(산화물) TFT 공정의 단점을 상호보완해 결합한 기술로 빠른 전자이동도를 갖춘 LTPS와 누설전류가 적은 Oxide를 활용해 전력소모를 한층 줄이면서도 높은 해상도 구현이 가능하다. 다만 높은 기술 구현 난이도와 낮은 수율 문제로 인해 주로 고가의 OLED 디스플레이 패널에 사용된다.

왜 이슈지?

삼성전자의 갤럭시S24 시리즈가 '역대급 흥행 조짐'을 보이면서 부품 공급사들의 호실적이 예상되는 가운데 원가가 높은 **LTPO(저온 다결정산화물)** 방식 패널이 갤럭시S24 전 모델에 적용돼 높은 수익성 제고가 예상됐다.

기후 우울증 기후변화로 인해 불안과 우울감을 느끼는 심리현상

▶ 사회·노동·교육

기후변화가 자신이나 지인들을 비롯해 국가와 인류의 위기를 가져올 것이라는 생각으로 인해 불안과 우울함, 스트레스 등을 느끼는 현상이다. 단순히 날씨 때문이 아니라 개인의 힘으로는 환경파괴와 기후위기를 막을 수 없을 것이라는 무력감이 전제된다는 것이 특징이다. 2017년 미국심리학회(APA)가 처음 제시한 개념으로 공식적인 정신의학적 진단명은 아니다. 직접 재해를 경험한 사람뿐만 아니라 관련 뉴스를 접한 사람도 증상을 겪을 수 있다.

왜 이슈지?

최근 세계 곳곳에서 대형화재나 가뭄, 홍수 등 이상기후에서 비롯된 현상들로 인해 막대한 피해가 발생하고 있는 가운데 '**기후 우울증**'처럼 기후변화로 인한 정서적 고통을 호소하는 사람들이 증가하고 있다.

비욘드 유토피아 북한 주민들의 탈북 여정과 그들을 돕는 목사의 이야기를 다룬 다큐멘터리

▶ 문화·미디어

23년간 1,000여 명의 탈북민들을 도운 김성은 목사가 2019년 두 가족의 탈북을 돕는 과정을 담아낸 다큐멘터리다. 2023년 선댄스영화제에서 관객상을 수상한 것을 시작으로 다수의 국제영화제에서 다큐멘터리 부문 수상작으로 선정돼 주목을 받았다. 특히 2023년 11월 미국에서 개봉한 이후 미국 국무부가 특별상영회를 여는가 하면 2024년 1월 9일에는 공영방송 PBS가 미국 전역에 방영해 화제가 됐다. 실제 탈북민들의 인터뷰 영상과 탈북민이 직접 혹은 김성은 목사와 김현석 프로듀서가 촬영한 탈북과정이 생생하게 담겨 있으며, 이를 통해 거짓으로 만들어진 '유토피아' 북한의 인권실태가 가감 없이 드러났다는 평가를 받았다.

왜 이슈지?

2월 18일(현지시간) 개최된 제77회 영국 아카데미상 시상식에서 '**비욘드 유토피아**'가 다큐멘터리 부문 후보에 올라 주목을 받았으나 우크라이나 전쟁 초기 참상을 담은 '마리우폴에서의 20일'이 최종 수상하면서 수상이 불발됐다.

호모 프롬프트(Homo Promptus) 　신기술을 능숙하게 다룰 수 있는 인간의 능력

인공지능(AI)과 같은 신기술을 능숙하게 다루고 이를 통해 인간의 창의성과 결과물의 질을 향상시킬 수 있는 인간의 능력을 강조하는 신조어다. '인간'을 뜻하는 'Homo'와 사용자의 지시·명령어를 뜻하는 'Promptus'의 합성어다. 인간이 AI와 상호작용하는 과정에서 어떤 질문을 하는지에 따라 AI의 답변이 달라지는 만큼 신기술을 다루는 인간의 능력이 더 중요하다는 의미가 담겼다. 챗GPT 등 생성형 AI기술이 확산된 2023년부터 보편적으로 사용되기 시작했으며, 김난도 서울대 소비자학과 교수가 2024년 소비트렌드(드래곤 아이즈)를 전망하며 제시한 10대 키워드 중 하나로 선정됐다.

왜 이슈지?

AI기술이 빠르게 발전하면서 이를 활용한 서비스의 활용도도 갈수록 높아짐에 따라 이러한 AI기술을 잘 활용하는 것 역시 하나의 능력으로 인정받게 됐는데, 전문가들은 이를 두고 '**호모 프롬프트**의 시대로 진입한 것'이라고 말했다.

그랜파코어(Grandpa Core) 　할아버지 옷장에서 꺼낸 듯한 스타일을 의미하는 패션용어

'멋쟁이 할아버지'가 입을 것 같은 빈티지 스타일의 의류 등에 현대적인 트렌드를 결합한 패션을 가리키는 용어다. 패턴과 컬러가 돋보이는 클래식한 니트·스웨터나 셔츠 따위에 타이, 안경 등 액세서리를 활용해 편안하면서도 여유로운 분위기를 연출하는 것이 특징이다. 대표 아이템으로 고전적인 느낌의 케이블 스웨터나 컬러풀한 카디건, 오버핏의 옥스퍼드셔츠·럭비셔츠 등이  있다. 최근 유명 연예인들이 자주 선보이면서 젊은 세대 사이에서 유행하고 있다.

왜 이슈지?

그랜파코어룩의 판매 증가에 대해 한 유통업계 관계자는 "오래 입을 수 있는 스타일에 실제로 할아버지의 옷을 재활용해 연출할 수 있어 지속가능성이 높다"며 "가치소비를 추구하는 MZ세대들의 소비흐름과도 부합한다"고 말했다.

한미 핵협의그룹(NCG) 　대북 확장억제 강화를 위해 출범한 한국과 미국 간 양자 협의체

북한의 지속적인 핵위협에 대응한 한미 공동의 핵전략과 기획을 통해 대북 확장억제를 강화하기 위해 구성된 양자 협의체를 말한다. 'Nuclear Consultative Group(NCG)'이라고도 하며 2023년 4월 26일 한미 정상회담에서 채택한 '워싱턴선언'에 따라 출범했다. 북한이 핵공격을 감행하는 경우 핵무기를 포함해 압도적인 대응을 하는 등 미국의 확장억제 강화방안 등이 담겼다. 미국이 확장억제 기획 및 실행에 동맹국을 포함한 것은 사실상 북대서양조약기구(NATO)의 핵기획그룹(NPG)을 제외하면 이번이 첫 사례인데, 양국은 워싱턴선언 발표 당시 차관보급 정례협의체인 NCG를 연 4회 가동한다는 방침을 밝힌 바 있다.

왜 이슈지?

한미는 지난해 12월 열린 제2차 **핵협의그룹** 회의에서 북한의 핵무기 사용에 대비한 핵작전 연습을 시행하기로 합의한 내용에 따라 3월 4~14일 '자유의 방패' 연습을 진행했는데, 북한의 핵위협 무력화 등에 중점을 두고 실전적으로 실시됐다.

림보세대 고학력자임에도 불구하고 경력을 쌓지 못하고 희망이나 가능성이 없는 일에 내몰리는 청년세대

어려운 경제상황으로 인해 고등교육을 받고도 경력을 쌓지 못한 채 가능성이 없는 일에 내몰리고 있는 청년들을 지칭하는 용어다. 2008년 글로벌 금융위기 이후 전 세계적인 사회현상으로 대두된 개념으로 미국 뉴욕타임스가 2011년 9월 발행한 기사에서 사용하면서 널리 확산됐다. 당시 뉴욕타임스는 아르바이트로 겨우 삶을 꾸리는 림보세대를 두고 '경력이 중간에 끼어 옴짝달싹 못하고 장래성이 없는 직업과 무기력한 전망에 대처해야 하는 고등교육을 받은 젊은 성인'이라고 정의했다.

왜 이슈지?

장기간 이어진 경기침체로 취업난이 지속되면서 고학력을 보유하고 있음에도 불구하고 정규직으로 일하지 못하고 계약직이나 아르바이트를 하며 생계를 꾸리는 '**림보세대**'라는 개념이 다시 주목받고 있다.

FOOH(Fake Out of Home) 실사 배경에 컴퓨터그래픽 이미지로 구현한 이미지를 씌운 페이크 옥외광고

실제로 존재하는 장소에 컴퓨터그래픽 이미지(CGI)로 구현한 이미지를 씌워서 만든 '페이크 옥외광고'다. '가짜'를 뜻하는 'Fake'와 '옥외광고'를 뜻하는 'OOH(Out of Home)'의 합성어로 미국의 디지털 아티스트이자 필름메이커인 이안 패덤이 처음 사용했다. 증강현실(AR)과 CGI 기술을 결합해 만든 초현실적인 이미지를 활용하여 단기간에 효과적으로 브랜드와 제품을 소비자에게 각인시킬 수 있고, 일반적인 옥외광고와 달리 장소 대여부터 설치·유지 비용이 들지 않으면서 쓰레기도 발생하지 않아 친환경적이라는 점이 가장 큰 특징이다. 이는 숏폼(Short-form) 형식에도 부합해 새로운 마케팅 트렌드로 활용되고 있다.

왜 이슈지?

최근 광고계를 중심으로 FOOH 형식의 마케팅이 유행하는 이유로 주목도가 높은 시각적 콘텐츠 제공과 광범위한 확산 효과, 마케팅 비용절감, 환경보호 등이 꼽혔다.

AI 워싱(AI Washing) 마치 AI기업인 것처럼 거짓으로 홍보하는 행위

실제로는 인공지능(AI)과 무관하지만 AI기업인 것처럼 거짓으로 홍보해 소비자를 속이는 행위를 의미한다. 기업이 브랜드나 제품을 홍보할 때 AI와 관련된 기술이나 기능을 과장해 소비자들에게 혼동을 불러일으키는 것을 가리킨다. 기업들이 실제로는 친환경 경영을 하지 않으면서 마치 친환경 기업인 것처럼 홍보하는 위장환경주의를 뜻하는 '그린워싱'과 유사한 개념이다. 게리 겐슬러 미국 증권거래위원회 위원장이 기업들에 AI 워싱을 하지 말라는 경고를 내놓으면서 주목을 받았다.

왜 이슈지?

AI기술이 급변하고 AI가 다방면에서 대세로 자리잡으며 이러한 흐름에 편승하고자 하는 기업들이 증가하는 가운데, 일각에서는 과도한 **AI 워싱**이 소비자들의 신뢰를 훼손시키고 기업의 투명성에 대한 우려를 야기할 수 있다며 주의를 요구했다.

시사상식 기출문제

01 유명인 등의 자살 소식에 동요하여 모방자살을 일으키는 사회현상은? [2024년 연합뉴스TV]

① 파파게노 효과
② 링겔만 효과
③ 베르테르 효과
④ 풍선 효과

해설

베르테르 효과는 연예인 등 유명인이나 자신이 롤모델로 삼고 있는 사람이 자살할 경우, 그 사람과 자신을 동일시해 모방자살을 시도하는 사회현상을 말한다. 반면 파파게노 효과는 미디어가 자살 관련 보도를 자제하여 자살을 예방하는 효과를 말한다.

02 자연 속에서 전통문화를 보존하며 느림의 삶을 추구하자는 국제운동은? [2024년 연합뉴스TV]

① 슬로시티
② 더 기빙 플레지
③ 아너 소사이어티
④ 내추럴시티

해설

슬로시티 운동은 이탈리아 중북부의 작은 마을 그레베 인 키안티에서 시작되었다. 'Slow'는 단순히 'Fast'의 반대가 아닌 환경, 자연, 시간, 계절을 존중하고 느긋하게 사는 것을 뜻한다. 슬로시티의 슬로건은 한가롭게 거닐기, 듣기, 권태롭기, 꿈꾸기, 기다리기, 마음의 고향을 찾기, 글쓰기 등 무한 속도 경쟁의 디지털 시대보다 여유로운 아날로그적 삶을 추구하는 것이다.

03 소수파가 다수파의 독주를 막기 위해 합법적으로 의사진행을 방해하는 행위는? [2024년 연합뉴스TV]

① 필리버스터
② 치킨호크
③ 살라미 전술
④ 슈퍼 테러리즘

해설

필리버스터(Filibuster)는 고대 로마 원로원의 관습에서 유래한 것으로 의회 내에서 긴 발언을 통해 의사진행을 합법적으로 방해하는 행위를 말한다. 우리나라는 1964년 당시 국회의원 김대중이 김준연 의원의 구속동의안 통과를 막기 위해 5시간 19분 동안 연설한 것이 최초다. 그러나 박정희정권 시절에 필리버스터가 금지돼 사실상 폐기됐다가 2012년 국회선진화법이 도입되면서 부활했다.

04 우주에서 생명체가 거주할 수 있을만한 환경을 갖춘 공간범위를 뜻하는 말은? [2024년 연합뉴스TV]

① 자오선
② 라그랑주 점
③ 도플러 존
④ 골디락스 존

해설

골디락스 존(Goldilocks Zone)은 '생명가능지대'라고도 불리며, 우주에서 생명체가 탄생하고 살아가기에 적합한 환경을 갖춘 우주의 공간범위를 뜻하는 말이다. 모항성을 중심으로 도는 행성과 행성들 간의 공간 가운데서, 생명체가 거주 가능한 중력, 온도, 대기 등 갖가지 적합한 환경을 갖춘 공간이다.

05 심리현상 중 하나로 보편적인 성격특성을 자신의 성격과 일치한다고 믿는 현상은?

[2024년 연합뉴스TV]

① 크레스피 효과

② 베블런 효과

③ 바넘 효과

④ 스놉 효과

해설

바넘 효과(Barnum Effect)는 누구에게나 보편적으로 적용되는 성격의 특성이 자신의 성격과 꼭 맞는다고 믿는 심리현상이다. 1949년 미국의 심리학자 '포러'가 대학생들을 대상으로 한 실험을 통해 규명되었다. 포러는 대학생들에게 동일한 내용의 성격검사 결과지를 나눠주고, 스스로의 성격과 얼마나 일치하는지 평가했다. 그 결과 대부분의 대학생들이 자신의 성격과 매우 일치한다고 답변했다.

06 가계의 소득 대비 주거비용이 차지하는 비율을 뜻하는 지수는?

[2024년 연합뉴스TV]

① 로렌츠지수

② 빅맥지수

③ 슈바베지수

④ 엥겔지수

해설

슈바베지수는 가계소득 대비 주거비용이 차지하는 비율을 나타내는 지수다. 소득과 주거비 지출과의 관계에 대해 정리한 슈바베의 법칙(Schwabe's Law)에서 도출된 지수다. 슈바베 법칙은 소득수준이 높을수록 전체 생계비에서 주거비가 차지하는 비율이 낮아지고, 소득수준이 낮을수록 전체 생계비에서 주거비가 차지하는 비율이 높아지는 것을 말한다.

07 재활용품에 디자인 또는 활용도를 더해 그 가치를 더 높은 제품으로 만드는 것은?

[2024년 연합뉴스TV]

① 사이클링

② 리자인

③ 리사이클링

④ 업사이클링

해설

업사이클링(Up-cycling)은 단순히 쓸모없어진 것을 재사용하는 리사이클링(Recycling)의 상위 개념으로 디자인 또는 활용도를 더해 전혀 다른 제품으로 생산하는 것을 말한다.

08 BCG매트릭스에서 수익창출원 사업을 뜻하는 용어는?

[2024년 연합뉴스TV]

① 스타 사업

② 캐시카우 사업

③ 물음표 사업

④ 도그 사업

해설

BCG매트릭스는 보스턴컨설팅그룹이 1970년대 초반 개발한 것으로, 기업의 경영전략 수립에 있어 하나의 기본적인 분석도구로 활용되는 사업포트폴리오 분석기법이다. 이 중 캐시카우(Cash Cow) 사업은 수익창출원이 되는 사업으로서 기존의 투자에 의해 수익이 계속적으로 실현되므로 자금의 원천사업이 된다.

01 ③ 02 ① 03 ① 04 ④ 05 ③ 06 ③ 07 ④ 08 ②

09 고체, 액체, 기체와 더불어 제4의 물질로 불리는 것은? [2024년 전자신문]

① 희토류
② 자유전자
③ 초전도체
④ 플라스마

해설

플라스마(Plasma)는 제4의 물질로 불리며, 기체 상태의 중성 물질이 고온에서 이온핵과 자유전자의 집합체로 바뀌는 상태를 말한다. 고체에 열을 가하면 액체가 되고, 액체에 열을 가하면 기체가 되며, 기체에 계속해서 열을 가하면 플라스마가 된다.

11 윤석열정부가 추진하는 지방대학 활성화 정책의 명칭은? [2024년 전자신문]

① 글로컬대학 30
② 대학통합 30
③ 지방거점대학 30
④ 동반성장대학 30

해설

글로컬대학 30은 윤석열정부가 2026년까지 지방대 30곳을 글로컬대학으로 지정해 지원하는 지방대학 활성화 정책이다. 글로컬은 세계화를 뜻하는 글로벌(Global)과 지역·지방을 뜻하는 로컬(Local)의 합성어다. 교육부는 지난 2023년 5월 31일까지 각 지방대학의 신청을 받아 선정작업을 진행한 바 있다.

10 넷플릭스 오리지널 드라마 〈성난 사람들〉의 감독은? [2024년 전자신문]

① 이성진
② 스티븐 연
③ 셀린 송
④ 정이삭

해설

넷플릭스의 오리지널 드라마 〈성난 사람들〉의 감독은 한국계 미국인인 이성진 감독이다. 〈성난 사람들〉은 제75회 에미상에서 8관왕에 오르는 등 흥행을 거머쥐었고, 각계의 호평을 받았다. 주로 미국의 동양계 이민자들이 등장하는 이 작품은, 분노로 만나게 된 이민자들이 종내에는 서로의 어려움을 인식하고 유대감을 느끼게 되는 이야기를 그리고 있다.

12 우리나라의 국가행정조직은 몇 개 부, 몇 개 청으로 구성되어 있는가? [2024년 전자신문]

① 18부 19청
② 19부 19청
③ 19부 20청
④ 20부 20청

해설

우리나라 「정부조직법」에 의하면 2024년 3월 현재 대한민국 행정부는 19부 3처 19청으로 구성되어 있다. 2023년 6월에 기존 국가보훈처를 국가보훈부로 승격시켰고, 외교부 산하에 재외동포청을 신설했다.

13 다음 중 노벨상에서 시상하지 않는 부문은?

[2024년 대구의료원]

① 수학상
② 생리의학상
③ 화학상
④ 물리학상

해설

노벨상은 다이너마이트를 발명한 알프레드 노벨의 유산을 기금으로 하여 해마다 물리학 · 화학 · 생리의학 · 경제학 · 문학 · 평화의 6개 부문에서 인류 문명의 발달에 공헌한 사람이나 단체를 선정해 수여하는 상이다. 1901년 제정되어 매년 12월 10일 스웨덴의 스톡홀름에서 시상식이 열리고, 평화상 시상식만 노르웨이의 오슬로에서 진행하고 있다.

14 외교사절로서 받아들이기 싫어하는 인물을 뜻하는 말은?

[2024년 대구의료원]

① 페르소나 논 그라타
② 페르소나 그라타
③ 아그레망
④ 모두스 비벤디

해설

페르소나 논 그라타(Persona non grata)는 '호감 가지 않는 인물'이라는 의미로 어느 한 국가가 외교사절로서 기피하려 하는 타국의 인물을 뜻하는 말이다. 국제 외교관계상 외교사절을 파견할 때 사전에 상대국에 동의를 얻는 것을 '아그레망'이라고 하는데, 이에 동의를 얻지 못한 것을 페르소나 논 그라타라고 한다.

15 소설 〈젊은 베르테르의 슬픔〉을 쓴 작가의 이름은?

[2024년 대구의료원]

① 토마스 만
② 프리드리히 니체
③ 요한 볼프강 폰 괴테
④ 프리드리히 실러

해설

〈젊은 베르테르의 슬픔〉은 독일의 문학가 요한 볼프강 폰 괴테가 쓴 서간체 소설로, 당대의 인습적 체제와 귀족사회의 통념에 반대하는 지식인의 우울함과 열정을 그렸다. 베르테르가 다른 사람의 약혼녀인 로테를 사랑하다가 끝내 권총으로 자살한다는 내용으로 출간 당시 이에 공감한 젊은 세대의 자살이 유행하기도 했다.

16 패션과 미용에 아낌없이 투자하는 남성들을 뜻하는 신조어는?

[2024년 대구의료원]

① 더피족
② 딘트족
③ 그루밍족
④ 여피족

해설

그루밍족(Grooming族)은 패션과 미용에 아낌없이 투자하는 남성을 뜻하는 신조어다. 피부, 두발, 치아관리는 물론 성형수술까지 마다하지 않으면서 자신을 꾸미는 것에 대한 투자를 아끼지 않는 남성들을 가리킨다. 메트로섹슈얼족의 증가와 함께 자신을 치장하고 꾸미는 것에 큰 관심을 갖는 그루밍족도 늘고 있다.

17 제2차 세계대전 당시 독일 나치정권이 자행한 유대인 학살을 의미하는 말은?

[2024년 대구의료원]

① 반달리즘
② 아우슈비츠
③ 제노사이드
④ 홀로코스트

해설

홀로코스트(Holocaust)는 제2차 세계대전 당시 독일 나치정권이 저지른 유대인 대학살을 뜻하는 용어다. 홀로코스트는 일반적으로 특정 인종이나 동물을 대량으로 살상하는 행위를 뜻하기도 한다. 나치는 제2차 세계대전 종전까지 600여 만명에 달하는 유대인을 수용소에 가두고 학살하는 등 인류사에 기록될 만행을 저질렀다.

18 주로 영화광고에 쓰이는 광고기법으로 처음에 상품의 일부만 보여주어 궁금증을 유발하는 기법은?

[2024년 대구의료원]

① 인포머셜 광고
② 티저 광고
③ 애드버토리얼 광고
④ 시리즈 광고

해설

티저 광고(Teaser Advertising)는 처음에는 상품명을 감추거나 일부만 보여주어 궁금증을 유발하고 서서히 그 베일을 벗는 방법으로, 게릴라 마케팅의 일환으로 사용된다. 티저는 '놀려대는 사람'이라는 뜻을 지니며 소비자의 구매욕을 유발하기 위해 처음에는 상품광고의 주요 부분을 감추고 점차 공개하는 것이다.

19 주식을 대량으로 보유한 매도자가 매수자에게 장외 시간에 주식을 넘기는 거래는?

[2024년 대구의료원]

① 숏커버링
② 블록딜
③ 윈도드레싱
④ 스캘핑

해설

블록딜(Block Deal)은 거래소 시장이 시작하는 전후에 주식을 대량으로 보유한 매도자가 대량으로 구매할 매수자에게 그 주식을 넘기는 거래를 말한다. 한번에 대량의 주식이 거래될 경우 이로 인한 파동이 시장에 영향을 미치지 않도록 하는 조치다.

20 다음 중 일제강점기 당시 한인애국단에 소속되지 않은 인물은?

[2024년 대구의료원]

① 김구
② 윤봉길
③ 이봉창
④ 안창호

해설

한인애국단은 1920년대 중반 이후 대한민국 임시정부의 활동 침체를 극복하고, 1931년 만보산 사건과 만주사변 등으로 인하여 침체된 항일 독립운동의 활로를 모색하려는 목적에서 김구의 주도로 결성된 대한민국 임시정부의 특무 활동기관이자 1930년대 중국 관내의 대표적인 의열투쟁단체였다. 이봉창과 윤봉길 등이 활동했다.

21 윌리엄 셰익스피어의 희극작품에 해당하지 않는 것은? [2024년 광주광역시도시공사]

① 한여름 밤의 꿈
② 베니스의 상인
③ 햄릿
④ 십이야

해설
영국의 위대한 극작가 윌리엄 셰익스피어의 '5대 희극'으로 꼽히는 작품은 〈한여름 밤의 꿈〉, 〈베니스의 상인〉, 〈십이야〉, 〈말괄량이 길들이기〉, 〈뜻대로 하세요〉다. 한편 '4대 비극'으로 꼽히는 것은 〈햄릿〉, 〈오셀로〉, 〈리어왕〉, 〈맥베스〉다.

22 다음 중 백제의 사비 천도 후 신라와의 전투에서 전사한 백제의 왕은? [2024년 광주광역시도시공사]

① 성왕
② 고이왕
③ 의자왕
④ 근초고왕

해설
백제 성왕은 국가의 중흥을 목적으로 538년 도읍을 웅진에서 사비로 재천도했다. 성왕은 사비 천도로 왕권강화와 지배질서 확립을 시도했고, 동시에 체제정비를 추진했다. 천도 후 성왕은 신라와 손잡고 고구려를 공격했으나, 신라의 배신으로 한강유역을 빼앗기고 말았다. 그리고 성왕은 553년 신라와의 관산성전투에서 전사했다.

23 엘니뇨는 평년보다 해수면 온도가 섭씨 몇 도 이상 높은 상태가 지속될 때를 말하는가? [2024년 광주광역시도시공사]

① 0.3도
② 0.5도
③ 1.0도
④ 2.0도

해설
엘니뇨(El Nino)는 평년보다 0.5℃ 이상 해수면 온도가 높은 상태가 5개월 이상 지속되는 현상을 말한다. 엘니뇨는 대기순환에 영향을 주어 세계 각 지역에 홍수, 무더위, 가뭄 등 이상기후를 일으킨다.

24 다음 중 영국의 의회민주주의 발전과 관련 없는 사건은? [2024년 광주광역시도시공사]

① 청교도혁명
② 명예혁명
③ 권리장전
④ 2월혁명

해설
영국은 1642년부터 일어난 청교도혁명으로 공화정이 수립됐고, 이후 다시 크롬웰의 독재정치로 왕정으로 돌아갔다가 1688년 명예혁명으로 영국 의회민주주의의 출발을 알리는 권리장전이 선언됐다. 이로써 영국은 세계 최초로 입헌군주국이 되었다. 2월혁명은 1848년 프랑스에서 일어난 사건으로 프랑스 제2공화국 수립의 계기가 되었다.

시사상식 예상문제

01 다음 중 음악의 성인이라는 별칭을 가진 음악가는?

① 브람스
② 하이든
③ 모차르트
④ 베토벤

해설

음악의 성인(聖人)이라 불리는 음악가는 독일 출신의 루트비히 판 베토벤(Ludwig van Beethoven)이다. 〈영웅교향곡〉과 〈월광소나타〉의 작곡자로도 유명한 그는 귓병으로 청력을 잃은 가운데서도 왕성한 창작활동과 음악에 대한 열정을 보여주어, 음악에 자신의 영혼을 녹여낸 음악의 성인으로 칭송받고 있다.

02 일과 가정의 조화를 위해 근무시간과 장소를 탄력적으로 조정하여 일하는 근로자는?

① 퍼플칼라
② 골드칼라
③ 레드칼라
④ 블랙칼라

해설

퍼플칼라(Purple Collar)는 근무시간과 장소가 자유로워 일과 가정을 함께 돌보면서 일할 수 있는 노동자를 말한다. 적은 시간 동안 일하여 보수가 적지만, 정규직으로서의 직업안정성과 경력을 보장받는다는 점에서 파트타임이나 비정규직과는 다르다.

03 우리나라 만원권 지폐의 홀로그램에 포함되지 않은 그림은?

① 우리나라 지도
② 4괘
③ 훈민정음
④ 태극문양

해설

만원권 지폐에는 위조방지를 위해 다양한 장치가 인쇄되어 있다. 홀로그램과 색변환잉크, 요판잠상, 숨은 은선, 앞뒤판맞춤, 미세문자 등이 지폐 위조를 방지하기 위한 장치들이다. 그 중 보는 각도에 따라 다른 그림을 볼 수 있는 홀로그램에는 우리나라 지도와 4괘, 액면숫자와 태극문양이 숨어 있다.

04 경기부양을 위한 다양한 정책에도 불구하고 경제주체가 반응하지 않는 경제상황을 뜻하는 용어는?

① 좀비 경제
② 자전거 경제
③ 마냐나 경제
④ 고압 경제

해설

좀비 경제는 국제 금융권에서 1990년대 이후 침체를 겪은 일본의 경제상황을 빗대었던 용어다. 정부가 경기를 부양하기 위해 각종 정책을 내놓아도, 기업과 가계 등 경제주체가 거의 반응을 하지 않는 상태를 말한다. 경기부양정책이 사실상 유명무실한 것을 뜻한다.

05 2022년 2월 러시아의 우크라이나 침공 이후 북대서양조약기구에 가입한 국가는?

① 북마케도니아
② 몬테네그로
③ 스웨덴
④ 덴마크

해설

2022년 2월 러시아가 우크라이나를 침공한 이후, 스웨덴과 핀란드가 냉전 시기 70여 년간 계속해 왔던 중립국 지위를 내려놓고 북대서양조약기구(나토, NATO) 가입을 선언했다. 스웨덴과 핀란드는 같은 해 7월 5일 나토의 가입의정서에 서명했으나 튀르키예와 헝가리의 반대로 가입에 차질이 빚어졌다. 2023년 핀란드의 가입절차가 마무리돼 31번째 나토 회원국으로 추가됐고, 스웨덴은 2024년 3월 가입절차가 마무리됐다.

06 영화에서 특정한 상황이 시작되고 종료되는 시점까지의 영상 단락을 뜻하는 용어는?

① 내러티브
② 시퀀스
③ 시놉시스
④ 플롯

해설

시퀀스(Sequence)는 영화에서 어떤 특정한 사건 또는 상황이 시작되어 종료되는 영상 구간을 뜻하는 용어다. 시퀀스는 몇 개의 신(Scene)이 이어 붙어 만들어지며, 영화 전체의 시나리오는 이 시퀀스들의 흐름으로 이어지게 된다. 시퀀스는 소설이나 희곡에서 굵직한 사건들이 차례로 등장하는 장(Chapter)과 유사하다고 볼 수 있다.

07 '수학계의 노벨상'으로 불리며 수학계에서 가장 권위 있는 상의 이름은?

① 필즈상
② 울프상
③ 아벨상
④ 에미상

해설

필즈상은 세계수학자대회에서 수여하는 것으로 수학계에서는 가장 권위 있는 상으로 꼽힌다. 4년마다 시상식이 열리며, 1924년 세계수학자대회 조직위원장이었던 '존 필즈'가 국제적인 수학상 제정을 제안한 것에서 시작됐다. 새로운 수학 분야 개척에 공헌한 40세 미만의 젊은 수학자에게 수여되는데, 2022년에는 한국계 미국인 수학자인 허준이 프린스턴대 교수가 필즈상을 수상해 화제가 됐다.

08 우리말의 음운 현상 중 '종로'가 '종노'로 발음되는 현상은?

① 완전 동화
② 상호 동화
③ 역행 동화
④ 순행 동화

해설

자음 동화는 앞뒤로 자음이 이어질 때 발음을 쉽게 하기 위해 서로 닮은 소리로 발음되는 것을 말한다. 자음 동화는 그 방향과 정도, 양상에 따라 구분된다. 그 중 순행 동화는 앞 자음이 뒤 자음에 정방향으로 영향을 주어 발음이 바뀌는 것으로 종로[종노], 칼날[칼랄], 남루[남누] 등이 대표적이다.

09 올림픽 종목인 근대5종과 트라이애슬론이 공통으로 실시하는 운동은?

① 수영
② 사이클
③ 승마
④ 사격

근대 올림픽의 창시자인 피에르 드 쿠베르텡이 전장 상황에서 착안해 종목화한 근대5종은 펜싱, 수영, 승마, 사격, 육상 크로스컨트리를 연이어 실시한다. 트라이애슬론 또한 3가지 운동을 연달아 진행하는 종목으로 수영과 사이클, 달리기를 마치고 가장 빨리 결승선에 들어오는 선수가 우승하게 된다.

10 다음 중 성격이 다른 동영상 서비스는?

① 틱톡(TikTok)
② 쇼츠(Shorts)
③ 릴스(Reels)
④ 웨이브(wavve)

해설
틱톡과 쇼츠, 릴스는 모두 짧은 동영상 형식의 숏폼(Short-form) 콘텐츠를 제공하는 서비스다. 짧은 러닝타임 내에 알찬 정보를 얻고 강렬한 재미를 추구하고자 하는 MZ세대들 사이에서 큰 인기를 얻고 있다. 중국의 IT기업 바이트댄스가 선보인 틱톡이 세계적 인기를 끌자 유튜브 쇼츠, 인스타그램은 릴스를 서비스하며 숏폼 콘텐츠 경쟁에 뛰어들었다. 동영상 콘텐츠 플랫폼인 웨이브는 넷플릭스 같은 OTT 서비스 가운데 하나다.

11 대통령의 친인척이나 대통령과 특수한 관계에 있는 사람의 비위행위를 조사할 권한을 갖는 직위는?

① 인사정보관리관
② 특수검사관
③ 특별감찰관
④ 특별검사

해설
특별감찰관법은 2014년에 제정되어 같은 해에 시행됐다. 특별감찰관은 대통령의 친인척 등 대통령과 특수한 관계에 놓인 사람들의 비위행위를 감찰하는 직위다. 15년 이상 판·검사 또는 변호사로 재직한 변호사 3인을 국회에서 추천하고 대통령이 인사청문회를 통해 선발하게 된다.

12 가상현실, 증강현실, 혼합현실의 특성을 겸비해 가상환경에 극도로 몰입하게 하는 기술을 뜻하는 용어는?

① 확장현실
② 강화현실
③ 상호현실
④ 메타버스

해설
확장현실(XR)은 가상현실(VR), 증강현실(AR), 혼합현실(MR)의 특성을 모두 아우르는 초실감형 기술이다. 가상현실은 이용자가 가상환경을 눈으로 접하게 하고, 증강현실은 실제 환경에 가상 요소가 보이도록 하는 것이다. 혼합현실은 실제 환경과 그래픽을 합쳐 이용자가 실제와 가상이 혼합된 환경과 상호작용할 수 있게 한다. 확장현실은 이 세 기술을 혼합하여 이용자가 극도의 몰입감을 느끼도록 하는 첨단기술이다.

13 다음 중 임진왜란의 3대 대첩에 해당하지 않는 것은?

① 행주대첩
② 명량대첩
③ 한산도대첩
④ 진주대첩

해설

흔히 임진왜란의 3대 대첩으로 꼽히는 것은 행주대첩과 진주대첩, 한산도대첩이다. 행주대첩은 전라도관찰사였던 권율이 행주산성에서 3만명에 달하는 왜군을 궤멸시킨 대첩으로 부녀자들이 행주치마에 돌을 날라 아군을 지원한 것으로 유명하다. 진주대첩은 진주목사 김시민이 전략적 요충지였던 진주성에서 두 차례 왜군과 싸워 이긴 전투이며, 한산도대첩은 당시 전라좌수사 이순신이 한산도 앞바다에서 학익진 전술로 왜군을 크게 이겨 전세를 바꾸었던 대첩이다.

14 2023년 8월 고시된 2024년 최저임금은 시간당 얼마인가?

① 9,860원
② 9,620원
③ 9,420원
④ 9,260원

해설

최저임금위원회의 심의·의결 결과 2024년도에 적용되는 최저임금은 시간급 9,860원으로 정해졌다. 이는 2023년도 최저임금 9,620원보다 2.5%, 240원이 인상된 금액이다. 월 노동시간을 209시간으로 잡았을 때 월급으로 환산된 금액은 206만 740원이다.

15 다음 중 기후변화로 인한 자연재해로 농산품 등 물가가 오르는 현상을 뜻하는 용어는?

① 그린플레이션
② 에코플레이션
③ 애그플레이션
④ 리플레이션

해설

에코플레이션(Ecoflation)은 '환경'을 뜻하는 'Ecology'와 물가상승을 의미하는 'Inflation'의 합성어다. 물가상승이 환경적인 요인에 의해 발생하는 것을 뜻한다. 지구온난화 및 환경파괴로 인한 가뭄과 홍수, 산불 같은 자연재해의 영향을 받아 상품의 원가가 상승하는 것이다. 최근 들어 지구촌에 이상기후가 빈번히 자연재해를 일으키면서 식료품을 중심으로 물가가 급등하는 에코플레이션이 발생하고 있다.

16 다음 중 헌법에 명문화된 선거의 4대 원칙이 아닌 것은?

① 보통선거의 원칙
② 자유선거의 원칙
③ 직접선거의 원칙
④ 비밀선거의 원칙

해설

선거의 4대 원칙은 대부분의 현대 민주주의 국가에서 채택한 것으로 민주주의 하에서 선거제도가 마땅히 지켜야 할 기준점을 제시한 것이다. 우리 헌법에는 보통선거, 평등선거, 직접선거, 비밀선거의 원칙이 4대 원칙으로 명문화되어 있다. 자유선거의 원칙의 경우 명문화되어 있지는 않으나 자유민주주의 체제에서 내재적으로 당연히 요청되는 권리라 할 수 있다.

17 1990년대 후반에는 'X세대'로 불렸으며, 현재는 젊게 삶으로써 새로운 중년생활을 누리려는 세대를 일컫는 말은?

① Y세대
② 뉴노멀 중년
③ 영포티
④ 엑티브 시니어

해설

영포티는 1972년을 전후로 태어난 세대로 1990년대 후반에는 X세대로 불린 세대를 말한다. 이들은 스스로 젊은 감각을 지니고 살고자 하며, 이와 함께 새로운 중년의 삶을 향유하고자 한다. 자신을 꾸미는 데 적극적이고 트렌드에 민감하다.

18 미국을 중심으로 동맹국이 뭉쳐 글로벌 공급망을 구축하는 것을 뜻하는 용어는?

① 크롤링
② 니어쇼어링
③ 오프쇼어링
④ 프렌드쇼어링

해설

프렌드쇼어링(Frend-shoring)은 미국이 중심이 되어 동맹국들과 함께 공급망을 구축해 상품을 안정적으로 교환·확보하려는 경향을 의미한다. 미국이 대만과 일본, 우리나라에 제안한 칩4동맹도 안정적인 반도체 공급망을 유지하려는 프렌드쇼어링의 일환이라고 할 수 있다.

19 경쟁에서 이기기 위해 치른 비용 때문에 위험에 빠지거나 후유증을 겪는 상황을 뜻하는 말은?

① 레온티에프 역설
② 피로스의 승리
③ 치킨 게임
④ 승자의 저주

해설

승자의 저주(Winner's Curse)란 경쟁에서 이긴 승자에게 내려진 저주라는 뜻으로, 승자가 승리를 위해 과도한 비용을 치러 커다란 후유증을 겪거나 오히려 위험에 빠지는 상황을 일컫는다.

20 중국의 지도자들이 매년 여름 휴양도시에 모여 국내외 현안을 논의하는 회의는?

① 정치국확대회의
② 전국인민대표회의
③ 베이다이허회의
④ 중국인민정치협상회의

해설

베이다이허회의는 중국의 공산당 지도자들이 1958년 8월부터 시작한 중앙정치국의 회의다. 매년 여름 휴양도시인 허베이 북동쪽 베이다이허에 모여 국내외의 주요현안에 대해 논의한다. 향후 정치권력이 어떻게 이동할 것인지 가늠할 수 있는 자리이기 때문에 이목이 집중된다.

21 다음 문장 중 밑줄 친 부분의 띄어쓰기가 바르게 쓰인 것은?

① 사람들에게 <u>보란듯이</u> 성공할 것이다.
② 그에게 불가능하다고 <u>몇번이고</u> 말했다.
③ <u>운전중</u>에는 전화를 받을 수 없습니다.
④ 사장님은 현재 <u>부재중</u>이십니다.

해설
④에서 부재중은 한 단어이므로 '부재중'으로 붙여 쓰는 것이 옳다. ①에서 '듯이'는 의존명사로서 쓰였으므로 '보란 듯이'로 띄어 써야 하고, ②에서 단위를 나타내는 명사 '몇' 또한 '몇 명'으로 띄어 써야 한다. ③의 '중' 또한 의존명사로서 '운전 중'으로 띄어 써야 한다.

22 다음 4대 문명 중 태음력을 처음으로 사용한 것으로 알려진 문명은?

① 메소포타미아 문명
② 이집트 문명
③ 황하 문명
④ 인더스 문명

해설
한 달을 달의 공전주기로 정하는 태음력은 약 3000년 전 고대 메소포타미아에서 달이 차고 기우는 주기에 따라 달력을 만든 데서 유래했다고 전한다. 역법상 태음력은 태양력보다 날짜수가 짧아 태양의 움직임에 따른 계절 변화를 제대로 반영하지 못한다는 단점이 있다.

23 일정한 직업 없이 일시적으로 아르바이트를 하며 생활하는 젊은 층을 일컫는 용어는?

① 니트족
② 욘족
③ 프리터족
④ 프리커족

해설
프리터족은 일본에서 생겨난 'Free(프리)+Arbeit(아르바이트)'를 줄여 만든 용어이다. 처음에는 집단에 적응하지 못하거나 상사의 명령을 받으며 일하기를 거부하는 젊은이들을 일컬었으나, 경제난 심화로 인해 고용불안이 심해지면서 어쩔 수 없이 프리터족이 된 청년들이 늘어났다.

24 처음 접한 정보가 나중에 접한 정보보다 기억에 더 큰 영향을 끼치는 효과는?

① 초두 효과
② 맥락 효과
③ 후광 효과
④ 최신 효과

해설
초두 효과는 '첫인상 효과'라고도 부르며 대상인 사람이나 사물에 대해 처음 접했을 당시의 인상이 굳어지게 되는 심리현상을 말한다. 첫인상으로 그 대상을 기억하게 되고 이미지를 각인하게 된다. 초두 효과의 반대 개념으로는 '빈발 효과'가 있는데 이는 좋지 않았던 첫인상이 상대의 지속적인 개선 노력으로 좋은 인상으로 바뀌게 되는 것을 의미한다.

내일은 ▶ TV 퀴즈왕

01 2023년 과학자들이 10여 년간의 연구 끝에 이것 염색체 16개 모두를 인공적으로 합성하는 데 성공했다. 핵을 가진 진핵생물로 3대 생물 중 하나인 이것은?

[장학퀴즈]

정답
2023년 11월 국제 공동연구팀이 효모의 염색체 16개를 모두 인공적으로 합성하는 데 성공했다고 밝혔다. 이전에 바이러스나 박테리아의 유전체를 합성한 사례는 있었지만 핵을 가진 생물의 유전체를 합성하는 시도는 이번이 처음이다.

02 '◻◻◻◻ 말고 앉아 있어라'에서 빈칸에 들어갈 단어는?

[우리말 겨루기]

① 깩소리

② 꺅소리

정답
'깩소리'는 조금이라도 말을 하거나 반항하는 소리를 가리키는 말이다. '꺅소리'는 '깩소리'의 비표준어다.

03 제시된 지문에 띄어쓰기를 올바로 적용하면?

[우리말 겨루기]

무의식중에걸신들린듯음식들을전부집어먹었더니별걱정이다들어서누가말릴세라밖으로달려나갔다.

정답
지문에 띄어쓰기를 올바로 적용하면 다음과 같다.
'무의식중에 걸신들린 듯 음식들을 전부 집어 먹었더니 별걱정이 다 들어서 누가 말릴세라 밖으로 달려나갔다.'

04 미국 한 대학의 사이코패스 성격 진단 테스트에 따르면 사이코패스 기질이 강한 사람일수록 다른 사람의 이것을 따라 하지 않을 확률이 높다고 한다. 이것은 무엇인가?

[옥탑방의 문제아들]

정답
연구결과에 따르면 사이코패스적 기질을 강하게 가진 사람일수록 공감능력이 떨어져 다른 사람이 하품을 해도 그 영향을 받는 일이 거의 없다고 한다.

05 재위기간 6번 결혼한 헨리 8세는 영국 역사상 가장 많은 이것을 일으킨 인물로 유명하다. 이것은 무엇인가?

[유 퀴즈 온 더 블럭]

정답
스캔들(Scandal)은 거꾸로 매달아 올리는 함정을 뜻하는 그리스어 '스캔달론(Scandalon)'에서 유래했다. 그리스신화 속 미의 여신 아프로디테가 외도를 하던 중 남편 헤파이토스가 몰래 쳐둔 그물 함정에 걸린 것에서 비롯됐다.

06 세상을 보는 부처의 다섯 가지 눈 중 '사물을 꿰뚫어 보는 눈'을 뜻하는 것으로 흔히 앞을 내다볼 줄 아는 지혜로운 사람에게 '이것을 가졌다'고 한다. 이것은 무엇인가?

[유 퀴즈 온 더 블럭]

정답
혜안(慧眼)은 '사물을 꿰뚫어 보는 안목과 식견'을 가리키는 말로 불교에서는 모든 집착과 차별을 버리면 세상의 이치를 깨닫는 혜안을 얻을 수 있다고 한다.

07 다음 내용을 읽고 물음에 답하라.

[문제적 남자]

축구공은 검은색 정오각형과 흰색 정육각형을 각각 배치해 만든다. 검은색 정오각형이 12개라면 흰색 정육각형은 몇 개일까?

정답

제시된 내용을 활용하면 어렵지 않게 풀 수 있다. 우선 오각형 하나에는 각 변에 육각형이 하나씩 붙어 총 5개가 붙는다. 지문에서 오각형이 12개라고 했으므로 오각형에 붙은 육각형을 단순 계산해보면 총 60개가 된다. 이때 하나의 육각형이 각각의 오각형과 공유하는 변이 3개이므로 중복하는 육각형의 개수를 뺀 값을 구하면 $60 \div 3 = 20$이다. 따라서 육각형의 개수는 20개다.

08 규칙을 찾아 빈칸을 채워라. [문제적 남자]

68 81 32 88 16
44 22 13 9 □ 14

정답

보기의 숫자를 활용해 규칙을 찾으면 풀 수 있는 문제다. 제시된 각 숫자의 연관성을 찾아보면 윗줄에 배치된 숫자를 기준으로 '(아랫줄 왼쪽 숫자의 자릿수를 각각 더한 값)+(윗줄 숫자의 자릿수를 각각 더한 값)=아랫줄 오른쪽 숫자'가 됨을 알 수 있다. 44와 68, 22를 예로 들면, $(4+4)+(6+8)=22$가 되는 것이다. 같은 방식으로 빈칸에 들어갈 수를 구하면 $9+(8+8)=25$가 된다.

09 가로줄과 세로줄에 1부터 6까지의 숫자를 겹치지 않게 넣어라. [문제적 남자]

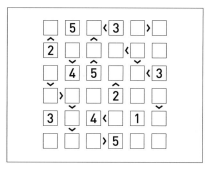

정답

문제의 난이도는 높지 않으나 제시된 그림의 빈칸에 숫자를 넣을 때 가로줄과 세로줄에 1~6의 숫자가 겹치지 않게 들어가야 하고, 등호도 함께 만족해야 한다. 두 조건을 모두 만족하도록 숫자를 채워 넣으면 아래의 그림과 같다.

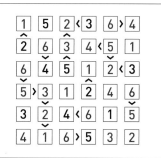

취업! 실전문제

최종합격 기출면접

/ CJ그룹

CJ그룹은 '건강, 즐거움, 편리를 창조하는 글로벌 생활문화기업'이라는 비전 아래 '인재', 'ONLYONE', '상생'을 핵심가치로 추구하고 있다. 특히 최초 · 최고 · 차별화를 내세운 'ONLYONE 정신'을 최우선 가치로 지향한다. 이를 바탕으로 '정직 · 열정 · 창의 · 존중'을 행동원칙으로 실천할 수 있는 인재를 선발하고자 한다. 크게 1차 면접과 2차 면접으로 나눌 수 있으며, 1차 면접은 심층면접과 직무면접, 2차 면접은 임원면접으로 진행된다. 계열사별로 면접절차나 방법은 조금씩 다를 수 있으며, 사전과제가 주어지는 직무나 계열사도 있다.

Role-play 면접

실제 일어날 수 있는 몇 가지 사건을 제시한 뒤 문제를 해결해나가는 상황극을 진행하여 의견을 논리적으로 설명하는 능력을 중점적으로 평가한다. 현장에 배치된 컴퓨터, 휴대폰 등의 기기 사용이 가능한 경우도 있어 각 상황에 맞게 효과음을 넣는 등 좀 더 창의적인 상황극을 할 수 있다. 개인별로 면접관을 설득해야 하는 상황이거나 여러 명이 한 조가 되어 면접관을 설득해야 할 수도 있다. 지원자들에게 미리 상황과 규정 및 이와 관련된 자료를 나눠주고 10분간 숙지할 수 있는 시간을 주는데, 예상치 못한 상황에서도 당황하지 않고 혼자 생각한 내용이나 조별로 상의한 내용대로 회사의 규정에 어긋나지 않게 해결점을 찾는 것이 중요하다.

기출문제

CJ푸드빌

- (사전과제) 신상품의 특징을 알려주고 영업점 한 곳을 지정한 후 컨설팅 제안서 만들기
- (심층면접) CJ푸드빌의 브랜드 중 하나를 정해서 매출을 올릴 수 있는 아이디어를 제시하시오.
- (심층면접) CJ푸드빌의 운영 방향에 대해 토론하시오.
- (심층면접) 매장 내에서 마찰이 생긴다면 어떻게 해결할 것인가?
- (Role-play 면접) 사전과제로 받은 내용을 바탕으로 면접관에게 판매해 보시오.
- 데이터 분석에 있어서 가장 중요하다고 생각하는 점이 무엇인가?
- 품질이란 무엇이라고 생각하는가?
- 남성소비의 대두로 인한 경제 변화를 어떻게 활용할 수 있는가?
- 안전재고에 대해 설명해 보시오. 그리고 재고를 왜 없애야 하는지 설명해 보시오.

2 다대다 면접

지원자의 가치관이나 행동을 구체적으로 알아보기 위한 면접방식으로 보통 3명이 한 조를 이뤄 3명의 면접관과 함께 면접을 보게 되는데, 주로 자기소개서와 직무 관련, 산업에 대한 이해도에 관한 질문이 주어진다. 자기소개서의 내용을 바탕으로 지원자가 보유한 역량이 과거의 경험을 통해 어떻게 발휘되었는지 확인하고, 이를 미래 역량으로 예측·평가하는 방식으로 진행된다. 다양한 경험에 대해 요약하여 말하고, 해당 경험이 직무에 어떻게 연결되어 기여할 수 있는지 논리적이고 솔직하게 설명하는 것이 중요하다.

기출문제

CJ제일제당

- (사전과제) 당신이 CJ제일제당의 Food Sales 직무를 수행 중인 신입사원이라고 가정하고 식품 유통매장 중 한 곳을 방문하여 영업사원이 할 수 있는 역할이 무엇인지 고민하시오.
- (심층면접) 한뿌리와 관련하여 2030 프로모션을 기획하시오.
- (심층면접) 회사에 복지제도를 만들려고 한다. 어떤 복지제도를 만들어 보면 좋겠는가?
- (심층면접) 방문한 유통업체에서 CJ제일제당 제품의 매출이 낮을 때 어떤 방법으로 활성화할 것인가?
- CJ제일제당에서 스마트팩토리를 어떻게 쓰는지 아는가?
- 수요 예측과 수요 계획의 차이에 대해 설명해 보시오.
- CJ제일제당의 제품 중 애용하는 것은? 그 제품의 가격과 가격에 비해서 품질이 어떠한가?

CJ ENM

- (심층면접) ENM 콘텐츠로 해외(국가 중 택1) 진출에 관하여 계획을 짜보시오.
- (심층면접) 페스티벌을 기획한다면 어떤 페스티벌을 기획할 것인가?
- (심층면접) 마이너리티 문화를 대중화 할 수 있는 프로그램을 기획하시오.
- 한국 음원차트와 빌보드의 차이는 무엇이라고 생각하는가?
- 앞으로 어떤 음악 트렌드에 탑승해야 성공할 수 있을 것이라 생각하는가?
- 자신의 인생에서 영화화하고 싶은 부분이 있다면 무엇인지 중국어와 영어로 설명해 보시오.
- 예능 프로그램의 최근 동향이 어떤지 설명하고 그에 따른 자신의 생각을 설명해 보시오.
- 좋아하는 애니메이션은 무엇인가? 본인이 만들고 싶은 애니메이션은? 현재 애니메이션 산업계에 대해 평가해 보시오.
- CJ ENM의 기업 이미지는?

CJ올리브네트웍스 올리브영

- (심층면접) CJ올리브영에서 서브스크립션 서비스를 진행하려고 한다. 기획해 보시오.
- (심층면접) CJ올리브영 매장 안에 뷰티, 헤어 등 여러 카테고리가 있는데 이를 어떻게 배치할 것인가?
- (심층면접) CJ올리브영에서 판매되는 카테고리 중 하나를 선택해 매장을 기획하시오.
- CJ올리브영에서 새로운 사업을 추진해야 할 때 타깃을 어떻게 잡아야 하는가?
- 외국인을 겨냥할 만한 전략이 있는가?
- 남성 고객을 잡을 수 있는 마케팅 전략으로 무엇이 있는가?

포스코그룹은 '더불어 함께 발전하는 기업시민'을 경영이념으로 삼고 있다. 또한 형식보다는 실질을 우선하고, 보고보다는 실행을 중시하고, 명분보다는 실리를 추구함으로써 '가치경영', '상생경영', '혁신경영'을 실현하겠다는 목표를 달성하고자 한다. 이를 바탕으로 '실천'의식을 기반으로 남보다 앞서 솔선하고, 겸손과 존중의 마인드로 '배려'할 줄 알며, 본연의 업무에 몰입하여 새로운 아이디어를 적용하는 '창의'적 인재를 선발한다.

1 가치적합성 평가 – 임원면접

포스코가 추구하는 인재상에 얼마나 적합한지를 확인하는 것으로, 경영진과의 대면면접으로 진행된다. 지원자의 가치관, 직업관, 인생관, 인성, 생활방식 등에 대한 질의·응답이 이루어지며 이러한 과정에서 지원자의 도전정신, 창의력, 조직 적응성, 윤리성 등을 평가한다.

기출문제

- 자기소개를 해 보시오.
- 자신감이 어느 정도로 있는가? 가능하다면 자신의 신조를 영어로 말해 보시오.
- 자신이 목표를 설정하여 과제를 수행해 본 경험을 말해 보시오.
- 창업이 아니라 취업을 선택한 이유는 무엇인가?
- 철강산업 분야에 관련된 이슈에 대해 말해 보시오.
- 지원한 분야에 가장 필요한 본인의 역량은 무엇이라고 생각하는가?
- 지원한 분야에 대한 준비는 어느 정도 했는가?
- 임진왜란에 대해 아는 대로 말해 보시오.
- 우리나라에서 가장 큰 제철소는 어디에 있는가?
- 기업시민에 대해 말해 보시오.
- 본인만의 스트레스 해소법은 무엇인가?
- 지원 직무에서 활용할 수 있는 자신만의 강점에 대해 말해 보시오.
- 불합리한 상황에 처할 경우 어떻게 대처할지 말해 보시오.
- 워라밸에 대해 어떻게 생각하는가?
- 지원 직무와 관련한 전공 수업을 들은 경험이 있다면 말해 보시오.
- 지방 근무를 하게 될 가능성이 있는데, 이에 대해 어떻게 생각하는가?
- 디자인이 세상을 바꾼다고 하는데, 이에 대해 어떻게 생각하는가?
- 일상생활에서 바꿔보고 싶었던 것을 말해 보시오.
- 포스코강판의 핵심가치를 디자이너의 측면에서 어떻게 생각하는가?
- 마지막으로 하고 싶은 말을 해 보시오.

2 직무역량 평가 – 직무적합성 면접

지원자의 회사 정착성, 적응력, 성장 잠재력과 지원 직군에 적합한 지식, 스킬, 태도 등 직무역량 보유수준을 평가하는 면접방식이다. 직무역량은 지원 직군의 현업부서 면접관이 NCS(국가직무능력표준) 기반의 직무지식을 중심으로 심사한다. 특히 기술계는 물리·수학·화학 등 공학기초 지식도 평가한다. 지원자의 회사 정착성, 적응력, 성장 잠재력 등은 기존의 ST1(조직적합성 평가) 면접에서, 지원 직군에 적합한 지식, 스킬, 태도 등은 ST2(직무적합성 평가) 면접에서 평가한다. 따라서 기존의 ST1, ST2 면접 기출질문을 살펴보는 것이 많은 도움이 될 것이며, 이와 더불어 NCS 기반의 면접 평가가 어떤 방식으로 진행되는지도 알아두는 것이 좋다.

기출문제

ST1(조직적합성 평가)

■ 포스코에서 이루고 싶은 꿈은 무엇인가?

■ 10년 뒤에 꿈꾸는 자신의 모습에 대해 말해 보시오.

■ 포스코의 경쟁사는 어디라고 생각하는가? 언급한 경쟁사와 비교했을 때 포스코의 장단점은 무엇인가?

■ 자신이 가장 잘할 수 있는 것은 무엇인가?

■ 남들과는 다른 자신만의 경쟁력은 무엇인가?

■ 최근 1년 동안 자신이 했던 가장 윤리적인 일과 비윤리적인 일을 말해 보시오.

■ 주인의식이란 무엇인가? 포스코 직원의 주인의식 고취 방안에 대해 말해 보시오.

■ 기업을 지원하는 기준이 무엇인가?

■ 하기 싫었던 일이지만 해야 했던 경험을 말해 보시오.

■ 자신의 가치관과 그것을 형성하기 위해 어떠한 노력을 했는지 말해 보시오.

■ 전공을 활용해서 우리 회사에 어떻게 기여할 것인가?

■ 철강업에 관심을 갖게 된 계기는 무엇인가?

ST2(직무적합성 평가)

■ 발전회사에 어떻게 관심을 두게 되었는가?

■ 발전소와 관련된 전공 활동은 무엇이 있는가?

■ 철로 만들 수 있는 실생활 물건은 무엇이 있는가?

■ 제어공학에서 시스템이란 무엇인가?

■ 계단함수와 정상상태에 대해 아는 대로 말해 보시오.

■ Settling Time이란 무엇인가?

■ 베르누이 방정식에 대해 말해 보시오.

■ 무차원수에 대해 말해 보시오.

■ 후크의 법칙에 대해 말해 보시오.

■ 제강공정에 대해 말해 보시오.

■ 5대 원소에 대해 말해 보시오.

■ LNG 발전소에 대해 설명해 보시오.

■ 전공 과목(기계)을 통해 무엇을 배웠는가?

■ 시멘트 규격이 의미하는 바를 알고 있는가?

기업별 최신기출문제

01 / KB국민은행

1. 의사소통능력

01 다음 글의 빈칸에 들어갈 접속어로 적절한 것은?

> K은행은 소중한 가족의 부동산을 안전하고 효과적으로 승계하기 위한 신탁 솔루션인 '가족부동산 지킴신탁'을 출시했다고 밝혔다.
>
> 가족부동산 지킴신탁은 부동산을 안전하게 관리하기 위해 은행과 신탁계약을 체결하는 상품이다. 부동산 처분을 위해 계약을 해지하고자 하는 경우 사전에 지정한 보호자의 동의를 거쳐야 하므로 부동산이 임의로 처분되지 않도록 보호할 수 있다. 부동산을 증여하고 싶지만 자녀의 변심이 우려되거나 의사능력 미약으로 소유 부동산에 대한 보호가 필요한 경우 가족부동산 지킴신탁을 통해 고민을 해결할 수 있다. _____ 가족부동산 지킴신탁 이용 고객은 보유 부동산의 증여를 통해 종합부동산세 등 보유세를 절감하거나 사전 증여를 통해 가족자산의 세금 부담도 경감시킬 수 있다. 이외에도 상담 시 전문가 그룹의 상속·증여 종합 컨설팅을 통해 해당 부동산을 포함하는 고객 맞춤 여생관리 설계 서비스를 이용할 수 있다.
>
> K은행 관계자는 "가족부동산 지킴신탁은 고령화 사회의 당면과제인 다음 세대로의 슬기로운 '부의 이전'을 위한 솔루션을 제시하기 위해 준비했다"며, "자녀를 걱정하는 부모, 부모를 걱정하는 자녀 모두에게 꼭 필요한 신탁 솔루션이 될 것이다"라고 밝혔다.

① 그러나

② 또한

③ 따라서

④ 그래서

해설 K은행의 '가족부동산 지킴신탁'을 소개하는 글이다. 빈칸의 앞부분과 뒷부분은 가족부동산 지킴신탁의 효과를 설명하고 있지만, 그 내용은 서로 다르다. 따라서 앞뒤 내용을 같은 자격으로 나열하면서 연결하는 접속어 '또한'을 사용하는 것이 적절하다.

02 다음 기사를 읽고 이해한 내용으로 적절하지 않은 것은?

K은행은 고금리 및 경기둔화로 어려움을 겪고 있는 취약차주에 대한 상생금융과 기업의 사회적 책임 실천을 위해 '국민희망대출'을 출시한다고 밝혔다.

국민희망대출은 제2금융권 신용대출을 낮은 금리의 은행권 대출로 전환해주는 대환대출 상품이다. 은행 대출이 어려웠던 중저신용 차주들은 국민희망대출을 통한 은행권 진입으로 이자비용은 경감하고 개인의 신용도는 개선할 수 있게 됐다.

대상 고객은 제2금융권 신용대출을 보유한 근로소득자로, K은행 고객뿐만 아니라 타행 거래고객도 신청이 가능하다. K은행은 5,000억원 규모로 대출을 지원할 방침이다.

K은행은 최대한 많은 금융소비자가 국민희망대출의 혜택을 누릴 수 있도록 대상 요건을 대폭 완화했다. 자체 내부평가모델을 활용해 일반적으로 은행권 대출이 어려운 다중채무자 등 중저신용 차주들도 이용할 수 있도록 했다.

차주의 재직기간 및 소득 요건도 최소화했다. 재직기간의 경우 사회초년생 고객을 고려해 1년 이상 재직 시 대출 신청이 가능하도록 했다. 소득 요건도 크게 낮춰 2023년 최저임금 수준을 고려한 연소득 2,400만원 이상으로 결정했다.

대출금리는 고객의 실질적인 이자부담 경감 효과를 위해 최고금리를 연 10% 미만으로 제한하여 운영한다. 이는 대출 이후에도 적용되어 상환기간 중 기준금리(금융채 12개월)가 상승하더라도 연 10% 미만의 금리로 대출을 이용할 수 있다.

대출한도 산정에 있어서도 큰 폭의 변화를 주었다. 일반적으로 여러 금융기관의 대출을 보유한 다중채무자의 경우 대출한도가 부여되기 어려우나 국민희망대출은 다중채무자라 하더라도 별도의 감액이나 거절 기준 없이 신용등급에 따라 최대 1억원까지 한도를 부여한다. 최종 대출금액은 고객이 현재 보유한 제2금융권 신용대출의 상환금액이며, 고객별 금융기관 대출잔액 및 소득금액에 따른 DSR 범위 내에서 대환이 가능하다.

대출상환은 분할상환 방식으로 이뤄지며 원금균등분할상환과 원리금균등분할상환 중 선택이 가능하다. 대부분의 제2금융권 신용대출이 5년 이내 분할상환으로 운영되고 있으나, K은행은 상환기간을 최장 10년까지 확대하여 고객의 선택권을 강화했다.

---

① 여러 금융사로부터 중복해서 돈을 빌려도, 국민희망대출을 이용할 수 있다.

② 대출 이후에도 금리가 연 10% 미만으로 적용된다.

③ 국민희망대출을 통해 자금을 빌릴 경우, 대출원금은 만기일에 일시상환한다.

④ 같은 이자율과 같은 금액으로 대출했을 경우, 국민희망대출은 제2금융권 신용대출에 비해 월 상환 부담금을 낮출 수 있다.

해설 국민희망대출은 분할상환 방식으로 이루어지므로 매달 원금과 이자를 분할하여 상환하게 된다. 대출원금을 만기일에 일시상환하는 것은 만기일시상환에 해당한다.

① 국민희망대출은 일반적으로 은행권 대출이 어려운 다중채무자도 이용할 수 있다.

② 국민희망대출은 이자부담 경감 효과를 위해 최고금리를 연 10% 미만으로 제한하고 있으며, 대출 이후 기준금리가 상승하더라도 연 10% 미만의 금리로 대출을 이용할 수 있다.

④ 국민희망대출의 상환기간은 최장 10년으로 제2금융권 신용대출 상환기간인 5년보다 더 길다. 따라서 같은 이자율과 금액으로 대출했을 경우, 월 상환부담금을 더 낮출 수 있다.

🔒 01 ② 02 ③

03 20대 남녀, 30대 남녀, 40대 남녀 6명이 K금융상품 설명회에 참석하기 위해 K금융그룹의 대강당을 찾았다. 다음 〈조건〉에 따라 지정된 자리에 앉았다고 할 때, 항상 옳은 것은?

──────────────── • 조건 • ────────────────

- 양 끝자리에는 다른 성별이 앉는다.
- 40대 남성은 왼쪽에서 두 번째 자리에 앉는다.
- 30대 남녀는 서로 인접하여 앉지 않는다.
- 30대와 40대는 인접하여 앉지 않는다.
- 30대 남성은 맨 오른쪽 끝자리에 앉는다.

대강당 좌석

① 20대 남녀는 왼쪽에서 첫 번째 자리에 앉을 수 없다.

② 20대 남성은 40대 여성과 인접하여 앉는다.

③ 30대 남성은 20대 여성과 인접하여 앉지 않는다.

④ 40대 남녀는 서로 인접하여 앉지 않는다.

> **해설** 왼쪽에서 두 번째 자리에는 40대 남성이, 오른쪽 끝자리에는 30대 남성이 앉으므로 세 번째, 네 번째 조건에 따라 30대 여성은 왼쪽에서 네 번째 자리에 앉아야 하고, 40대 여성은 왼쪽에서 첫 번째 자리에 앉아야 한다. 따라서 남은 자리에 20대 남녀가 앉을 수 있다.

경우 1

40대 여성	40대 남성	20대 여성	30대 여성	20대 남성	30대 남성

경우 2

40대 여성	40대 남성	20대 남성	30대 여성	20대 여성	30대 남성

모든 조건을 고려했을 때 항상 옳은 것은 ①이다.

※ 다음은 미국 달러 1달러를 기준으로 한 국가별 화폐 환율에 대한 자료이다. 자료를 읽고 물음에 답하시오(단, 모든 환율 계산에서 환전 수수료는 고려하지 않고, 소수점 둘째 자리에서 반올림한다). [04~06]

국가별 화폐 환율				
국가	미국	한국	일본	중국
환율	1달러	1,320원	145엔	7.5위안
국가	독일	호주	베트남	사우디아라비아
환율	0.95유로	1.55AUD	24,180동	3.75리얄

04 한국 10,000원을 일본 화폐로 교환하면 얼마인가?

① 1,023.7엔
② 1,059.3엔
③ 1,077.1엔
④ 1,098.5엔

해설 $(10,000원) \times \dfrac{(1달러)}{(1,320원)} \times \dfrac{(145엔)}{(1달러)} ≒ 1,098.5엔$

05 독일 3유로를 사우디아라비아 화폐로 교환하면 얼마인가?

① 11.8리얄
② 12.2리얄
③ 12.6리얄
④ 13리얄

해설 $(3유로) \times \dfrac{(1달러)}{(0.95유로)} \times \dfrac{3.75리얄}{(1달러)} ≒ 11.8리얄$

06 베트남 10,000동을 호주 화폐로 교환하면 얼마인가?

① 0.4AUD
② 0.5AUD
③ 0.6AUD
④ 0.7AUD

해설 $(10,000동) \times \dfrac{(1달러)}{(24,180동)} \times \dfrac{(1.55AUD)}{(1달러)} ≒ 0.6AUD$

07 다음 중 실업에 대한 설명으로 옳지 않은 것은?

① 실업은 크게 자발적 실업과 비자발적 실업으로 나눌 수 있다.

② 실업률은 전체 경제활동인구 중에서 직장이 없는 사람의 비율을 의미한다.

③ 일자리보다 일하려는 사람이 많은 경우를 불균형 실업이라 한다.

④ 우리나라에서 청년 실업은 19세에서 29세 사이 청년의 실업을 의미한다.

> **해설** 현재 우리나라의 청년 실업은 15세에서 29세 사이 청년의 실업을 의미하며, 이러한 청년 실업은 숙련노동자 부재, 하향 취업, 낮은 소득수준에 따른 소비 위축 등 사회적 영향을 미친다.
> ① 자발적 실업은 임금이 낮거나 여가활동 등의 이유로 스스로 직업을 갖지 않는 상태로, 일하고 싶은 의사가 있지만 직업을 얻지 못한 상태인 비자발적 실업과 반대되는 개념이다.
> ② 경제활동인구는 만 15세 이상의 국민 중 일할 의사 및 능력이 있는 국민을 말한다.

08 다음 중 금리노마드에 대한 설명으로 옳지 않은 것은?

① 이자가 조금이라도 높은 상품을 찾아 계속하여 이동하는 것을 의미한다.

② 저금리 현상이 지속됨에 따라 나타나는 현상이다.

③ 금리노마드족이 늘어남에 따라 단기시장 내 자금이 급속히 유출되고 있다.

④ 예적금뿐만 아니라 수익형 부동산, 주식시장 등으로의 자금이동도 해당된다.

> **해설** 금리노마드족은 단기에 보다 높은 이자를 찾아 이동하기 때문에 단기시장 내 자금이 몰려 금융시장의 변동성을 높이는 원인이 된다.

09 다음 중 황금낙하산에 대한 설명으로 옳지 않은 것은?

① 적대적 M&A를 방어하기 위한 주요 수단 중 하나이다.

② 임기를 채우지 않고 비자발적으로 임원 또는 경영진을 해고할 때 거액의 퇴직금 등을 지급해야 한다.

③ 정관 변경 없이 주주총회 결의로 반영할 수 있다.

④ 우리나라에는 2000년 초반에 처음으로 도입됐다.

> **해설** 황금낙하산제도는 정관 변경을 통해 적용할 수 있으며, 정관 변경을 위한 주주총회의 특별결의가 필요하다.
> ① · ② 황금낙하산은 적대적 M&A 방어수단으로 거액의 퇴직금, 스톡옵션, 보너스 등을 주어야 임원 또는 경영진을 해고할 수 있도록 하는 제도다.
> ④ 우리나라에는 2001년에 처음으로 도입됐다.

1. 문제해결능력

01 다음은 A~M 13개 은행의 2022~2023년 영업이익 및 매출액을 비교 정리한 자료이다. 다음 중 자료에 대한 해석으로 가장 적절한 것은?

은행별 매출액 및 영업이익

(단위 : 백만원)

은행명	전체 매출 순위		2023년		2022년	
	2023년	2022년	매출액	영업이익	매출액	영업이익
A은행	12	30	29,313,199	1,545,969	17,133,742	381,790
B은행	196	205	2,464,004	339,704	2,295,414	292,786
C은행	41	49	14,688,241	270,070	12,709,341	374,836
D은행	35	40	16,672,315	1,958,961	14,656,536	1,733,685
E은행	80	84	8,141,461	-1,948,376	6,549,092	44,020
F은행	33	36	16,992,875	1,491,949	15,397,591	1,473,910
G은행	29	32	17,826,443	1,168,411	16,346,500	1,159,449
H은행	19	22	23,556,006	1,574,204	20,450,040	1,351,586
I은행	16	18	25,923,541	-35,507	25,924,261	-1,102,292
J은행	308	275	1,499,130	267,892	1,621,639	260,634
K은행	185	170	2,778,583	426,609	2,968,890	418,814
L은행	46	42	13,051,317	208,696	13,873,438	-364,683
M은행	54	51	11,692,591	365,820	11,926,330	496,358

① 2022년 대비 2023년에 전체 매출 순위가 올라간 은행은 총 8곳이다.

② A은행을 제외하고 2022년 대비 2023년에 매출액이 가장 많이 오른 은행은 D은행이다.

③ 2023년에 영업이익이 마이너스인 은행 수는 2022년에 영업이익이 마이너스인 은행 수보다 많다.

④ A~M은행을 서로 비교할 때, C은행은 2022년도 매출액의 순위와 영업이익의 순위가 같다.

> **해설** A~M은행을 서로 비교할 때, C은행은 2022년도 매출액의 순위와 영업이익의 순위가 8위로 같음을 알 수 있다.
> ① 2022년 대비 2023년에 매출 순위가 올라간 은행은 A~I은행으로 총 9곳이다.
> ② A은행을 제외하고 2022년 대비 2023년에 매출액이 가장 많이 오른 은행은 H은행이다.
> ③ 영업이익이 마이너스인 은행 수는 2023년 2곳(E, I은행), 2022년 2곳(I, L은행)으로 같다.

02 다음은 개발부에서 근무하는 K사원의 4월 근태기록이다. 규정을 참고할 때, K사원이 받을 시간외근무수당은 얼마인가?(단, 정규근로시간은 09:00~18:00이다)

시간외근무 규정

• 시간외근무(조기출근 포함)는 1일 4시간, 월 57시간을 초과할 수 없다.
• 시간외근무수당은 1일 1시간 이상 시간외근무를 한 경우에 발생하며, 1시간을 공제한 후 매분 단위까지 합산하여 계산한다(단, 월 단위 계산 시 1시간 미만은 절사함).
• 시간외근무수당 지급단가 : 사원(7,000원), 대리(8,000원), 과장(10,000원)

K사원의 4월 근태기록(출근시간/퇴근시간)

• 4월 1일부터 4월 15일까지의 시간외근무시간은 12시간 50분(1일 1시간 공제 적용)이다.

18일(월)	19일(화)	20일(수)	21일(목)	22일(금)
09:00/19:10	09:00/18:00	08:00/18:20	08:30/19:10	09:00/18:00

25일(월)	26일(화)	27일(수)	28일(목)	29일(금)
08:00/19:30	08:30/20:40	08:30/19:40	09:00/18:00	09:00/18:00

※ 주말 특근은 고려하지 않음

---

① 112,000원 ② 119,000원
③ 126,000원 ④ 133,000원

해설 정규근로시간 외에 초과 근무가 있는 날의 시간외근무시간을 구하면 다음과 같다.

근무 요일	초과근무시간			1시간 공제
	조기출근	야근	합계	
1~15일	-	-	-	770분
18일(월)	-	70분	70분	10분
20일(수)	60분	20분	80분	20분
21일(목)	30분	70분	100분	40분
25일(월)	60분	90분	150분	90분
26일(화)	30분	160분	190분	130분
27일(수)	30분	100분	130분	70분
합계	-	-	-	1,130분

∴ 1,130분＝18시간 50분
월 단위 계산 시 1시간 미만은 절사하므로 시간외근무수당은 7,000원×18시간＝126,000원이다.

※ 다음은 김대리가 자택에서 사무실로 출근할 때 이동수단별 걸리는 시간에 대한 자료이다. 이어지는 질문에 답하시오. [03~04]

김대리의 이동수단별 소요 시간			
이동수단	버스	지하철	자가용
자택에서 인근 정류장/역까지 걸리는 시간	도보 1분	도보 3분	-
인근 정류장/역에서 사무실까지 걸리는 시간	도보 3분	도보 2분	-
이동수단별 이동시간	정류장당 4분	지하철역당 2분	19분
비고	환승이 불필요하며, 탑승 후 4번째로 도착하는 정거장에서 하차	탑승 후 2번째로 도착하는 역에서 1회 환승한 후 4번째로 도착하는 역에서 하차 (환승으로 2분 추가)	도착 후 주차로 인해 2분 추가

03 다음 중 김대리가 자택에서 사무실까지 지하철을 이용하여 출근할 때 걸리는 시간은?

① 15분   ② 17분

③ 19분   ④ 21분

해설 • 자택에서 인근 지하철역까지 도보로 가는 데 걸리는 시간 : 3분
• 인근 지하철역에서 환승역까지 가는 데 걸리는 시간 : $2 \times 2 = 4$분
• 환승하는 데 걸리는 시간 : 2분
• 환승역에서 사무실 인근 지하철역까지 가는 데 걸리는 시간 : $2 \times 4 = 8$분
• 인근 지하철역에서 사무실까지 도보로 가는 데 걸리는 시간 : 2분
따라서 김대리가 지하철을 타고 집에서부터 사무실을 갈 때 걸리는 시간은 $3 + 4 + 2 + 8 + 2 = 19$분이다.

04 다음 중 김대리의 자택에서 사무실까지의 편도 이동시간이 가장 짧은 이동수단을 순서대로 바르게 나열한 것은?

① 버스 – 지하철 – 자가용   ② 지하철 – 버스 – 자가용

③ 지하철 – 자가용 – 버스   ④ 자가용 – 버스 – 지하철

해설 • 버스의 편도 이동시간 : $1 + (4 \times 4) + 3 = 20$분
• 지하철의 편도 이동시간 : $3 + (2 \times 2) + 2 + (2 \times 4) + 2 = 19$분
• 자가용의 이동시간 : $19 + 2 = 21$분
따라서 편도 이동시간이 가장 짧은 이동수단을 순서대로 바르게 나열하면 지하철 – 버스 – 자가용이다.

05 다음은 I사에서 전 직원들에게 사원코드를 부여하는 방식을 나타낸 자료이다. 다음 중 I사에 근무하고 있는 직원의 정보와 사원코드가 바르게 연결되지 않은 것은?

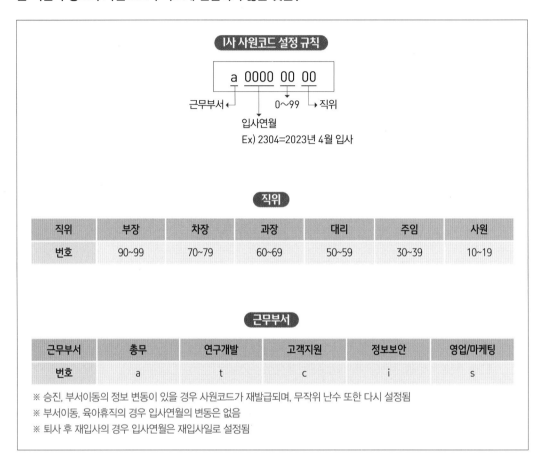

I사 사원코드 설정 규칙

a 0000 00 00

근무부서 ← 입사연월 → 0~99 → 직위

입사연월
Ex) 2304=2023년 4월 입사

직위

직위	부장	차장	과장	대리	주임	사원
번호	90~99	70~79	60~69	50~59	30~39	10~19

근무부서

근무부서	총무	연구개발	고객지원	정보보안	영업/마케팅
번호	a	t	c	i	s

※ 승진, 부서이동의 정보 변동이 있을 경우 사원코드가 재발급되며, 무작위 난수 또한 다시 설정됨
※ 부서이동, 육아휴직의 경우 입사연월의 변동은 없음
※ 퇴사 후 재입사의 경우 입사연월은 재입사일로 설정됨

	사원코드	직원 정보
①	a05073875	총무부 차장, 2005년 7월 입사
②	t22071717	연구개발부 사원, 2022년 7월 입사
③	c23038710	고객지원부 사원, 2023년 3월 입사
④	i02128789	정보보안부 부장, 2002년 12월 입사

해설 사원코드의 마지막 2자리는 직위코드로 10~19, 30~39, 50~59, 60~69, 70~79, 90~99뿐이다.

06 다음 중 빅맥지수에 대한 설명으로 옳지 않은 것은?

① 세계에서 판매되는 맥도날드 빅맥 햄버거 가격을 기준으로 국가별 물가수준을 비교하는 지수이다.

② 빅맥지수가 낮을수록 달러화에 비해 해당 국가 통화가 상대적으로 저평가되어 있음을 의미한다.

③ 국가별 세금, 시장점유율, 식습관 등을 고려하지 않기 때문에 정확한 물가수준을 비교하는 데에는 한계가 있다.

④ 1980년대 미국의 뉴욕타임스지에서 처음으로 사용됐다.

> **해설** 빅맥지수는 1986년 영국의 이코노미스트지에서 처음 사용됐다.

07 다음 중 연방준비제도(Fed)에 대한 설명으로 옳지 않은 것은?

① 연방준비제도이사회를 통해 운영된다.

② 미국 달러의 발행권을 갖고 있다.

③ 지급준비율 변경, 주식거래에 대한 신용 규제, 정기예금 금리 규제 등의 역할을 한다.

④ 12개의 국립은행인 연방준비은행을 가지고 있다.

> **해설** 연방준비은행은 연방정부의 지분이 없는 100% 사립은행으로 미국정부로부터 철저히 독립성을 보장받는다.

08 다음 중 변동환율제도에 대한 설명으로 옳지 않은 것은?

① 자국의 통화 가치가 외국환시장에 따라 변화하는 환율제도를 의미한다.

② 경상수지 적자가 발생할 경우, 통화의 평가절상을 통해 만회할 수 있다.

③ 통화의 가격이 자동으로 조절되기 때문에 경제상황에 따른 변동성을 줄일 수 있다.

④ 현재 대부분의 국가는 관리변동환율제도를 채택하고 있다.

> **해설** 변동환율제도하에서는 경상수지 적자가 발생할 경우, 통화의 평가절하를 통해 경상수지 적자를 만회할 수 있다.
> ① 변동환율제도는 자국의 통화 가치가 외국환시장에 따라 변화하는 환율제도를 의미한다.
> ③ 통화의 가격이 자동으로 조절되기 때문에 경제상황에 따른 변동성을 줄일 수 있는 장점이 있으나, 고정환율제도에 비해 확실성과 예측성이 떨어진다는 단점도 존재한다.
> ④ 관리변동환율제도는 고정환율제와 변동환율제의 중간 형태로 중앙은행이 필요하다고 판단할 경우 외환시장에 개입하는 환율제도다.

한국사능력검정시험

기본편(제57회)

01 (가) 왕에 대한 설명으로 옳은 것은? [2점]

이것은 경주의 고분에서 출토된 청동그릇입니다. 바닥 면에 (가) 을/를 나타내는 글자가 새겨져 있어, 당시 신라와 고구려의 관계를 알 수 있습니다. (가) 은/는 군대를 보내 신라에 침입한 왜를 격퇴했습니다.

호우총 청동 그릇

① 태학을 설립했다.
② 낙랑군을 몰아냈다.
③ 천리장성을 축조했다.
④ 영락이라는 연호를 사용했다.

> **기출 태그** #광개토대왕 #경주 호우총 #신라 고분
> #고구려와 신라 관계 #영락 연호

해설

경주 호우총 출토 청동 광개토대왕명 호우(호우총 청동 그릇)는 바닥에 광개토대왕을 나타내는 '을묘년국강상광개토지호태왕호우십'이라는 글자가 새겨져 있다. 고구려의 그릇이 신라 고분에서 발견됐다는 점을 통해 당시 고구려와 신라의 관계를 알 수 있다. 고구려 광개토대왕은 신라의 요청을 받고 군대를 보내 신라에 침입한 왜를 물리치기도 했다.

④ 고구려 광개토대왕은 영락이라는 독자적 연호를 사용했다.

02 (가) 국가에 대한 설명으로 옳은 것은? [3점]

(가) 의 영광탑을 보러 왔습니다. 벽돌로 쌓은 이 탑은 높이가 약 13미터에 이릅니다. 지하에는 무덤 칸으로 보이는 공간이 있어 (가) 의 정효공주 무덤탑과 같은 양식으로 추정하기도 합니다.

① 송악에서 철원으로 도읍을 옮겼다.
② 수의 군대를 살수에서 크게 무찔렀다.
③ 인재선발을 위해 독서삼품과를 시행했다.
④ 정당성 아래에 6부를 두어 행정을 담당하게 했다.

> **기출 태그** #영광탑 #발해 오층 벽돌탑 #당의 영향
> #정효공주묘 #고구려 계승 #3성 6부

해설

영광탑은 중국 지린성에 있는 발해의 오층 벽돌탑으로, 당의 영향을 받았다. 발해 문왕의 넷째 딸 정효공주묘 역시 당의 고분양식에 영향을 받은 벽돌무덤이며, 모줄임천장 구조를 통해 고구려의 고분양식도 계승했다는 것을 알 수 있다.

④ 발해는 중앙관부를 3성 6부제로 운영했고, 국정운영을 총괄하던 3성 중 하나인 정당성 아래에 6부를 두어 행정을 맡게 했다.

03 밑줄 그은 '그'가 활동한 시기에 볼 수 있는 모습으로 적절한 것은? [2점]

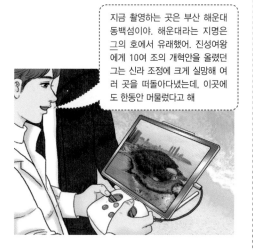

지금 촬영하는 곳은 부산 해운대 동백섬이야. 해운대라는 지명은 그의 호에서 유래했어. 진성여왕에게 10여 조의 개혁안을 올렸던 그는 신라 조정에 크게 실망해 여러 곳을 떠돌아다녔는데, 이곳에도 한동안 머물렀다고 해

① 성리학을 공부하는 유생
② 금속활자를 주조하는 장인
③ 판소리 공연을 하는 소리꾼
④ 군사를 모아 장군이라 칭하는 호족

해설

최치원은 통일신라 말 6두품 출신 유학자로, 당의 빈공과에 합격해 관리생활을 했다. 이후 신라로 돌아와 사회개혁을 위해 진성여왕에게 시무 10여조를 올렸으나 받아들여지지 않았다.

④ 통일신라 말 진성여왕 때 왕권이 약화되고 진골귀족들 간의 권력다툼으로 중앙정권이 혼란해졌다. 그러자 지방 호족들은 군사를 모아 스스로 장군이라 칭하며 새로운 세력으로 성장했다.

04 다음 퀴즈의 정답으로 옳은 것은? [1점]

제시된 단계별 힌트를 종합해 알 수 있는 인물은 누구일까요?

1단계 ▶ 본관은 경주로 고려의 유학자이자 정치가이다.
2단계 ▶ 서경에서 묘청이 난을 일으키자 진압군의 원수로 임명돼 이를 평정했다.
3단계 ▶ 왕명으로 감수국사가 돼 삼국사기를 편찬했다.

① 양규
② 일연
③ 김부식
④ 이제현

해설

고려의 유학자 김부식은 인종 때 묘청 · 정지상을 중심으로 한 서경세력과 대립했다. 서경세력이 서경으로 도읍을 옮길 것과 금 정벌 등을 주장하며 반란을 일으키자 김부식이 난을 진압했다. 또한, 인종의 명을 받고 유교적 사관을 바탕으로 기전체 형식의 역사서 〈삼국사기〉를 편찬했다.

③ 고려 중기의 유학자 김부식은 묘청의 난을 진압하는 공을 세우며 고려 최고관직인 문하시중에 올랐다.

🔒 01 ④ 02 ④ 03 ④ 04 ③

05 (가) 인물의 활동으로 옳은 것은?　　[2점]

이 전투는 고려 말 (가) 이/가 제작한 화포를 이용해 왜구를 크게 물리친 진포대첩입니다.

① 거중기를 설계했다.
② 앙부일구를 제작했다.
③ 비격진천뢰를 발명했다.
④ 화통도감 설치를 건의했다.

해설

고려 우왕 때 진포에 왜구가 배 500여 척을 이끌고 노략질을 하기 위해 침입했다. 이때 최무선이 나세, 심덕부 등과 함께 배 100여 척과 화포를 이용해 왜구를 물리치며 크게 승리했다(진포대첩).
④ 고려 우왕 때 최무선은 화통도감 설치를 건의해 화약·화포를 제작했고, 이를 활용해 진포에서 왜구를 물리쳤다.

06 밑줄 그은 '왕'이 추진한 정책으로 옳은 것은?
　　　　　　　　　　　　　　　　　[2점]

계유정난으로 정권을 잡고 단종을 몰아낸 왕에 대해 말해 볼까요?

왕권강화를 위해 6조 직계제를 부활시켰어요.

집현전을 폐지하고 경연을 정지했어요.

① 삼별초를 조직했다.
② 직전법을 시행했다.
③ 한양으로 천도했다.
④ 훈민정음을 창제했다.

해설

조선 세조는 수양대군 시절 계유정난을 일으켜 권력을 장악하고 단종을 몰아내 왕으로 즉위했다. 이후 성삼문, 박팽년 등 이른바 사육신(死六臣)들이 단종 복위를 계획하다가 발각되자 세조는 관련 신하들을 모두 사형에 처했으며 집현전을 폐지하고 경연을 정지시켰다. 또한, 왕권을 강화하기 위해 6조 직계제를 부활시켜 6조의 업무를 왕에게 직접 보고하게 했다.
② 조선 세조는 과전의 세습화로 과전이 부족해지자 이를 바로잡기 위해 현직관리에게만 수조권을 지급하는 직전법을 실시했다.

07 다음 사건 이후에 일어난 사실로 옳은 것은?

[2점]

역사 신문

제△△호 　　　　○○○○년 ○○월 ○○일

국왕, 경복궁을 떠나다

2월 11일 국왕과 세자가 비밀리에 러시아 공사관으로 거처를 옮겼다. 일본군 감시가 허술한 틈을 타 궁녀의 가마를 타고 경복궁을 나왔는데, 공사관에 도착한 때는 대략 오전 7시 30분이었다.

① 훈련도감이 설치됐다.

② 청에 영선사가 파견됐다.

③ 외규장각 도서가 약탈됐다.

④ 대한제국 수립이 선포됐다.

해설

을미사변 이후 신변의 위협을 느낀 고종은 왕세자(순종)와 함께 새벽에 궁녀의 가마를 타고 몰래 경복궁 영추문을 빠져나와 러시아 공사관으로 몸을 피했다(아관파천, 1896).

④ 아관파천 이후 경운궁으로 환궁한 고종은 황제로 즉위해 연호를 광무로 하는 대한제국의 수립을 선포했다(1897).

---

08 밑줄 그은 '합의'가 이루어진 배경으로 옳은 것은?

[3점]

이 자료는 지청천이 이끄는 한국독립군이 중국 항일군과 <u>합의</u>한 내용입니다. 이를 바탕으로 한중연합작전이 전개돼 쌍성보 전투와 대전자령 전투에서 일본군에 큰 승리를 거두었습니다.

첫째, 한중 양군은 최악의 상황이 오더라도 장기간 항전할 것을 맹세한다.

둘째, 중동철도를 경계선으로 서부전선은 중국 측이 맡고, 동부전선은 한국 측이 맡는다.

셋째, 전시에 후방의 전투훈련은 한국 측이 맡고, 한국군에 필요한 군수품 등은 중국 측이 공급한다.

① 만주사변이 일어났다.

② 카이로회담이 개최됐다.

③ 태평양전쟁이 발발했다.

④ 조선건국준비위원회가 결성됐다.

해설

일본은 1931년 만주사변을 일으켜 만주 전역을 점령한 뒤 만주국을 세워 실질적인 지배권을 행사했다. 이에 만주지역에서 항일투쟁을 펼치던 조선의 독립군들은 중국과 연합작전을 전개했다. 지청천을 중심으로 북만주에서 결성된 한국독립군은 중국 호로군과 연합해 쌍성보 전투, 사도하자 전투, 대전자령 전투에서 일본군에 승리했다.

① 일본은 1929년 세계대공황으로 인해 국내에 사회·경제적으로 불안감이 확산되자 이를 해결하고자 만주 침략전쟁을 일으켜 만주 전역을 점령했다(1931).

09 (가)에 들어갈 단체로 옳은 것은? [1점]

특별기획전

한글, 민족을 지키다

이윤재, 최현배 등을 중심으로 우리말과 글을 지키기 위해 노력한 [(가)]의 자료를 특별전시합니다. 일제의 탄압 속에서도 지켜낸 한글의 소중함을 느끼고 한글 수호에 앞장선 사람들을 기억하는 자리가 되기를 바랍니다.

- **기간:** 2022년 ○○월 ○○일~○○월 ○○일
- **장소:** △△ 박물관 특별 전시실
- **주요 전시자료**

조선말큰사전 원고

한글맞춤법통일안

① 토월회
② 독립협회
③ 대한자강회
④ 조선어학회

해설

1931년 조선어연구회가 확대·개편되면서 조선어학회가 설립됐다. 조선어학회는 한글의 우수성을 알리는 한편 올바른 한글 사용을 위한 맞춤법통일안 마련에 힘을 기울였다. 그 결과 1933년에는 우리나라 최초의 '한글맞춤법통일안'을, 1941년에는 '외래어표기법통일안'을 발표했다. 이후 일제가 조선어학회를 독립운동단체로 간주하고 관련 인사들을 체포하는 조선어학회 사건이 발생해 학회는 강제해산됐다.
④ 조선어학회는 한글맞춤법통일안과 표준어를 제정하고 〈조선말큰사전〉의 편찬을 시작해 해방 이후 완성했다.

10 (가) 정부 시기에 있었던 사실로 옳은 것은? [2점]

사진으로 보는 [(가)] 정부
- 해외로 간 한국인들 -

결단식에 참석한 서독파견 광부 / 서독에 파견되는 간호사 / 베트남에 파견된 기술자

① 새마을운동을 시작했다.
② 금융실명제를 전면 실시했다.
③ G20 정상회의를 서울에서 개최했다.
④ 미국과 자유무역협정(FTA)을 체결했다.

해설

박정희정부는 부족한 외화를 보충하기 위해 서독에 광부와 간호사를 파견하는 정책을 추진했다. 미국의 요청으로 베트남에 국군을 파병하고 기술자를 파견하면서 그 대가로 미국으로부터 한국군 현대화를 위한 장비와 경제원조를 제공받았다.
① 박정희정부는 당시 공업화로 인해 상대적으로 낙후된 농어촌의 근대화를 목표로 새마을운동을 추진했다.

01 (가) 시대의 생활 모습으로 옳은 것은? [1점]

이것은 제주 고산리유적에서 발굴된 이른 민무늬토기입니다. 이 토기의 출토로 우리나라의 (가) 시대가 기원전 8000년경부터 시작됐음을 알게 됐습니다. 고산리유적에서는 화살촉, 갈돌, 갈판 등의 석기도 나왔습니다.

① 고인돌, 돌널무덤 등을 만들었다.
② 거푸집을 이용해 청동검을 제작했다.
③ 농경과 목축을 시작해 식량을 생산했다.
④ 주로 동굴에 살면서 사냥과 채집생활을 했다.
⑤ 쟁기, 쇠스랑 등의 철제농기구를 써서 농사를 지었다.

02 (가), (나) 사이의 시기에 있었던 사실로 옳은 것은? [3점]

(가) 왕은 당과 신라군사들이 이미 백강과 탄현을 지났다는 소식을 듣고 장군 계백에게 결사대 5천명을 거느리고 황산으로 가서 신라군사와 싸우게 했다. 계백은 4번 싸워서 모두 이겼으나 군사가 적고 힘이 모자라서 마침내 패했다.

(나) 사찬 시득이 수군을 거느리고 소부리주 기벌포에서 설인귀와 싸웠는데 연이어 패배했다. 그러나 이후 크고 작은 22번의 싸움에서 승리해 4천여 명을 죽였다.

① 김흠돌이 반란을 꾀하다 처형됐다.
② 의자왕이 신라를 공격해 대야성을 함락했다.
③ 을지문덕이 살수에서 수의 군대를 크게 물리쳤다.
④ 대조영이 고구려 유민을 이끌고 동모산에서 건국했다.
⑤ 검모잠이 안승을 왕으로 추대하고 부흥운동을 전개했다.

기출 태그 #신석기시대 #민무늬토기 #움집생활 #채집·수렵활동 #가락바퀴 #농경생활

해설

제주 고산리유적은 초기 신석기시대 유적지로 이른 민무늬토기 등 다량의 석기와 토기 파편 등이 출토됐다. 신석기시대 사람들은 강가나 바닷가에 움집을 짓고 살면서 화살촉·돌화살·그물·돌창 등을 사용해 채집·수렵생활을 했다. 또한, 갈돌과 갈판으로 곡식을 갈아서 음식을 만들어 먹었으며 가락바퀴로 실을 뽑아 뼈바늘로 옷을 지어 입기도 했다.
③ 신석기시대에는 조·피 등을 재배하는 농경생활이 시작됐으며 가축을 기르기도 했다.

기출 태그 #백제멸망 #나당연합군 #황산벌 #기벌포전투 #삼국통일 #고구려 부흥운동

해설

(가) 백제멸망(660): 신라는 당과 동맹을 맺고 나당연합군을 결성해 백제를 공격했다. 이후 황산벌(충남 논산)에서 김유신이 이끄는 나당연합군의 공격에 계백의 결사대가 패배하면서 백제가 멸망하게 됐다.

(나) 기벌포전투(676): 신라 문무왕은 소부리주 기벌포전투에서 설인귀가 이끄는 당군에 승리하고 당의 세력을 한반도에서 몰아내면서 삼국을 통일했다.

⑤ 백제가 멸망한 뒤 고구려도 나당연합군에 의해 평양성이 함락되며 멸망했다. 이후 검모잠, 고연무 등이 보장왕의 서자 안승을 왕으로 추대하고(670) 한성(황해도 재령)과 오골성을 근거로 삼아 고구려 부흥운동을 전개했다.

🔒 09 ④ 10 ① / 01 ③ 02 ⑤

03 (가) 국가에 대한 설명으로 옳은 것은? [2점]

> 네! 궁예가 세운 ___(가)___ 의 도성 터를 현장조사하고 왔습니다. 화면과 같이 도성 터는 비무장지대에 있어 현재는 발굴조사가 어려운 상황입니다. 앞으로 이곳에 대한 남북공동연구가 이뤄진다면 한반도 평화와 화합의 상징이 될 것으로 기대합니다.

> 얼마 전 강원도 철원에 다녀오셨지요?

① 각간 대공이 반란을 일으켰다.
② 광평성 등의 정치기구를 두었다.
③ 후당과 오월에 사신을 파견했다.
④ 고창전투에서 후백제군과 싸워 승리했다.
⑤ 5경 15부 62주의 지방행정제도를 갖추었다.

기출 태그 #궁예 #후고구려·태봉 #광평성
#미륵신앙·전제정치 #철원 도성 터

해설

신라 왕족출신인 궁예는 세력을 키워 송악에 도읍을 정하고 후고구려를 세웠다(901). 건국초기에는 국호를 마진으로 했다가 철원으로 천도 후 태봉으로 바뀌었다. 현재 비무장지대(DMZ)에 당시 철원 도성 터가 남아있는데, 2018년 남북이 채택한 '한반도 평화와 번영, 통일을 위한 판문점 선언'에 따라 남북교류협력사업의 일환으로 철원 도성 공동발굴조사를 위한 군사적 보장에 합의했다.
② 궁예는 후고구려를 건국하고 광평성을 중심으로 한 정치기구를 마련하기도 했으나 미륵신앙을 바탕으로 한 전제정치로 인해 백성과 신하들의 원성을 사면서 왕건에 의해 축출됐다.

04 다음 교서를 내린 왕의 정책으로 옳은 것은? [3점]

> 우리 태조께서 흑창을 두어 가난한 백성에게 진대(賑貸)하게 하셨다. 지금 백성들이 점차 늘어나고 있는데 저축한 바는 늘어나지 않았으니, 미(米) 1만석을 더하고 이름을 의창(義倉)으로 고친다. 또한 모든 주와 부에도 각각 의창을 설치하도록 하라.

① 한양을 남경으로 승격시켰다.
② 국자감에 서적포를 설치했다.
③ 12목을 설치하고 지방관을 파견했다.
④ 인사행정을 담당하던 정방을 폐지했다.
⑤ 개경에 귀법사를 세우고, 여기에 균여를 주지로 삼았다.

기출 태그 #고려 태조 #흑창·의창 #빈민구휼제도
#고려 성종 #시무28조 #12목

해설

고려 태조 때 실시한 흑창은 춘궁기에 곡식을 대여해 주고 추수 후에 회수하던 빈민구휼제도이다. 이후 성종 때 쌀을 1만석 보충해 시행하면서 명칭을 의창으로 바꾸었다.
③ 성종은 최승로의 시무28조를 받아들여 중앙의 통치기구를 개편하고, 전국 12목에 지방관을 파견해 지방세력을 견제했다.

05 다음 대화가 이루어진 시기에 볼 수 있는 모습으로 가장 적절한 것은? [2점]

며칠 전 전하께서 과전을 혁파하고 직전을 설치하라는 명을 내리셨다고 하네.

이제 현직관원들만 수조권을 지급 받게 되겠군.

① 왕에게 직계하는 이조판서
② 임꺽정 무리를 토벌하는 관군
③ 동몽선습을 공부하는 서당학생
④ 동의보감을 요청하는 중국사신
⑤ 시장에 팔기 위해 담배를 재배하는 농민

06 (가) 왕이 재위한 시기의 경제 모습으로 옳은 것은? [2점]

이곳은 수원 화성 성역과 연계해 축조된 축만제입니다. _____(가)_____ 은/는 축만제 등의 수리시설축조와 둔전경영을 통해 수원 화성의 수리, 장용영의 유지, 백성의 진휼을 위한 재원을 마련했습니다.

① 금속화폐인 건원중보가 주조됐다.
② 시장을 감독하는 동시전이 설치됐다.
③ 울산항, 당항성이 무역항으로 번성했다.
④ 군역 부담을 줄이기 위해 균역법이 제정됐다.
⑤ 육의전을 제외한 시전상인의 금난전권이 폐지됐다.

기출 태그 #조선 세조 #과전법 폐지 #직전법 실시
#계유정난 #6조 직계제 부활

해설

조선시대의 과전법은 전·현직관리에게 토지를 지급하고, 수신전과 휼양전의 명목으로 세습까지 가능했다. 이로 인해 지급할 토지가 부족해지자 세조 때 수신전과 휼양전을 없애 과전법을 폐지하고 직전법을 실시해 현직관리에게만 토지의 수조권을 지급했다.
① 계유정난을 통해 즉위한 세조는 왕권을 강화하기 위해 6조 직계제를 부활시켜 의정부를 거치지 않고 국왕이 바로 재가를 내리게 했다.

기출 태그 #조선 정조 #수원 화성 #장용영 #축만제
#신해통공 #금난전권 폐지

해설

조선 후기 정조는 수원 화성을 축조해 사도세자의 묘를 옮기고 국왕 친위부대인 장용영의 외영을 설치하는 등 화성에 정치적·군사적 기능을 부여했다. 또한, 수원성의 동서남북에 네 개의 호수와 축만제 등의 저수지를 축조하고 농업용수를 공급할 수 있도록 했다.
⑤ 조선 후기 시전상인들은 난전을 단속할 수 있는 권리인 금난전권을 행사할 수 있었다. 정조는 채제공의 건의에 따라 신해통공을 시행해 육의전을 제외한 시전상인들의 금난전권을 폐지하고 일반상인들의 자유로운 상업 활동을 도모했다.

07 다음 사건 이후 추진된 개혁의 내용으로 옳은 것은? [2점]

> 일본군의 엄호 속에 사복 차림의 일본인들이 건청궁으로 침입했다. 그들은 왕과 왕후의 처소로 달려가 몇몇은 왕과 왕태자의 측근들을 붙잡았고, 다른 자들은 왕후의 침실로 향했다. 폭도들이 달려들자 궁내부 대신은 왕후를 보호하기 위해 두 팔을 벌려 앞을 가로막아 섰다. …… 의녀가 나서서 손수건으로 죽은 왕후의 얼굴을 덮어 주었다.

① 과거제를 폐지했다.
② 태양력을 시행했다.
③ 육영공원을 설립했다.
④ 공사노비법을 혁파했다.
⑤ 통리기무아문을 설치했다.

해설
개항 이후 민씨 세력은 러시아를 통해 일본을 견제하려 했다. 그러자 일본이 자객을 보내 경복궁 내 건청궁을 습격해 명성황후를 시해하는 을미사변이 발생했다.
② 을미사변 이후 친일내각이 구성됐고, 을미개혁을 추진해 건양연호와 태양력을 사용했다(1895).

08 (가) 인물에 대한 설명으로 옳은 것은? [2점]

> 이곳은 최근 다시 개관한 하얼빈의 (가) 기념관입니다. (가) 동상 위의 시계는 9시 30분에 멈춰 있습니다. 이토 히로부미를 저격한 바로 그 시각입니다.

① 동양평화론을 저술했다.
② 친일인사인 스티븐스를 사살했다.
③ 5적 처단을 위해 자신회를 조직했다.
④ 명동성당 앞에서 이완용을 습격했다.
⑤ 동양척식주식회사에 폭탄을 투척했다.

해설
1909년 안중근은 을사늑약 체결을 주도하고 초대통감을 지낸 이토 히로부미를 만주 하얼빈 역에서 사살했다. 현장에서 체포된 안중근은 재판을 받고 뤼순감옥에 수감됐다.
① 안중근은 뤼순감옥에서 한국, 일본, 청의 동양삼국이 협력해 서양세력의 침략을 방어하고 동양평화를 실현해야 한다는 사상을 담은 〈동양평화론〉을 집필했으나 일제가 사형을 앞당겨 집행하면서 미완성으로 남았다.

09 (가) 인물에 대한 설명으로 옳은 것은? [2점]

이곳 심우장은 (가) 이/가 조선총독부를 마주하지 않겠다며 북향으로 지었다고 합니다. 〈님의 침묵〉 등을 지은 (가) 은/는 일제의 탄압에도 굴하지 않다가 광복 직전 이곳에서 돌아가셨습니다.

① 우리말큰사전 편찬사업을 추진했다.
② 유교개혁을 주장하는 유교구신론을 제창했다.
③ 월간지 유심을 발간해 불교개혁운동에 힘썼다.
④ 진단학회를 설립해 실증주의사학의 발전에 힘썼다.
⑤ 독사신론을 저술해 민족주의사학의 기반을 마련했다.

해설

심우장은 일제강점기 때 한용운이 지은 집으로, 조선총독부가 위치하던 남쪽을 등지고 북향에 지어졌다. 한용운은 〈님의 침묵〉을 출간해 저항문학에 앞장섰다.
③ 한용운은 독립운동가이자 승려로, 불교의 현실참여를 주장했다. 서울 종로구에 유심사를 짓고 권두언, 필자들의 글, 수상총화, 현상문예 공고 등으로 구성된 월간지 〈유심〉을 발간해 불교개혁운동에 힘썼다.

10 다음 연설이 있었던 정부 시기의 통일노력으로 옳은 것은? [2점]

나는 3년 전 이 자리에서 서울올림픽의 감명을 전했습니다. …… 며칠 전 남북한이 다른 의석으로 유엔에 가입한 것은 가슴 아픈 일이지만 통일을 위해 거쳐야 할 중간단계입니다. 남북한의 두 의석이 하나로 되는 데는 오랜 시간이 걸리지 않을 것으로 믿습니다.

① 남북정상회담을 처음으로 개최했다.
② 한반도 비핵화 공동선언을 채택했다.
③ 개성공단 조성사업을 추진하기로 했다.
④ 남북조절위원회를 운영하기로 합의했다.
⑤ 남북 간 이산가족 상봉을 최초로 실현했다.

해설

② 노태우정부는 자본주의국가와 공산주의국가가 함께 참여한 서울올림픽 대회를 성공적으로 개최하며 적극적인 북방외교정책을 추진했다. 이에 공산권 국가와 수교를 체결했으며, 남북한의 유엔 동시가입과 남북기본합의서 채택, 한반도 비핵화에 관한 공동선언 등이 이루어졌다(1991).

대인관계능력과 관련된
'핵심키워드' 질문 소개!

대인관계능력은 직장생활에서 협조적인 관계를 유지하고, 조직구성원들에게 도움을 줄 수 있으며, 조직 내외부의 갈등을 원만히 해결하고, 고객의 요구를 충족시켜줄 수 있는 능력을 말합니다. 이번 칼럼에서는 이러한 대인관계능력의 핵심키워드인 '협업', '봉사', '갈등관리', '고객대응(민원)'을 중심으로 실제 면접현장에서 어떤 질문이 제시되는지 살펴보겠습니다.

여러분이 만약 어떤 기업의 대표 또는 채용담당자라면, 어떤 직원을 채용하시겠습니까? 다양한 답변이 있겠지만, 가장 많이 선호하는 유형의 인물은 인간관계가 좋은 사람일 겁니다. 조직과 관련해 발생하는 일이나 처리해야 하는 업무는 대부분 여러 명의 구성원이 조직에서 원하는 공동의 목표나 과업을 실현하기 위한 것들이기 때문입니다. 이는 곧 '대인관계능력'과 귀결되는 사항이기도 합니다. 이러한 대인관계능력은 크게 '협업', '봉사', '갈등관리', '고객대응(민원응대)' 4가지 키워드로 살펴볼 수 있습니다.

구분	내용
협업	조직구성원 간 협력과 협조를 뜻하며 친목도모 이상의 기능적 목적이 있음
봉사	먼저 행동을 취하고 돕는 '자발적 조력'으로, 선의의 마음만이 아니라 조직을 위한 행동적 특징을 의미함
갈등관리	갈등이 없는 기업이나 조직은 없지만, 건전한 조직은 갈등을 조기에 해결할 수 있는 필수 자질로 여김
고객대응	다른 키워드와 달리 외부지향적 관점이며, 고객대응을 우선하는 기업일수록 우수직원 자질을 평가하는 요소로 활용함

먼저 '협업'과 관련한 예시질문을 살펴보겠습니다. 이는 구체적인 상황제시를 통해 지원자가 평소 가지고 있는 고유한 자질이나 심리적 특성을 알아보기 위한 것입니다.

> **Q. 귀하가 좋아하지 않는 동료는 어떤 유형입니까? 만약 그런 유형의 동료와 한 팀이라면 어떻게 협업하시겠습니까?**

질문의 핵심은 '좋아하지 않는 사람과 어떻게 협력할 것인가'입니다. 따라서 좋아하지 않는 동료의 유형을 제시하기에 앞서 협력적 사고방식을 어떻게 어필할 것인지 생각한 후 답하는 것이 더 중요합니다. 또한 좋아하지 않는 동료의 유형을 말할 때는 누구나 인식하고 공감할 수 있을 만한 유형을 제시하거나, 아니면 구체적으로 제시하지 않는 것이 낫습니다.

지원자 A

상대방의 입장을 고려하지 않는 사람을 가장 싫어합니다. 그래서 저는 상대방을 먼저 배려하고, 상대방이 저에게 어떤 사람일지라도 기꺼이 도와주고 협조할 마음을 가지고 있습니다. 제가 최선을 다하면 상대방도 감동을 받고, 공감이 이루어져 좋은 관계가 될 것이라 확신합니다.

지원자A의 답변을 살펴보면 전반적으로 무난하지만, 이러한 답변은 일반적이고 추상적이라 특별한 가점의 요소가 없다고 할 수 있습니다. 특히 행동과 과정이 지나치게 생략되어 있다는 점이 아쉬운 부분입니다.

지원자 B

조직의 일원으로서 제일 중요한 것은 '자신의 소임을 다하는 것은 곧 공동의 목표를 성취하기 위함'이라는 사실을 아는 것입니다. 왜냐하면 저는 팀원 간의 협업이 가장 중요하다고 생각하기 때문입니다. 저는 이러한 마인드가 부족한 사람과 일한 경험이 있는데, 이런 경우 해당 동료에게 어떤 점이 가장 필요한지, 또 원하는 무엇인지 직접 소통하며 접점을 찾는 것이 중요합니다. 이 과정이 지속해서 이뤄진다면 설사 처음에는 서로가 맞지 않는다고 하더라도 시간이 갈수록 공유할 수 있는 지점을 점점 넓힐 수 있을 것이라고 생각합니다.

반면 지원자B는 조직지향적 관점 또는 팀워크의 관점에서 답변하고 있습니다. 여기서 팀워크란 조직구성원이 공동의 목적을 달성하기 위해 상호관계성을 가지고 협력하여 업무를 수행하는 것을 의미하는데, 지원자B는 비록 싫어하는 유형의 동료더라도 협업을 해야 하는 당위성을 비교적 명확하게 제시했습니다. 아울러 '소통'이라는 관점에서 과정적 측면을 어필하고 그에 따른 결과까지 제시해 답변을 더욱 의미 있게 바꾼 것은 가점의 요소로 충분합니다.

또한 이러한 관점은 단순히 관리자의 입장이 아니라 리더의 관점에서도 동일하게 적용할 수 있습니다. 앞서 제시된 질문에서 '동료'를 '상사' 또는 '부하직원', '팀원'으로 바꾼다고 하더라도 여전히 유효한 관점에서 살펴볼 수 있습니다. 즉, 공동의 목표를 수행하기 위해 조직구성원 모두가 협력할 수 있는 환경의 필요성을 제시하는 것이 중요합니다.

다음은 '봉사'에 관한 질문입니다. 이런 유형의 질문에는 '자신의 손해를 무릅쓴다'는 단서조항이 제시될 수도 있습니다. 이는 지원자의 선의를 확인하려는 의도도 포함되겠지만, 그러한 환경에서도 자발적인 행동을 할 수 있는지 확인하기 위한 것입니다. 또 좋은 평판이나 결과를 얻은 것에 대한 지원자의 생각을 묻기도 하는데, 지원자 본인이 겪은 경험기반의 관점에서 답변을 요구하는 것임을 알아야 합니다.

> **Q. 귀하는 모임이나 단체생활 중 자신의 손해를 무릅쓰고 열정을 보여 주위 사람들로부터 좋은 평판이나 결과를 얻은 것에 대해 어떻게 생각합니까?**

이러한 질문에 답변할 때 가장 중점적으로 고려해야 하는 것은 '자신의 손해를 무릅쓰고 다른 사람을 위해 능동적이고 자발적인 행동을 한 경험'에 대해 어필해야 한다는 것입니다.

지원자 C

저는 평소 다른 사람을 돕고 봉사하는 것을 기쁨으로 생각합니다. 그래서 동료들에게 늘 먼저 다가가서 도움을 주고 있습니다. 이러한 행위는 제 자신에게 기쁨과 보람을 주기 때문에 제가 손해를 보더라도 다른 사람을 돕는 것을 무척 좋아합니다. 주위에서도 그런 저를 보고 사람이 좋다고 많이 칭찬해주셨습니다.

지원자 D

저는 다른 사람에게 먼저 도움의 손길을 건네는 것이 매우 중요한 일이라고 생각합니다. 또 상대방을 진정으로 배려하기 위해서는 상대방의 상황이나 입장을 고려해야 한다고 생각합니다. 다시 말하면 상사나 동료, 후배직원을 대할 때가 모두 다르다는 것입니다. 서로의 상황을 이해하고 소통하여 먼저 능동적으로 도움의 손길을 내미는 것은 넓은 관점에서 보면 손해가 아니라 생각했습니다. 저는 이런 생각으로 다른 사람에게 도움이 되고 봉사할 수 있는 사람이고 싶습니다.

지원자C는 봉사를 행함에 있어 그 근거나 과정 제시가 미흡하고, 봉사에 대한 자신의 관점을 일반적으로 답했다는 점이 아쉽습니다. 조직에서 자신의 손해를 무릅쓰고 타인을 돕는 것은 그렇게 해야만 하는 당위성이나 이유가 있어야 하는데, 제시된 답변은 단순히 성격이나 성품의 측면에서만 표현하고 있기 때문입니다. 반면 지원자D의 답변에서 가점을 주고 싶은 부분은 자신이 만족할 수 있는 기준으로 행하는 것이 아니라 어떤 행위를 하기 전 상대방의 관점에서 먼저 헤아렸다는 것입니다. 또 이러한 행위가 곧 공동의 이익을 위한 것이므로 결국 자신에게도 좋은 의미라는 지원자D의 생각이 담겨 있습니다. 이러한 답변은 공동체의식과 조직친화성을 대변하는 내용이므로 좋은 답변이라 볼 수 있습니다. 다음은 직장인의 갈등해결능력을 알기 위해 제시되는 가장 일반적인 질문을 살펴보겠습니다.

> Q. 직장생활에서 상사와 업무적 갈등이 생긴다고 가정을 했을 때, 귀하는 이러한 상황에 대해 어떤 의견을 가지고 있습니까?

위 질문에는 어떤 특수한 상황이 주어졌을 때 상대방에게 어떤 행동을 할 것인지 지원자의 의지나 인식을 알아보기 위한 의도가 내포돼 있어 이를 염두하고 자신만의 답변을 준비하는 것이 필요합니다.

지원자 E

직장이라는 조직은 어느 정도 조직의 위계가 우선되어야 하며, 또한 상급자와 하급자의 지시체계가 명확해야 한다고 생각합니다. 회사 내에서 상사나 관리자는 저보다 경험이나 경륜이 많다고 보기 때문에, 되도록 제가 수긍하고 따르는 편이 좋다고 생각합니다. 이때까지의 경험에 따르면 적어도 직장 내에서는 아주 잘못된 경우가 아니고서는 상급자의 지시나 의중을 따르는 것이 옳다고 생각합니다.

지원자 F

예전에 했던 아르바이트에서 면접위원님께서 말씀하신 사례를 경험한 적이 있습니다. 당시 관리자와 업무적 갈등의 원인을 대화로 풀어보니, 관리자와 저의 감정적 문제가 아니라 업무과정의 견해 차이에서 비롯된 것이었습니다. 그렇게 갈등에 대한 관점을 구체화하여 서로의 의견을 나누다 보니 관리자께서도 저의 의도를 어느 정도 이해해 주셨고, 저 역시 그분의 마음을 이해하게 되어 오히려 더욱 좋은 관계가 되었습니다.

지원자E의 답변은 일반적인 관점에서는 무난한 답변이지만, 이것이 꼭 좋은 답변이라고 할 수는 없습니다. 전반적으로 직장인으로서 가져야 할 일반적인 행동특성을 위주로 언급하고 있어 아쉬운 측면이 있습니다. 반면 지원자F는 자신의 경험을 기반으로 조금 더 구체적인 답변을 구사하고 있습니다. 특히 갈등해결의 측면에서 보면 상사와의 관계에서 자신을 수동적 입장에만 두는 것이 아니라 상사와 더불어 적극적인 태도로 문제를 해결하고자 했다는 점을 가점요소로 볼 수 있습니다. 업무상황이라는 특수한 경우에 있을 때에는 당사자 간의 감정이나 견해 차이보다 업무적 갈등으로 야기되는 불완전한 업무수행을 우선으로 해결하는 것이 가장 중요합니다. 이런 관점에서 봤을 때 지원자F의 답변은 직업인으로서의 갈등해결의 기본적 자질을 효과적으로 어필하는 답변이라 할 수 있습니다.

마지막으로 다양한 유형의 민원업무를 맡고 있는 조직에서 자주 나오는 '고객대응(민원응대)'에 관한 질문을 살펴보겠습니다.

> Q. 귀하께서 특별히 대응하기 어렵거나, 경우에 벗어나는 불만을 제기하는 고객의 대응과 관련해 좋은 평판을 받았던 경험이 있다면 소개해 주십시오.

위 질문에서 중요한 것은 예상하지 못한 불만고객 또는 민원인에 대한 기본적인 대처방법이 무엇인지 묻고 있다는 점입니다. 이런 경우 사례를 중심으로 평판이나 평가와 관련해 구체적인 대상을 제시하는 것이 효과적입니다.

지원자 G

예전에 민원업무와 관련해 불만이 가득한 고객을 응대한 경험이 있습니다. 비록 시간은 많이 소요되었지만, 그분의 이야기를 계속 경청하고 이해하기 위해 노력하여 큰 무리 없이 마무리할 수 있었습니다. 그래서 당시 해당 민원인분께서 저에게 친절하다고 칭찬을 해 주셨습니다. 저는 그러한 경험을 통해 한 사람의 고객이라도 정성을 다하면 어떤 불만이라도 좋은 의미로 해결할 수 있다는 확신을 얻게 되었습니다.

지원자G는 가장 일반적으로 불만고객을 응대하는 방식을 적절히 잘 답변했습니다. 본인의 경험을 포함했고, 결론의 제시도 무난합니다. 다만 이러한 답변은 다분히 일반적이고 평범한 내용이라 가점을 획득하기에는 다소 부족한 측면이 있을 수 있습니다. 또 민원서비스에서 '시간'이라는 자원은 매우 중요한 요소이기 때문에 시간이 많이 소요됐다고 언급한 것도 아쉽게 느껴집니다.

지원자 H

저는 불만고객을 경험한 적이 있습니다. 먼저 그분의 이야기를 자세히 경청하고, 어떤 점이 불만인지 파악하려고 집중했습니다. 실제 불만의 원인은 서비스의 시간이 지체된다는 것이었습니다. 당장 제가 그러한 불만상황을 해결할 수는 없었지만, 고객이 원하는 바를 잘 전달하여 다음번에는 좀 더 쾌적하게 방문할 수 있도록 최선을 다하겠다고 약속드리고 이해를 구했습니다. 실제 그 점에 대하여 내부적으로 서비스 절차를 개선하여 나중에 그 고객분께서 재방문했을 때 이전과 달리 만족하는 모습을 보고 보람을 느꼈습니다.

지원자H의 답변은 지원자G와 비교했을 때 사례가 더욱 구체적이고, 불만을 제기한 고객의 요구와 해결과정, 해결 이후 고객의 평판 등이 모두 포함되어 있어 적절한 답변이라 생각됩니다. 이와 더불어 불만고객을 응대할 때 단순히 고객의 한 사람으로 여기는 것이 아니라 유사한 유형의 불만을 가진 고객을 줄이기 위한 중장기적 문제해결 노력까지 포함하고 있다는 것이 중요합니다. 이는 가점을 줄 수 있는 요소로 볼 수 있습니다.

지금까지 대인관계능력과 관련된 핵심키워드를 중심으로 실제 면접현장에서 마주할 수 있는 질문의 유형과 예시답변들을 살펴봤습니다. 대부분의 기업은 고객이 존재하기 때문에 존재가치가 있습니다. 또 고객은 단지 외부뿐만 아니라 내부에도 존재하기 때문에 대인관계에 대한 기업의 관심이 매우 중요합니다. 따라서 이러한 질문에 대해 자신만의 고유한 답변을 제시할 수 있도록 평소에 고민하고 생각하는 것이 필요하다고 생각합니다. 시대

필자 소개
안성수. 경영학 박사(Ph.D.)
리더십/인사컨설팅 및 채용 관련 콘텐츠 개발
NCS 채용컨설팅/NCS 퍼실리테이터
공무원/공공기관 외부면접위원, 면접관 교육
인사/채용 관련 자유기고가
저서 〈NCS와 창의적 사고기법〉, 〈NCS직무가이드〉 外

생산율 · 납기준수율 100% 달성을 위한
생산 · 생산관리

생산 직군 소개

생산이란?

'4M'의 효율적인 운영으로 수요대로 공급을 맞추면서 손실을 줄이는 직무를 말한다.

생산 직무의 종류

생산 직군은 크게 네 가지 직무로 나뉘며 각각의 직무 특성이 전혀 다르다. 그렇기 때문에 취준생 입장에서는 '직무의 R&R(Role&Responsibility : 역할과 책임)'을 명확히 파악하고 거기에 맞춰 본인의 직무 적합성과 포부를 어필'해야 한다.

생산 분야의 네 직무는 기업마다 특성에 맞춰 부르는 이름이 조금씩 다르다. ▲ '생산'은 '제조' 또는 '플랜트운영' ▲ '생산관리'는 '공정관리' 또는 '플랜트관리' ▲ '생산기술'은 '공정기술' 또는 '플랜트기술' ▲ '설비기술'은 '공무(또는 설비직)'나 '설비 엔지니어' 업무로 불린다. 이중 기술직에 가까운 생산기술과 설비기술을 빼고 '생산'과 '생산관리'의 주요 업무 및 필요 역량을 살펴보면 아래와 같다.

❶ 제조

구분	내용
주요 업무	• 각 공정단계별 직접 제조현장 관리 및 운영 • 라인운영상 개선점 발굴 및 신기술 적용 후 피드백 • 협력 외주업체 제조 직접 인력 관리 • 일 · 주차 · 월별 생산목표 달성을 위한 현장중심형 업무
필요 역량	• 제품군 이해 가능한 전공지식 • 상황대처 능력 • 생산라인 경험 • 관리감독 역량

❷ 생산관리

구분	내용
주요 업무	• 개발, 구매, 생산, 품질, 출하, 물류 등 공급 전반 코디네이트 • 공급 SCM의 총 책임자로서 판매단과 연계창구 역할 • 4M의 효율적 운영으로 제조, 물류 등 원가 최적화 • 정확한 계획 수립 및 목표 대비 실적 관리
필요 역량	• SCM(공급망 관리) 프로세스 이해 • 엑셀데이터 활용 능력 • 조직 내 조율 경험 • 스케줄러 역할 경험

1. 생산 업무의 이해

4M이란?

생산을 위한 네 가지 기본요소

Man 생산제조팀	Material 구매/자재팀	Machine 설비팀	Method 생산기술팀

• Man 관리 : 협력 외주업체 제조 직접 인력 관리 및 조직활성화 활동
• Material 관리 : 구매 부서와 협업으로 실재고 현황 파악 및 라인 투입
• Machine 관리 : 공정 트러블 발생 시 신속한 대처, 장비 유지 및 보수
• Method 관리 : 생산성 향상을 위한 작업지시 및 공정 프로그램 개발 활동

어떤 제품이 생산되기 위해서는 반드시 '4M' 요소가 있어야 한다. 먼저 '작업자(Man)'와 '자재(Material)'가 있어야 하고, 사업장 내 '장비 및 설비(Machine)'와 각 '생산공정 방법(Method)'이 있어야 한다. 현장작업자는 생산 부서에서 책임지고 관리하며, 자재 및 부품은 구매·자재 부서에서 관리한다. 여러 장비 및 설비는 설비 부서에서 관리·감독하며, 생산하려는 제품별 특성을 고려한 최적의 LOB(Line Of Balance)와 4M을 기초로 생산일정 계획을 수립하고 실적을 책임·관리하는 것은 생산기술 부서의 몫이다. 이처럼 각 공정단계별로 직접 제조현장을 관리하고, 4M을 현장에서 운영하고 책임지는 것이 생산 직무의 주요 업무다.

하루 일과 예시
- 전일 생산실적 및 주요 생산 이슈 점검
- 당일 주간업무의 진척상황 점검, 우선순위별 업무흐름 정리
- 생산점검회의 준비 : 각 라인별·모델별 주요 이슈 파악 및 공급 관련 부서와의 협업 진행
- 신제품 또는 기존 제품 생산 시 예상문제점 해결을 위해 상황 파악
- 원활한 출하 대응을 위한 라인 케파(Capacity) 및 자재 점검 실시

2. 생산 직무 필요 역량과 자질 및 핵심 키워드

생산 직무의 경우 아래와 같은 역량과 성향을 갖췄을 때 '100% 생산 달성을 위한 현장 및 조직 관리자'로서의 역할을 제대로 수행할 수 있다.

필요 역량과 자질
- 생산제품군에 대한 전공 이해
- 상황대처 능력 및 리스크 선행관리 능력
- 전반적인 흐름을 읽을 수 있는 역량
- 조직관리 능력
- 어학 능력(글로벌 생산기지 보유 시)

아울러 인사담당자나 면접위원들이 선호하는 생산 직무 지원자의 핵심키워드를 파악해 두면 자기소개서를 작성하거나 면접에서 어필할 때 도움이 된다.

생산 직무 지원자 핵심키워드
- 4M : Man, Material, Machine, Method
- SCM(Supply Chain Management : 공급망 관리)
- MES(Manufacturing Execution System : 제조 실행 시스템)
- 현장중심형
- 계획화된 생산
- 책임의식
- 상황대처 능력
- 문제해결 능력
- 조직 및 인력관리 능력(화합형 리더)
- 성실성

3. 생산 직무에 지원하기 위한 사전 준비항목

생산현장 실습 경험은 생산 직무에서 매우 중요하다. 만약 실습 경험을 어떻게 해야 하는지 잘 모르겠다면 재학 중인 모교의 산학협력단 혹은 IPP(Industry Professional Practice : 기업연계형 장기현장실습) 사업단 같은 곳에서 방학 중 현장실습 리스트를 찾아보면 된다.

간혹 적은 연봉이나 업무강도, 다른 스펙 쌓기 등을 이유로 현장실습 지원을 꺼리는 취준생들도 있다. 그러나 기업의 입장에서 현장근무 경험보다 높은 값어치를 하는 스펙은 거의 없을 것이다. 그러니 인턴이 어렵다면 현장실습을, 그 기회도 이미 놓쳤다면 관련 현장에서 업무를 간접적으로 경험할 수 있는 청소 아르바이트라도 알아보길 권한다. 이를 통해 작업라인과 현장을 직접 두 눈으로 보고 느끼고자 노력했다는 점을 어필하면 된다.

또 생산제조 직무를 지원하는 이상 학교 도서관이나 서점에 가면 제조원가에 대해 알기 쉽게 다루는 책들이 많으니 꼭 읽어보길 바란다. 책에서 얻은 지식을 토대로 생산현장에서 불필요한 시간과 비용 같은 손실을 줄이는 데에 기여하겠다는 어필은 매우 좋은 포부가 될 수 있다.

그리고 만일 지원하는 기업이 유가증권 시장에 상장된 기업이라면, DART(금융감독원 전자공시시스템)에 접속해 해당 기업의 생산가용량, 전년도 생산실적, 양산율 등을 공장별로 확인해보길 바란다.

사전 준비항목

- 생산현장 실습 경험
- 노조에 대한 사회 이슈 숙지 및 건전한 노사문화 활성화를 위한 사례 물색
- 명확한 신상필벌을 수행해 본 경험 물색(동아리, 학생회 등)
- 제조원가를 다루는 서적 숙독
- 4M에 대한 기본적인 이해를 위한 학습
- 지원 기업의 공정 프로세스 및 생산가용량, 생산실적, 양산율 등 숙지

4. 생산관리 업무의 이해

대부분의 기업에서는 채용공고를 낼 때 생산과 생산관리를 따로 구하기보다는 하나의 공고로 올려 동시에 채용하는 경우가 많다. 단, 생산관리는 생산이나 생산기술 직무에 비해 산업공학 전공자에게 꽤 유리한데, 이는 이들이 전공 내 분석 실습을 통해 SCM 프로세스의 이론을 배우기 때문이다. 또한 산업공학 전공자의 경우 학교 커리큘럼에 따라 통계학 등을 배우므로 생산관리 직무에 더욱 적합하다고 볼 수 있다.

주요 업무 세부내용

- 공급(개발-구매-생산-품질-출하-물류) 전반에 걸친 코디네이터
- 공급 SCM의 총 책임자로서 판매단과 연계창구 역할 : 영업에서 예측한 고객별·제품별 수주를 어느 공장에서 언제, 얼마만큼 생산하여 공급할지 결정하는 의사결정 프로세스 지원
- 4M의 효율적인 운영을 통한 원가(제조원가, 물류원가) 최적화
- 단순 생산현황 포함 공급 전반에 걸친 목표 대비 현황 관리 : 생산실적표 작성 및 관리(생산일보·주보, 월별 실적)

여러 업무 중에서도 중요한 것이 코디네이터, 즉 수요단과 공급단을 중간에서 조율해주는 역할이다. 다

시 말해 영업 파트로부터 받은 수주 물량에 대해 개발, 구매, 생산, 물류 등 공급 전반의 부서들과 협의하여 수주 물량에 대한 공장별·라인별·일자별 생산계획을 수립하는 것이 생산관리의 핵심업무다. 물론 계획을 수립한 후에는 실적을 분석해 각 공급 부서들과 협의하며 차질이 발생할 경우의 대책도 수립하고 결정해야 한다.

5. 생산관리 직무의 필요 역량과 자질 및 핵심키워드

> **필요 역량과 자질**
> - SCM 프로세스 이해력(영업-개발-구매-생산-품질-물류)
> - 엑셀의 피벗테이블, 함수 등 데이터 활용 능력
> - MES or ERP(Enterprise Resource Planning : 전사적 자원관리) 시스템 활용 능력
> - 꼼꼼한 계획 수립 및 점검 경험
> - 조율자 역할(다양한 부서를 한 방향으로 이끌 수 있는 자질 및 역량)
> - 어학 능력(글로벌 생산기지 보유 시)

이러한 역량과 성향을 갖췄을 때 비로소 생산관리 직무 종사자들은 '납기준수율 100%를 위한 정확한 공급계획 수립 및 코디네이트'가 가능하게 된다.

> **생산관리 직무 지원자 핵심키워드**
> - 계획 수립
> - 시스템화하여 일하기(MES, ERP)
> - 데이터 활용 능력
> - 엑셀(피벗테이블, 함수 활용)
> - 생산일보
> - 꼼꼼함, 정확성, 신속성
> - 4M
> - 협업 마인드
> - 조율자
> - 코디네이터
> - 영업에 대한 이해
> - 수요·공급의 최적화

6. 생산관리 직무에 지원하기 위한 사전 준비항목

생산관리 직무로 취업하기를 희망한다면 아래 항목을 준비해 두어야 한다.

> **사전 준비항목**
> - 생산현장 실습 경험
> - SCM 관련 프로젝트 수행 경험
> - 생산관리 실무, 원가 관련 서적 탐독(〈원가가 새는 곳에 사이렌을 울려라〉(노규성 저), 〈효율적인 공장은 쉴 새 없이 일하지 않는다〉(이경욱 저) 등)
>
> **기타 SCM 프로세스 관련**
> - 4M에 대한 기본적인 이해를 위한 학습
> - 기업의 공정 프로세스 및 생산가용량, 생산실적, 양산율 등 숙지
> - 교내외 활동 시 조직 내에서 조율자, 스케줄러로서의 경험 준비
> - 컴퓨터활용능력 2급 이상 습득(엑셀의 피벗테이블, 함수 활용 역량 등)

위의 항목을 토대로 자신이 이미 갖추고 있는 역량과 부족한 역량을 파악한 후 이를 보완하여 자기소개서와 면접에서 어필한다면 원하는 회사의 직무에 합격할 수 있을 것이다. 시대

구글도 모르는 직무분석집

취업준비 왕초보부터 오버스펙 광탈자까지! 취업 성공 사례로 알아보는 인문상경계 및 이공계 직무에 대한 모든 것을 총망라했다.

저자 류정석
CDC취업캠퍼스 대표로서 15년간 대기업 인사팀 외 다양한 부서에서 근무한 경험을 바탕으로 직무 중심의 취업 전략을 제공한다.

법무사란?

많이 알고 계시는 변호사처럼 법률문제를 다루거나 법적 분쟁을 해결하는 등 업무적 영역은 거의 비슷합니다. 딱 한 가지 큰 차이점이 있다면 변호사는 의뢰인을 대신해 법정에 설 수 있지만, 법무사는 서류만 대신 작성해줄 수 있을 뿐 법정에는 설 수 없다는 거예요. 실제로 법무사만의 고유한 업무들이 있어요. 예를 들면 개인회생, 파산절차, 개명신청 등 소송이 아닌 것을 '비송'이라고 하는데 거의 90% 이상이 법무사의 업무입니다.

법무사의 필요성과 전망은 어떤가요?

우리나라는 미국에 버금갈 정도로 소송과 고소가 많은 나라예요. 국내 소송의 70~80% 정도가 '소액사건(소액 목적의 값이 3,000만원 이하인 소송)'이고, 또 대부분 개인이 변호사의 도움 없이 직접 소송을 준비하는 '나 홀로 소송'으로 진행됩니다. 통계에는 안 잡혀 있지만 이런 나 홀로 소송 뒤에는 거의 법무사가 존재하고 있습니다. 적은 돈을 받기 위한 분쟁의 경우 비용을 비롯해 여러 가지 측면에서 변호사보다는 법무사의 접근성이 훨씬 더 좋죠.

시험은 어떻게 준비해야 하나요?

1차 시험의 경우에는 객관식으로 출제되니까 기본서를 먼저 본 다음 문제집 위주로 기출문제나 지문에 나온 내용을 최대한 알고 가겠다는 생각으로 공부하시면 좋습니다. 문제는 2차 시험인데, 정말 세세하게 출제되는 경향이 있기 때문에 조금 얕게 공부하더라도 전체적인 내용을 한번 훑어보고 공부를 하는 게 합격할 수 있는 전략이라고 할 수 있겠네요.

구분	교시	과목(문항수)	출제형태	시험시간
1차	1교시	• 헌법(20), 상법(30) • 민법(40), 가족관계의 등록 등에 관한 법률(10)	객관식 4지 택일형	시험당 120분
	2교시	• 민사집행법(35), 상업등기법 및 비송사건절차법(15) • 부동산등기법(30), 공탁법(20)		
2차	1일차 1교시	민법	주관식 단답형, 서술형	
	1일차 2교시	형법, 형사소송법		
	2일차 1교시	민사소송법, 민사사건관련서류의 작성		
	2일차 2교시	부동산등기법, 등기신청서류의 작성		

법무사의 장점과 단점으로는 어떤 게 있을까요?

법무사들은 자격을 취득하고 90% 이상이 개업을 합니다. 그래서 시간을 마음대로 자유롭게 조율할 수 있고, 또 법정에는 나가지 않고 사무실에서 의뢰인들에게 필요한 서류를 작성하거나 증거 첨부, 코치 등을 하기 때문에 워라밸 측면에서 많이 만족스러운 직업이라고 생각합니다. 단점은 일이 많을 때 퇴근을 못 하고 야근을 밥 먹듯이 해야 한다는 것이죠. 또 이건 장점이자 단점일 수 있는데 핸드폰만 있으면 어디서든 일을 할 수 있어요. 다시 말하면 업무를 시간과 장소에 구애받지 않고 할 수 있다는 게 장점일 수도 있지만, 휴식시간이 깨질 수 있다는 단점도 되는 거죠.

수험생들에게 격려의 한마디!

과목수 때문에 법무사 시험을 망설이시는 분들에게 하고 싶은 이야기가 있습니다. 우선 방법이 있으니 과목수에 겁을 먹지 마시고, '내가 법률가로서 정말 이 직업이 하고 싶은가'를 생각해보는 게 가장 중요하고요. 그런 마음을 먹으셨다면 한번 그냥 도전해 보세요. 합격으로 향하는 방법의 길은 있습니다. 시대

법무사 류홍석

- 학력 성균관대학교 법과대학 졸업
- 경력 법무사 사무소 이룸 대표 법무사
- 현 SD에듀 법무사 대표 강사

SD에듀 유튜브 채널 토크레인
인터뷰 영상 보러가기

03:47 / 10:00

PICK!

법무사 시험 대비 시리즈

'법무사 시리즈'는 과목별 핵심이론과 관계 법령 조문, 관련 판례, 기출문제 등을 총망라한 도서로 단계적 구성을 통해 수험생들이 효율적·전략적으로 학습할 수 있도록 했다. 특히 최신 개정법령 및 판례와 더불어 기출문제의 출제경향을 반영하여 수험생들에게 합격을 위한 좋은 안내서가 되고자 한다.

상식
더하기 +

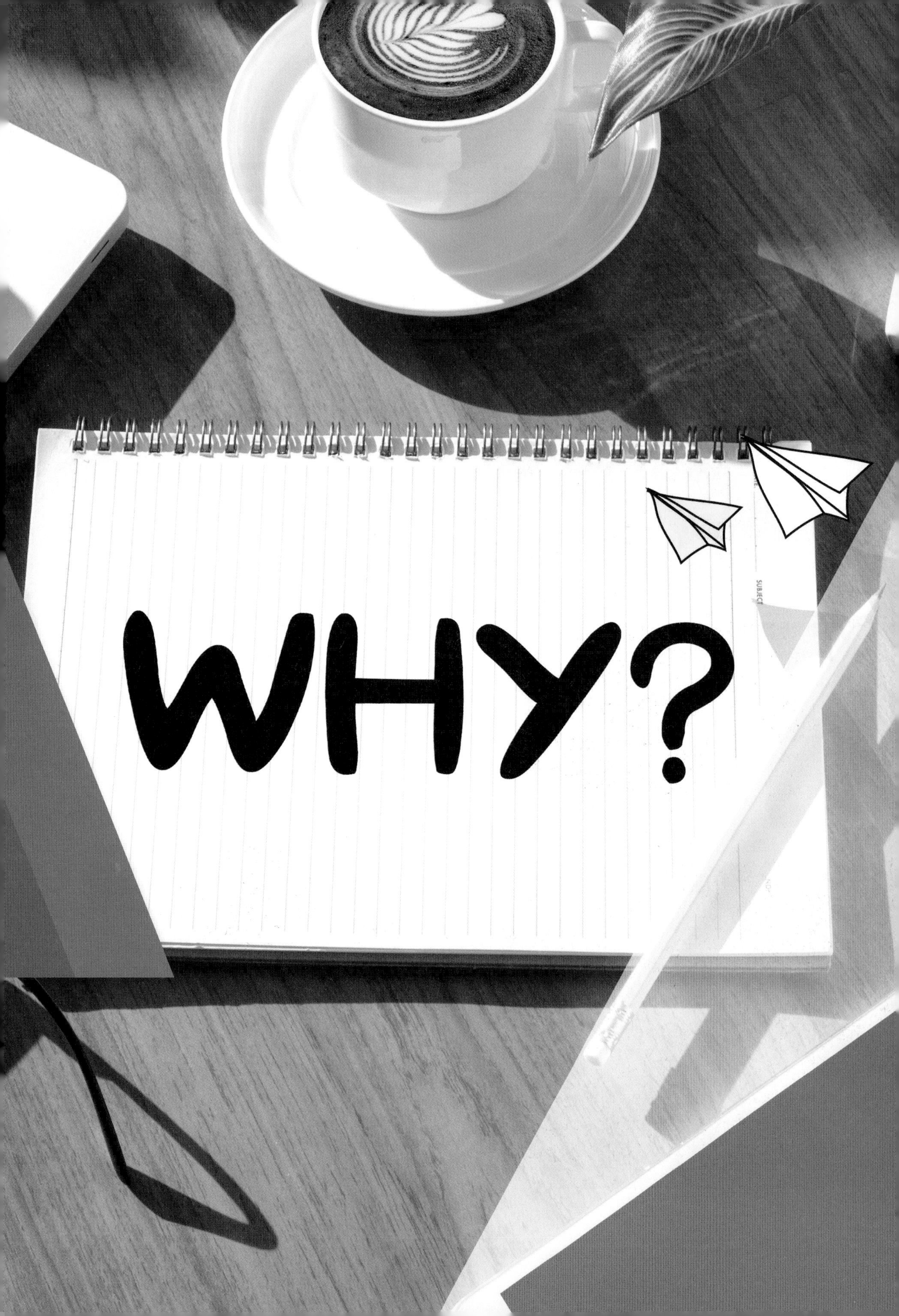
WHY?
SUBJECT

운동 후 단백질 보충제,
과다섭취 주의하세요!

오늘 운동 완료 후 단백질?

단백질은 탄수화물, 지방과 함께 우리 몸에 꼭 필요한 3대 영양소 중 하나인데요. 근육 구성은 물론 피부탄력 향상, 면역력 증진 등 다양한 역할을 하죠. 한국 성인기준(19~49세) 일일 권장 단백질 섭취량은 몸무게 1kg당 0.8~1.2g 정도입니다. 보통은 음식섭취를 통해 필요한 단백질을 채우는데요. 특히 닭가슴살, 등푸른생선, 육류, 달걀 등은 단백질이 많은 음식으로 알려져 있죠.

최근에는 운동 후 의식적으로 단백질식품을 먹는 사람이 많아졌는데요. 한국농수산식품유통공사에 따르면 2018년 813억원이던 국내 단백질식품 시장 규모는 2021년 3,364억원, 지난해 4,500억원대로 급성장한 것으로 나타났습니다. '오운완(오늘 운동 완료)' 후 단백질 챙기기, 건강에는 어떨까요?

단백질 과잉, 통풍과 골다공증 유발해

단백질식품 중에서도 단백질을 간편하게 섭취할 수 있는 음료 등 간식 형태로 된 보충제의 인기가 높습니다. 그러나 적정기준 이상 단백질을 먹으면 오히려 건강에 해로울 수 있죠. 단백질 과잉섭취로 생길 수 있는 대표적 질환으로는 통풍이 있는데요. 혈액 내 요산이 제대로 배출되지 못하고 몸 안에 과도하게 쌓여서 생기는 염증성 통증질환입니다. 요산은 단백질의 일종인 푸린이 체내에서 대사되고 남은 일종의 찌꺼기로, 요산결정이 관절이나 연골조직에 붙으면 극심한 통증을 유발할 수 있죠.

단백질을 지나치게 섭취하면 골다공증도 생길 수 있습니다. 대부분의 단백질식품은 산성을 띠고 있어 많이 섭취하면 몸 안이 산성화되는데요. 이때 체내 농도조절을 위해 뼈에서 알칼리성인 칼슘이 소모되면서 골다공증으로 이어질 수 있죠.

동물성 단백질, 식물성 단백질 골고루 먹어야

단백질 보충제를 적당량 섭취하는 건 근육성장에 도움이 되지만, 과다섭취하면 부작용이 나타날 수 있기 때문에 식습관을 점검할 필요가 있습니다. 하민성 서울시립대 스포츠과학과 교수는 "본인의 체중에 따라서 단백질 필요량이 달라지기 때문에 시중에 보급되고 있는 보충제들을 운동 종류에 따라서 섭취하는 것이 중요할 것 같다"며 "권장량을 준수하되 동물성 단백질과 식물성 단백질을 골고루 먹을 필요가 있다"고 강조했습니다. 또 고혈압, 당뇨, 고지혈증 등 성인병이 있으면 육류 등 동물성 단백질보다 두유, 견과 등 식물성 단백질을 섭취해야 합니다. 무엇보다 영양소 불균형을 막기 위해 음식을 골고루 섭취하는 게 중요하다고 전문가들은 말합니다. 시대

안 먹거나, 하나만 먹는 다이어트 … 생리통 위험 높여요

끼니를 거르거나 한 가지 음식만 먹는 등 부적절한 다이어트를 하면 생리통을 겪을 위험이 높아지는 것으로 나타났습니다. 연구를 진행한 질병관리청 국립보건연구원은 단식·끼니 거르기, 다이어트 약(한약 포함), 승인되지 않은 다이어트 보조제, 원푸드 다이어트 등 4가지를 '부적절한 체중조절' 행동으로 봤는데요.

연구진은 14~44세 청소년 및 성인 가임기 여성 5,829명을 대상으로 체중조절 행위와 월경곤란증(생리통) 발생 사이의 상관관계를 살펴봤습니다. 조사대상 중 부적절한 체중조절 행동을 1개 이상 한 사례는 22%였는데, 이들에게는 경증 월경곤란증 발생위험이 22%, 중증 월경곤란증은 53% 높았습니다. 특히 부적절한 체중조절 행동 중 승인되지 않은 다이어트 보조제를 사용한 경우 경증 월경곤란증이 69%, 중증이 56%나 높았죠.

원푸드 다이어트도 예외는 아니었습니다. 한 가지 음식만 고집해 체중감량을 시도한 집단에서도 경증과 중증 월경곤란증을 앓을 확률이 각각 49%, 44% 상승했는데요. 연구진은 이번 연구결과를 두고 "운동, 식단조절 등 건강한 방식으로 체중관리를 하는 것이 중요하다"며 "이번 연구가 가임기 여성의 생식건강 증진을 위한 근거자료로 활용될 수 있을 것"이라고 설명했습니다.

나에게 맞는
대중교통카드 고르기

2024년 들어 정부가 교통비 절감을 위해 기후동행카드, K-패스, The 경기패스, 인천 I-패스 등 4가지 교통카드를 도입하겠다는 방침을 밝혀 화제가 됐습니다. 사용자의 거주지역과 이동반경, 사용빈도 등에 따라 나에게 맞는 카드를 선택해 사용하면 된다는데요. 각 카드별 혜택 적용조건과 차이점을 알고 싶다는 분들을 위해 올해 새롭게 시행되는 대중교통카드 4종을 한눈에 비교할 수 있도록 정리해봤습니다.

정부가 서민들의 대중교통 부담비용을 줄이고, 수도권을 하나의 생활권으로 묶어 교통복지를 증진하는 한편 대중교통 이용을 촉진해 기후위기를 극복한다는 의지를 담아 2024년 상반기에 4개의 대중교통 지원사업을 시행한다고 밝혔습니다. 사업별 지원방식과 범위, 대상 등이 다르기 때문에 어떤 카드가 나에게 유리한지 면밀히 비교·분석한 다음 카드를 신청·구매해 사용하면 됩니다.

다만 이용자가 선택할 수 있는 건 사실상 'K-패스'와 '기후동행카드' 두 가지인데요. 'The 경기패스'와 '인천 I-패스'는 등록된 거주지에 따라 자동으로 혜택이 추가 제공되는 일종의 'K-패스 확장판'이기 때문입니다. 또 카드별 지원기준에 부합한다면 기후동행카드와 K-패스 시스템이 적용되는 카드를 함께 사용해도 된다고 합니다.

기후동행카드 vs K-패스, 뭐가 더 유리할까?

서울에 거주하면서 경기·인천으로 출퇴근하는 경우에는 K-패스의 혜택이 더 큽니다. 기후동행카드는 서울 내 대중교통으로 지원범위가 한정돼 생활권이 서울 시내에 집중된 이들에게 더 유리하고, 카드를 선지불하는 방식인 만큼 평소 6만 2,000원 이상의 교통비를 지불해온 사람에게 적합합니다.

구분	K-패스	기후동행카드
지원기준	월 15회 이상 대중교통 이용자	카드 구매자
지원방식	익월 환급	이용 전 정기권 결제
지원대상	• 일반 20% 환급 • 만 19~34세 청년 30% 환급 • 저소득 53% 환급	카드 구매자
지원상한	월 최대 60회	무제한
이용수단	전철, 시내·마을·농어촌 버스 (신분당선, 광역버스, GTX 포함)	서울 시내 전철, 서울시 면허 시내·마을·심야 버스, 따릉이, 리버버스(신분당선, 광역버스, GTX 등 제외)
이용지역	전국(이용자 주소가 등록된 지자체 참여 시)	서울시(지자체 협의 후 대상지역 확대 예정)
시행시기	2024년 5월 예정	2024년 1월 27일
주요 이용자	• 전국 대중교통 이용자 • 광역통행 이용자	• 서울 시내 대중교통 이용자 • 따릉이 이용자

The 경기패스와 인천 I-패스도 있다!

The 경기패스와 인천 I-패스는 K-패스 시스템을 기반으로 운영되지만 더 큰 혜택을 제공합니다. 🔲

구분	The 경기패스	인천 I-패스
추가 지원대상	청년층 범위 만 34세 → 39세로 확대 적용	
	어린이·청소년 연 최대 24만원 (별도 시스템 기반)	• 65세 이상 30% 환급(단계적 추가 상향 예정) • 어린이·청소년 연 최대 12만원(별도 시스템 기반)
지원상한	무제한	
시행시기	2024년 5월 예정	
주요 이용자	경기도민 또는 인천시민 중 정기적 대중교통 이용자	

※ 표에 없는 항목은 K-패스와 동일하게 적용

K-패스 이용 시 주의사항

❶ 이용을 원하는 경우 카드 신규발급(11개 카드사 중 선택) 및 회원가입 필요
→ 기존 알뜰교통카드 이용자는 별도 카드 재발급 없이 이용 가능

❷ 인구수 10만명 이하인 일부 지자체를 제외한 사실상 모든 지자체의 대중교통에서 사용 가능

❸ 이용횟수 : 월 15~60회로 제한

❹ 환급방식
• 신용카드 : 익월 지불요금에서 차감
• 체크카드 : 계좌 입금
• 마일리지 카드 : 마일리지로 환급

❺ 환급 예시
: 35세 서울시민 A씨가 1,500원의 요금을 내고 지하철을 월 70회 이용한 경우
→ 9만원(1,500원×60회)에 대한 20%(일반인 할인)인 1만 8,000원 환급, 나머지 10회 비용인 1만 5,000원은 A씨가 지불

❻ The 경기패스·인천 I-패스 등록방법
: K-패스 공식 앱이나 홈페이지를 통해 카드를 등록하고, 카드번호와 주민등록번호 기재
→ 등록한 거주지에 따른 혜택 자동 적용

기후동행카드 이용 시 주의사항

❶ 발급방법
• 모바일카드 : 티머니앱을 통해 충전
• 실물카드 : 서울교통공사가 운영하는 지하철 역사 고객안전실에서 구매 후 충전단말기를 통해 현금 충전

❷ 충전금액
• 따릉이 제외 : 월 6만 2,000원
• 따릉이 포함 : 월 6만 5,000원

❸ 시행시기
• 2024년 1월 27일 ~ 6월 말 시범사업
• 2024년 하반기 본 사업

알고 보면 더 재밌는
유행어의 유래

"하늬바람이 사흘 불면
통천하를 다 불다"

- 어떤 유행이 매우 빨리 퍼짐을
비유적으로 이르는 말

어느 시대건 특정 시기에 유행하는 단어나 문구들이 존재하는데, 이를 '유행어'라고 한다. 어느 순간 흐지부지 사라지는 경우가 대부분이지만, 그중 일부는 살아남아 당당히 표준어로 국어사전에 실리기도 한다. 지금도 사용하는 과거의 유행어 가운데에는 유래와 관련된 재미있는 가설이 있는 것도 있는데, 대표적인 사례가 '고약해'다.

고약한 신하, 그놈이 참 '고약해!'

흔히 까탈스러운 사람을 보면 '성격이 고약하다'는 말을 하곤 한다. 이 '고약해'라는 단어와 관련해 조선시대 대신이었던 '고약해'라는 실존인물의 이름에서 유래한 것이라는 설이 있다. 고약해(高若海)는 조선 초기의 문신으로 태조부터 세종에 이르기까지 4명의 임금을 모시면서 대사헌, 형조참판, 개성부유수 등을 역임한 인물이다. 그는 임금 앞에서도 주눅 들지 않고 입바른 소리를 잘해 여러 차례 파직과 복직을 반복한 것으로 알려져 있다.

특히 형조참판을 맡던 당시 사사건건 세종에게 쓴소리를 서슴지 않아 보다 못한 다른 신하들이 그를 처벌할 것을 청하기도 했으나 세종은 "직언하는 신하를 내칠 수 없다"며 참았다. 그러다 1434년 고약해가 세종과 언쟁을 벌이다 자리를 박차고 나가 파직당한 일도 있었는데, 그의 파직으로 신하들이 직언이나 간언을 못 하게 될까 우려한 세종이 결국 1년 뒤 고약해를 다시 불러들였다. 고약해가 개성부유수 직책을 맡아 업무를 수행하던 1442년 병으로 세상을 떠나자 세종은 강직하고 너그럽다는 뜻의 시호 '정혜(貞惠)'를 내려 그의 충심을 기렸다고 전해진다. 하지만 세종 역시 사람인지라 고약해의 언행이 마음 한구석에 남았던지 여러 과제를 추진하다가 신하들의 반대에 부딪히면 "마치 고약해 같구나!"라며 언짢아했다고 한다. 이것이 이후 비위를 거스르거나 언행 따위가 사나울 때 쓰이는 '고약하다'로 변해 지금까지 쓰인다고 한다.

자린고비 이야기

구두쇠를 가리키는 말인 '자린고비'의 유래에 대해서도 여러 가지 설이 있지만 가장 유명한 가설을 소개해보면 이렇다. 조선 숙종 시절, 지금의 충북 음성군 금왕읍 성봉리에 '조륵(趙玏)'이라는 인물이 살았다. 그는 워낙 근검절약하는 습관이 몸에 배어 있어 결코 허투루 돈을 쓰는 적이 없었다. 그러던 어느 날 그가 집에 절인 굴비 한 마리를 들고 왔다. 아내와 아이들은 웬일이냐며 좋아했지만, 조륵은 그 굴비를 천장에 매달아 놓고는 밥 한술 뜨고 굴비를 쳐

다보고, 또 밥 한 숟갈 뜨고 쳐다보게 했다. 뿐만 아니라 부채를 산 뒤에는 부채가 닳을까 봐 부채는 가만히 두고 머리를 흔들어 20년 동안 잘 썼다거나 된장독에 잠시 앉아 있던 파리의 다리에 묻은 된장이 아까워 그 파리를 쫓아가 된장을 빨아 먹고 놓아 주었다는 일화도 있다. 당시 이러한 이야기가 주변 마을에 전해지면서 조륵이 지독한 구두쇠라는 소문이 파다했는데, 그 과정에서 '절인 굴비'의 발음이 변해 '자린고비'가 됐다는 가설이 현재로선 가장 잘 알려진 내용이다.

그러나 그의 이야기는 여기서 끝이 아니다. 조륵은 큰 가뭄이 들자 일생을 구두쇠로 지내며 모은 재산을 흔쾌히 풀어 주변 1만호에 달하는 백성들을 구했고, 사후에 그의 선행을 기록한 공덕비가 세워졌다. 여기서 그의 공덕비에 적힌 '자인고비(慈仁考碑, 어버이같이 인자한 사람을 위한 비석)'가 '자린고비'가 됐다는 설이 있다. 또 다른 설로는 부모의 제사 때 쓰는 제문(祭文)의 종이를 아껴 태우지 않고 기름에 절여 두었다가 두고두고 썼는데, 이 제문 속의 '고비(考妣, 돌아가신 아버지와 어머니)'가 기름에 절었다는 뜻의 '저린 고비'에서 유래했다는 이야기도 있다. 이밖에 '고비'가 '고비(高蜚)'라는 실존인물의 이름이라거나 '옛날 비석'이라는 뜻의 '고비(古碑)'라는 설도 있다. 시대

초콜릿의 선물
전자레인지

과거 우리 어머니들은 매일, 매 끼니 밥을 했다. 따뜻한 밥을 내주는 것이 최고의 접대일 때도 있었다. 하지만 요즘은 전기밥솥으로 매끼 밥을 하지 않아도 따뜻한 밥을 먹을 수 있다. 보통 한번에 많이 해서 한 끼 분량으로 소분해 냉동실에 넣어 두었다가 필요할 때 하나씩 꺼내 먹는다. 이때 꼭 필요한 가전제품이 있다. 바로 전자레인지다. 편의점을 직장인들의 급식소로 만든 '편의점 도시락'도 전자레인지가 없었다면 탄생하기 어려웠을지도 모른다.

전자레인지(Microwave Oven)는 간단한 조작으로 음식을 데우고 물을 끓이며 빠르게 조리할 수 있는 편리한 기구다. 최근 에어프라이어에 그 자리를 내주는 모양새이기는 하지만, 여전히 주방 소형가전의 대명사이자 '혼밥족(혼자 밥 먹는 사람들)', '싱글다이너(혼자만의 만찬을 즐기는 사람)', '혼술족(혼자 술 마시는 사람들)'의 애정템이다.

마그네트론(Magnetron, 자전관)

그런데 세상을 바꾼 발명품들이 대부분 그러하듯이 전자레인지도 우연의 산물이었다. 군사용 레이더를 개발하는 과정에서 나온, 그야말로 황소 뒷걸음 치다 쥐 잡는 격의 행운이었다.

제2차 세계대전 중이던 1945년의 일이다. 미국과 영국 레이더에 사용하는 마그네트론 튜브의 80%를 공급하는 방위산업체 '레이시언(Raytheon)'의 엔지니어 퍼시 스펜서(Percy Spencer, 1894~1970)는 그 시기 마그네트론 실험을 진행 중이었다. 마그네트론은 레이더의 핵심기술인 마이크로파 신호를 발생시키는 레이더의 필수부품으로 스펜서는 이 분야의 최고 권위자였다. 제2차 세계대전 당시 레이더 장치 개발과 사용은 전쟁의 양상을 흔들 만큼의 중요한 프로젝트였는데, 마그네트론을 하루 17개를 생산하던 레이시언이 스펜서의 연구로 하루 2,600개나 생산할 정도의 기술을 갖출 정도였다.

퍼시 스펜서

그날도 스펜서의 하루는 다른 날과 다르지 않았다. 연구실 작업대에는 개발 중인 마그네트론이 그의 열정을 받아내고 있었다. 그러던 중 출출해진 스펜서는 주머니에 넣어두었던 초콜릿을 먹기 위해 손을 집어넣은 순간 저도 모르게 인상을 찌푸렸다. 녹아버린 초콜릿의 끈적한 질감이 손가락에 질척하게 묻어났기 때문이다.

실내라곤 하지만 서늘한 날씨에 난방도 하지 않은 곳에서 흐를 정도로 녹아버린 초콜릿에 스펜서는 의아함을 느꼈다. 그 원인을 찾던 중 스펜서의 눈에 들어온 건 작업대 위의 마그네트론이었다. 그는 혹시나 하는 마음과 어쩌면 하는 호기심으로 말린 옥수수 알갱이와 달걀을 준비해 마그네트론 근처에 놓았다. 잠깐의 시간이 흐르고, 변화가 생겼다. 옥수수 알갱이들이 움찔거리더니 마침내 폭발하듯 소리를 내며 공중으로 튀어 올랐다. 팝콘으로 튀겨진 것이었다. 달걀 역시 흔들거리다 퍽 하고 터져 버렸다.

스펜서는 이를 토대로 '금속상자를 만들어 그 안에 마이크로파를 공급하면 신속하게 음식을 조리할 수 있겠다'는 아이디어를 얻었다. 이로써 식품 속 물분자가 마이크로파 에너지를 흡수하면서 빠르게 움직여 운동에너지를 얻고 이를 열에너지로 변환해 빠르게 음식을 가열하는 전자레인지가 탄생한 것이다.

1947년 봄, 레이시언의 전자레인지 시제품 테스트가 실행됐다. 그리고 테스트에 참가한 보스턴의 한 레스토랑 앞에는 이런 안내표지판이 붙었다.

"우리 레스토랑에는 이전과 완전히 다른, 마치 마술과 같은 방법으로 음식을 요리하여 손님 여러분을 모실 수 있게 되었습니다. 불꽃 없는 전열기구, 바로 마이크로파를 이용해 만들고 있습니다"

테스트는 성공적이었고, 그해 말 최초의 상업용 전자레인지가 출시됐다. 하지만 1.7m 높이에 무게는 340kg이나 나갔으며 마그네트론 튜브를 물로 지속적으로 식혀줘야 하는 어려움도 있었다. 가격도 오늘날 화폐가치로 6만 4,000달러(약 7,210만원)였다. 그러다 보니 대형 레스토랑이나 비행기에서 식사를 다시 데우기 위한 용도로 쓰이는 게 다였다. 1952년에 가정용으로 출시됐지만, 조리대에 올릴 정도로, 즉 오늘날의 크기 정도로 작아진 건 1967년이나 돼서였다. 이때 가격은 최초의 10분의 1에 약간 미달하는 495달러였다.

한편 그후에도 스펜서는 300개 이상의 특허를 내는 등 레이더 분야에서 독보적인 업적을 쌓아갔다. 그 결과 레이시언 이사회의 선임회원이 됐고, 수석 부사장으로까지 승진했다. 하지만 그가 전자레인지 발명으로 얻은 수익은 회사가 지급한 일회성 성과급 2달러가 전부였다. 🔲

출시 초기 전자레인지

손가락 안에 들어온 웨어러블,
스마트링

2024년 들어 다시 IT업계를 뜨겁게 달굴 화제의 상품이 등장했다. 삼성전자는 지난 1월 27일 미국 새너제이 SAP센터에서 갤럭시S24 언팩 이벤트를 진행하며 '갤럭시링'을 깜짝 공개했다. 반지처럼 손에 끼우는 것만으로도 이용자의 건강정보를 분석해주는 '스마트링' 시장에 삼성전자가 도전장을 내민 것이다. 스마트폰에서 안경으로 또 시계로, 그리고 다시 반지로 등장한 스마트링은 이제 새로운 웨어러블 시대를 예고하고 있다. 아울러 삼성전자를 시작으로 테크업계에서는 이른바 '반지의 전쟁'이 펼쳐질 것이라 예측하고 있다.

웨어러블 컴퓨터는 옷이나 시계, 안경처럼 자유롭게 몸에 착용하고 다닐 수 있는 컴퓨터로 소형화·경량화를 비롯해 음성·동작인식 등 다양한 기술에 적용되고 있다. 웨어러블의 구상은 생각보다 이른 1960년대부터 시작됐는데 당시엔 시계나 신발에 계산기나 카메라를 부착하는 등 단순히 전자기기를 의류에 부착하는 것을 웨어러블 컴퓨터로 여겼다. 1980년대 들어 컴퓨터를 착용하고 손이나 발에 달린 입력장치를 이용해 결과를 출력하는 형태의 프로토타입이 등장했으며, 1990년대 들어 컴퓨터가 작고 가벼워지면서 군사 및 산업에 적용되기 시작했다.

2010년대 들어 구글이 스마트안경인 '구글 글래스'를 출시하면서 우리가 아는 웨어러블 기기가 상용화되기 시작했다. 그리고 뒤이어 애플과 삼성전자가 각각 개발한 스마트워치인 애플워치, 갤럭시워치가 등장하면서 웨어러블은 한층 우리와 가까워졌다. 이처럼 웨어러블은 갈수록 더 작아지고 우리의 몸에 밀착되고 있다. 그것은 곧 이러한 기기들이 우리와 피부로 접촉하는 시간이 길어진다는 의미이기도 하다. 그런 특성 때문에 웨어러블은 우리의 건강관리에 도움을 주는 쪽으로 특화되고 있다. 이는 최근 개발된 스마트링이 주목받는 이유 중 하나다.

헬스케어에 특화되는 소형 웨어러블

손목시계나 반지의 형태가 아닌 웨어러블 기기들은 실제로 재활이나 운동보조장치로 개발돼 사용되고 있다. 그런 특수한 경우를 포함해 일상에서 착용하는 소형 웨어러블 기기들은 바이오센서를 탑재하고 있다. 바이오센서란 인체의 생체신호를 파악하고 분석하는 센서를 말한다. 신체에 접촉해 맥박 등을 파악해서 심박수와 혈중산소포화도 따위의 결과를 도출해낸다. 스마트링은 손가락에 끼우는 것만으로 이용자에게 실시간으로 생체정보를 전달해준다. 휴대성이 극대화된 것이다.

갤럭시링 모델의 사진을 촬영하는 외신기자들

스마트링이 갖출 기능도 이전 소형 웨어러블 기기보다 훨씬 다양해질 것이라 예측되고 있다. 삼성전자가 갤럭시링의 연내출시를 공식화한 데 이어 애플도 미국에서 스마트링에 적용되는 전자시스템 특허를 출원했다. 특히 애플이 스마트링 시장에 가세할 것으로 알려지면서 관심을 키우고 있다. 아직 두 제품의 세부적인 스펙이 공개되지 않았지만, 이들 스마트링에는 운동정보와 수면패턴, 심박수, 혈중산소농도 등의 건강정보를 지속해서 종합적으로 관리할 수 있는 기능이 탑재될 것으로 알려졌다. 가령 수면, 스트레스, 피부온도, 심박수, 호흡수, 혈중산소농도, 활동량 등을 24시간 동안 실시간으로 모니터링할 수 있다는 것이다. 또한 원격으로 가족, 상담사, 전문가 등이 바이탈링 착용자를 모니터링할 수도 있다.

다만, 전문가들 사이에서는 이들 제품이 대중화되려면 앞으로 넘어야 할 산이 많다는 분석도 나온다. 아직은 제품이 고가인 데다, 수면이나 혈압, 혈당 등의 주요 측정값에 대한 신뢰도가 부족하다는 게 그 이유다. 당장 미국 식품의약국(FDA)은 최근 스마트워치, 스마트링 등의 웨어러블 기기로 혈당을 측정하는 것이 정확성이 떨어져 위험을 초래할 수 있다고 경고하며 상용화에 제동을 걸기도 했다.

'반지의 전쟁'에 바이오센서 시장도 급성장

한편 스마트워치를 넘어 스마트링까지 전장을 넓히고 있는 삼성전자와 애플의 웨어러블 기기 개발 경쟁에 바이오센서 시장도 급성장할 전망이다. 대만 시장조사업체 트렌드포스에 따르면 스마트워치와 스마트밴드와 같은 웨어러블 기기에 탑재되는 바이오센서 시장은 지난해 2억 1,200만달러(약 2,833억원) 규모에서 오는 2028년 4억 2,200만달러(약 5,640억원)까지 두 배로 성장할 것으로 예측됐다.

트렌드포스는 "애플, 삼성전자, 구글 핏빗 등 웨어러블 기기 선두업체들이 바이오센서 기술진전에 적극적으로 공을 들이고 있다"며 특히 올해 애플과 삼성전자가 차세대 스마트워치에서 바이오센서 기능의 정확성을 향상하는 데 집중할 것으로 전망했다. 아울러 애플과 삼성전자는 향후 웨어러블 기기 개발에서 바이오센서 기능을 확대하고 그 정확도를 높이는 두 가지 접근법을 동시에 추구할 것으로도 전망했다. 이에 따라 하드웨어는 물론 바이오센서의 소프트웨어 특허 확보에도 사활을 걸 것으로 전망되고 있다. 🔲

위법 대통령 필요 없어
문일민 지사

2024년, 국가보훈부는 1월의 독립운동가로 이승만 전 대통령을 선정했다. 극장에는 그의 공적을 담은 영화가 걸렸다. 서울시는 광화문 인근 송현녹지광장에 이승만기념관 건립을 추진하겠단다. '이승만 띄우기'에 열심이다. 그런데 그가 무고한 국민을 학살했다는 증거가 속속 드러나고 있는 데다가 부정선거로 국민의 손에 의해 자리에서 끌려 내려왔다는 걸 생각하면 참 이상한 일이다. 심지어 그는 임시정부 요인들에 의해 대한민국 최초로 탄핵당한 대통령이었다.

1947년 10월 25일 토요일 점심 때쯤이었다. 서울 미군정청(철거된 중앙청, 현재 광화문 자리) 2층 식당 앞에 한 초로의 사내가 지팡이를 짚은 채 비장한 표정으로 계단을 걸어 올라왔다. 그러기를 잠깐, 그는 품속에 손을 넣어 무언가를 찾아 꺼냈다. 시퍼런 면도칼이었다. 의아한 표정으로 미군정 직원들의 시선을 받던 사내는 다음 순간 그 칼로 자신의 배를 그어버렸다. 사내는 피를 쏟으며 쓰러졌다. 사내가 병원으로 긴급이송돼 응급수술을 받는 동안 현장에서는 여러 통의 편지가 발견됐다. 직접 쓴 한시(漢詩)와 부인에게 그리고 김구·김규식·유동열 등에게 남기는 편지, 즉 유서였다.

환국 이래 독립은 아직 멀고
민생은 날로 도탄에 빠지니
30년간 혁명투사의 피는 차라리 죽음을 택하오며
시체는 도산 안창호 선생 무덤 옆에 묻어주시오.

그의 신원도 확인됐다.
문일민!
그는 충칭 대한민국 임시정부 임시의정원 의원으로 활동하던 중 해방을 맞아 귀국한 독립운동가였다. 임시정부의 중진으로 활동하던 원로의 독립투사가

문일민 지사
(1894.12.10~1968.10.17)

할복자살을 기도한 것이었다.

1894년, 평안남도 강서군에서 태어난 문일민 지사는 7세부터 서당에서 전통적인 학문을 닦고, 13세에 근대식 사립학교 함일학교에 입학, 우리 역사·문화 교육을 받으며 민족의식을 깨우쳤다. 그런데 갑자기 나라가 망했다(1910). 당장의 생활고에 낮에는 잡화상과 위탁판매상으로 일해야 했지만, 밤에는 야학을 다니며 학문의 끈을 놓지 않았다.

나라 없는 백성의 고단한 일상을 잇던 그에게 1919년 그의 나이 스물다섯에 울려 퍼진 '대한독립만세'의 함성은 그를 만세시위 대열에 합류하게 했고, 애국청년단이라는 단체에 가입하게 했으며, 그해 7월 서간도로 망명하여 독립군 양성 사관학교인 신흥무관학교에 입학하게 했다. 이후 신흥무관학교에서 혹독한 군사교육을 수료한 독립군으로서 대한청년단 연합회(대한광복단 전신) 소속으로 일제의 기관 파괴, 밀정 및 앞잡이 토벌, 군자금 모집 등에 힘썼

다. 또한 그의 손에서 대한광복군총영 평양 폭탄특
공대의 국내침투 및 평남도청 투탄의거, 광한단(光
韓團)·대한독립단의 일본 경찰과의 총격전, 프랑스
영사 암살 시도가 이뤄졌으며, 1926년 상하이거류
민단 의경대(義警隊)를 주축으로 조직된 병인의용대
(丙寅義勇隊) 결성, 남만주의 대표적 독립운동 통합
조직인 정의부(正義府)의 군사참모 주임으로서 정의
부 산하 독립군의 훈련과 작전 담당을 비롯해 흥사
단, 대한교민단, 대한민국임시정부(임정), 민족혁명
당 등에 참여하면서 친일파 처단공작도 주도했다.

특히 1925년 문 지사는 임정 임시의정원 의원으로
당시 이승만 임시대통령의 탄핵운동을 주도했다.
'국무원의 동의 없이 일방적으로 인민들의 납세를
중단시키는 등 독단적으로 행동한 것, 정무를 총괄
해야 하는 대통령이 정부를 둘로 쪼개 분열시킨 것,
헌법을 준수해야 할 의무가 있는 대통령이 입법기관
인 임시의정원을 부인한 것' 등이 탄핵의 이유였다.
그 결과 이승만은 대통령직에서 파면됐다.

1948년 5월 10일, 김구(앞) 선생과 함께(뒤 오른쪽)

임시정부 이승만 대통령 탄핵소추 결의안

문 지사와 이승만의 악연은 해방 후에도 이어졌다.
환국한 독립운동가들이 통일정부 수립을 위해 노력
하던 때 이승만은 미국을 등에 업고 남한만의 단독
정부를 세우고자 했다. 앞서 설명한 문 지사의 할복
시도도 단독정부 수립에 반대하는 의지의 표현이었

다. 6·25전쟁 중인 1952년 부산정부 시절에는 이
승만정권이 추진하던 대통령직선제 개헌에 반대하
고 친일청산을 외친 독립운동가들의 호헌구국선언
대회를, 이승만정권은 '범법행위, 매국매족'으로 규
정하고 문 지사를 비롯한 관련자들을 체포해 군법회
의에 회부했다. 1956년에는 제3대 정·부통령 선거
를 앞두고 정권교체를 위한 야당여합을 호소하며 이
승만정권의 반대편에 섰다.

대한민국정부는 1962년 문일민 지사에게 건국훈장
독립장을 서훈했다. 반면 당시 박정희정권은 이승만
에 대해 '이승만 노인은 눈이 어두운 부패한 독재자'
라고 평가했다. 시대에 따라 역사에 대한 평가는 달
라진다. 그러나 유신독재를 이어갔던 군부정권마저
비판했던 인물을 다시 국부로 추앙하는 것은 '황국
신민을 외치고 일제의 강제동원을 선전했던 최남선'
을 기미독립선언서에 이름이 올랐다는 이유로 독립
운동가로 부르는 것과 무엇이 다른 걸까? 시대

무궁화 삼천리 화려강산은
언제 적 이야기?

중국 춘추시대 진(晉)나라 초기 경술(經術), 즉 유교 경서의 뜻을 해석하거나 천술하는 학문에 깊은 조예를 지닌 걸출한 학자가 있었다. 최표다. 그는 당시의 명물(名物)을 고증해 '고금주(古今注)'라는 책을 쓴 것으로도 이름을 후대에 남겼는데, 책에 실린 명물은 그 출신이 중국대륙에 한정되지 않고 동서남북으로 광범위한 지역에 걸쳐 있었다. 그런데 이 책에는 이런 구절이 있다.

君子之國 地方千里 多木槿花
군자지국 지방천리 다목근화

풀어보자면 다음과 같다.

군자가 많은 그 나라는
국토의 길이가 '1,000리'인데
곳곳에 목근화(木槿花)가 흔하게 피어 있다.

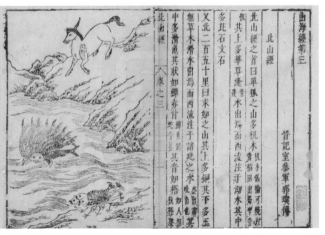

'산해경' 제3권 중에서

그러면 군자의 나라는 어디인가? 이에 대한 최초의 기록은 상고시대의 신화, 지리, 풍속을 널리 조사해 기록한 '산해경(山海經)'에 있다.

군자의 나라가 북방에 있는데
훈화초(薰花草)가 아침에 피고 저녁에는 시든다.

여기에서 '북방에 있는 군자의 나라'는 대륙의 북동쪽 끝에 자리한 한반도, 즉 우리나라를 가리킨다. '인격이 훌륭하고, 학식이 있고, 의리를 지키고, 남을 지도할 능력이 있는 사람'을 말하는 '군자(君子)'가 많은 나라란다. 여기에는 글자 그대로 '유교(儒敎)에서 추앙하는 군자가 많은 나라'라는 의미가 아니라 대륙의 입장에서 군신의 예를 잘 갖춘다는 의미가 포함돼 있다는 설이 있지만 이는 논외로 하자.

시간이 흘러 신라시대에 와서는 최문창(崔文昌)이 쓴 '후문집(候文集)'에 '신라의 효공왕 원년(897)에 최치원이 당나라의 광종에게 쓴 국서 가운데 신라를 가리켜 부르기를 근화향이라 했다'는 내용이 있다. 근화향은 '근화가 많이 피는 지역'이라는 뜻이다.

일단 한반도에 흔했다는 '고금주'의 목근화와 '산해경'의 훈화초뿐 아니라 최치원이 지목한 근화는 모두 동일한 것을 가리킨다. '고금주'와 '산해경'이 쓰인 시기를 감안하면 삼국시대 훨씬 전부터 한반도에 목근화, 훈화초, 근화로 불리는 그 무언가가 흔했다는 것을 추리할 수 있다. 시대마다 다른 이름으로 불리던 것에 대한 오늘날의 명칭은 고려시대 고종 때의 문장가로 유명한 이규보의 문집인 '동국이상국집(東國李相國集)'에서 확인할 수 있다. '문장로(文長老)와 박환고(朴還古)가 무궁화를 논평하면서 지은 시운을 차하다'라는 제목의 고율시가 그것이다.

내용은 문장로와 박환고라는 사람이 무궁화의 이름을 두고 논할 때 한 사람은 "무궁화는 곧 무궁(無窮)의 뜻이니 꽃이 끝없이 피고짐을 뜻함"이라 했고, 다른 한 사람은 "무궁은 곧 무궁(無宮)이니 옛날 어떤 임금이 이 꽃을 사랑하여 온 궁중이 무색해졌다는 것을 뜻한다"라고 하며 대립하자 각기 제 생각을 시로 짓고 이규보에게도 시로 답하라고 했다는 것이다. 이에 이규보는 다음과 같은 한시를 읊었다.

무궁화의 두 가지 이름
우리 두 친구로부터 시작했다
각기 아집을 못 버려
굳이 좌라 우라 주장하네
내 새로운 용기 뽐내어
그대들을 한 손에 부수련다
듣건대 옛사람들도
구를 구(九)라고 희롱했다 하니
궁(窮)이나 궁(宮)도 모두가 농담이야
맨 처음 뉘 입에서 나왔는가
나는 쉽게 판단할 수 있으니
좋은 술 나쁜 술과 같은 걸세
하물며 이 꽃은 잠시뿐이라
하루도 지탱하기 어려운 것이
허무한 인생과 같은 혐의하여
떨어진 꽃 차마 보지 못해
도리어 무궁이라 이름했지만
그러나 과연 무궁토록 있겠는가 (…)

신라 말기 문인 최치원의 초상

무궁화란 명칭은 중국에서 목근, 순영(舜英), 순화(舜花), 훈화초, 조개모낙화(朝開暮落花), 화노옥증(花奴玉蒸), 번리초(藩離草) 등으로 불리던 것이 고려시대에 널리 '무궁화'로 불리다가 조선시대 초 훈민정음 창제와 함께 정착된 것으로 보인다. 목근화에서 시작해 '무긴화 → 무깅화 → 무궁화'의 형태로 변했으며 여기에 뜻이 좋은 무궁(無窮)을 차음(借音)하여 표기했을 것이라고 짐작된다.

아무튼 문헌만으로만 보면 무궁화는 우리나라 지천에 피어 있는 꽃이다. 삼천리 곳곳에서 볼 수 있는 흔하디흔한 꽃이어야 한다는 말이다. 실제로 7월부터 9월 사이에 피는 무궁화는 중국 남부가 원산으로 알려져 있지만, 비교적 추위에 강한 만큼 온대지역 전체에서 잘 자란다. 그래서 동북아를 비롯해 유럽이나 북미 대륙에서도 적응을 잘할 뿐만 아니라 노지에서 씨앗의 자연적 발아가 매우 잘되기 때문에 가지를 꺾어 땅에 꽂기(삽목)만 해도 쉽게 번식시킬 수 있다.

그런데 정작 그림 속에서 그 실체를 눈으로 확인하기는 쉽지 않다. 조선시대에 화훼식물을 소재로 한 문인화, 민화를 살펴보면 매화·연꽃(8회), 모란·국화(각 7회), 진달래(6회), 장미(5회), 난꽃(4회), 작약·철쭉·찔레꽃(각 3회), 그 외 개나리, 꽈리, 나팔꽃, 수수, 수련, 억새, 여뀌, 강아지풀, 질경이 등 48종이 154작품에 등장한다. 하지만 무궁화가 그려진 작품은 한 점도 없다. 그동안 유일한 무궁화 그림으로 알려졌던 조선시대 '장원홍'의 꽃도 최근 모란으로 정정됐다.

생활용품이고 건축이고 간에 도통 무궁화의 흔적이 없다. 시나 시조 한 구절로도 등장하지 않는다. 반면 일본은 20세기 이전 무궁화를 소재로 한 회화와 서예의 작품 수가 200점이 넘는다. 무궁화만 그리는 화가까지 있을 정도다. 그뿐이 아니다. 이세신궁을 비롯한 일본의 많은 신사 안에 무궁화가 식재되어 있고, 무궁화를 천신(天神)으로 모시는 신궁도 있다.

조선 후기 유숙(劉淑)이 그린 '장원홍(壯元紅)'

일장기의 원형도 히노마루(日の丸)라는 품종의 무궁화고, 욱일기의 원형 또한 소우탄(宗旦)이라는 품종의 무궁화다.

찜찜한 건 또 있다. 우리 예술에서 아예 없는 취급을 받던 무궁화가 표면으로 올려진 데에 일본제국의회 귀족의원이었던 친일파 윤치호의 이름이 오르내린다는 점이다. "만약 내 마음대로 내 나라를 정할 수 있다면 일본을 선택했을 것"이라며 친일에 앞장섰던 그가 아직 조선인이었던 1897년 8월 조선개국 505주년 기원절을 맞아 썼다는 노랫말에 무궁화가 난데없이 문자로 등장하는 것이다. 그해 8월 17일 '독립신문'에 실린 노랫말은 다음과 같다.

성자신손 500년은 우리 황실이요
산고수려 동반도는 우리 본국일세(1절)

동해물과 백두산이 마르고 닳도록
하느님이 보우하사 우리나라 만세(2절)

무궁화 삼천리 화려강산
대한사람 대한으로 길이 보전하세(후렴)

총 2절로 이루어진 이 노래는 '무궁화노래'로서 2년 뒤에 4절로 확장됐다. 아무튼 친일매국노 윤치호가 '무궁화 삼천리'로 시작하는 후렴을 포함한 1~4절 전체를 작사했는지 후렴은 독립운동가 안창호 선생이 작사했는지는 여전히 논쟁 중이지만, '무궁화'가 이때 갑자기 전면에 등장했다는 것만은 분명하다. 일제가 비틀어놓은 역사와 오해가 빚은 '만들어진 상징'이라는 비판이 나오는 근거 중 하나다.

하지만 19세기 초에 정약용은 자신의 고향인 마재마을(경기도 남양주)에서 생울타리로 식재된 무궁화

도쿠가와 막부 말기의 일본 화가 사카이 호이츠가 그린 무궁화 일부

를 소재로 하여 시를 지었고, 유박은 황해도에 살며 쓴 '화암수록(18세기 말)'에 화훼식물로서의 무궁화를 기록했다. 서유구의 '임원경제지(1842)'에도 무궁화의 재배법이 소개돼 있다. 또 일제강점기 남궁억 선생은 무궁화 보급을 내걸고 항일운동을 하다 옥고를 치렀다. 무궁화 첫 꽃이 피고 100일이 지나면 첫서리가 온다는 말도 있다. 심지어 1974년 일본에서 출간된 '조선반도의 산림'이란 책에서는 '일제강점기 한반도의 식물 중 독일가문비나무와 일본잎갈나무를 제외하면 나머지는 모두 한반도 고유종'이라면서 그 가운데 무궁화를 거론해놨다.

그렇다면 왜 우리 조상들을 무궁화를 그리지 않았을까? 사군자 중심의 회화문화에서 기인했으리라는 추정도 하지만, 찔레꽃, 개나리에 심지어 질경이도 있고 강아지풀도 있는데 무궁화만 없으니 이상하다 할 밖에….

이런저런 말이 많지만 어쨌든 무궁화는 1948년 총선거를 통해 구성된 제헌국회가 대한민국정부를 수립한 뒤 이듬해 대통령 휘장과 행정, 입법, 사법 3부의 휘장의 도안으로 사용한 이래 지금까지 명실상부 국화의 지위를 누리고 있다. 하지만 엄밀히 말해 법률상 국화는 아니다. 가을 화단에 흐드러진 국화(菊花) 말고 나라꽃 국화(國花)! 행정안전부가 국가상징으로 명시하고는 있지만, 태극기와 애국가처럼 제정과 공포 등 뚜렷한 법령규정이 없어 공식적인 나라꽃은 아니다. 관습법적 국화라고나 할까! 시대

1948년 정부수립 기념우표

영화와 책으로 보는 따끈따끈한
문화가 소식

영화

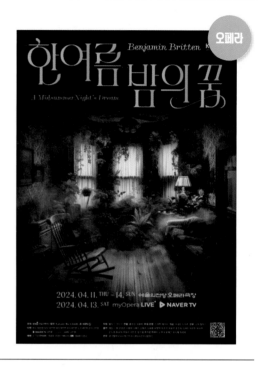

오페라

쿵푸팬더4

유명 애니메이션 제작사 드림웍스의 전설적인 작품 〈쿵푸팬더〉의 새로운 시리즈가 관객들을 찾는다. 〈쿵푸팬더3〉(2016) 이후 8년 만에 나오는 속편이다. 전작에 이어 본 작품의 상징과도 같은 배우 '잭 블랙'이 주인공 '포' 목소리로 분했다. 모든 갈등을 끝내고 평화가 찾아온 계곡의 영적 지도자가 된 포. 그러나 그의 앞에 또다시 강력한 악당이 등장한다. 상대의 기술을 그대로 따라하는 정체를 알 수 없는 악당 카멜레온을 저지하기 위한 포의 여정을 담았다. 이번 작품에서는 아쿠피나, 키 호이 콴, 제임스 홍 등 아시아계 배우가 대거 목소리 연기에 참여했다.

장르 애니메이션, 액션 **감독** 마이크 미첼
주요 출연진 잭 블랙, 더스틴 호프만 등
개봉일 2024.04.10

한여름 밤의 꿈

국립오페라단이 4월 새 작품을 마련해 찾아온다. 셰익스피어의 5대 희곡 중 하나로 꼽히는 〈한여름 밤의 꿈〉을 바탕으로 한 오페라극이다. 보기 드문 영어 오페라로, 요정의 왕 오베론과 그의 아내 티타니아가 이야기의 주축이다. 눈을 뜬 직후 처음 본 사람과 사랑에 빠지는 마법이 깃든 사랑꽃으로 인해 벌어지는 소동을 다룬다. 이 작품은 높은 음역을 내는 남성 성악가인 카운터테너가 주인공 오베론을 맡는 독특한 작품이다. 보통 오페라에서는 높은 음역의 소프라노와 낮은 음역의 테너가 대비를 이루지만, 이 작품에서는 카운터테너와 소프라노가 맞붙는다.

장소 예술의전당 오페라극장
주요 출연진 국립오페라단
날짜 2024.04.11~2024.04.14

스웨덴국립미술관 컬렉션

스웨덴 최대규모 미술관인 스웨덴국립미술관의 귀한 미술품들이 국내 관람객을 찾는다. 이번 전시는 북유럽풍의 인상주의 회화를 마음껏 만나볼 수 있는 자리로, 스웨덴의 국민화가 칼 라르손을 비롯해 한나 파울리, 앤더스 소른 등 북유럽을 대표하는 화가들의 걸작 75점을 감상할 수 있다. 한국관객들에게는 생소하지만 북유럽의 아름다운 풍경과 일상을 담은 작품들은 '황혼에서 새벽까지'라는 타이틀로 구성된다. 회색빛 안개가 감도는 새벽부터 자유가 느껴지는 정오, 오로라가 내려 앉는 황혼까지 북유럽 특유의 감성을 담은 아름다운 인상주의 작품을 맛볼 수 있다. 단지 감상하는 것만으로도 복잡한 마음을 치유할 수 있는 힐링타임이 될 것이다.

장소 마이아트뮤지엄   **날짜** 2024.03.21~2024.08.25

회사가 당신을 힘들게 할 때

25년간 파란만장하고 전쟁 같은 직장생활에서 살아남은 '흙수저 직장인'이 월급쟁이라면 누구나 공감할만한 근로경험이 담긴 생존기를 펴냈다. 자신을 영화 〈스타워즈〉 속 '다스베이더'를 닮고 싶은 직장인이라고 말하는 저자 흙수베이더는 대한민국의 평범한 회사원이다. 그는 신입사원부터 임원에 이르기까지 직장인이라면 누구나 겪었을 법한 상황, 누구나 만났을 법한 사람, 누구나 느꼈을 법한 감정 등을 특유의 풍자와 해학을 담아 유쾌하면서도 솔직한 언어로 담아냈다. 시조 형태로 직장생활을 풍자한 글은 짧지만 강렬한 위트를 담아내고 있으며, '흙수베이더의 직썰'에서는 정글과도 같은 회사에서 살아남는 직장인이 되기 위한 냉정한 직설도 서슴지 않는다.

저자 흙수베이더   **출판사** 트로이목마

불변의 법칙

세계적 베스트셀러 〈돈의 심리학〉의 저자 모건 하우절이 3년 만에 새 저작을 내놨다. 그는 본서에서 돈과 투자의 영역은 물론, 인간의 본성과 세상이치에 대한 견해까지 섭렵하며 한층 더 새겨들을만한 이야기를 전한다. 그는 세상 사람들이 미래에 무엇이 어떻게 변화할 지에 대해서만 관심을 쏟지만, 결국 세상사에는 변하지 않는 '불변의 법칙'이 있다며 이를 파악해야 미래에 닥칠 위기에 슬기롭게 대처할 수 있다고 말한다. 하우절은 빌 게이츠, 유발 하라리 등 세계적 명사의 일화나 벌지 전투 같은 굵직한 사건들을 끌어들여, 그가 터득한 통찰력과 삶의 교훈을 불변의 법칙으로 설명한다. 시대

저자 모건 하우절   **출판사** 서삼독

내 인생을 바꾸는 모멘텀

박재희 교수의
마음을 다스리는 고전이야기

호랑이를 그리려다 개를 그린다

화호화구(畵虎畵狗) - 〈후한서(後漢書)〉

마원(馬援)이란 장군은 한나라 무제 때 날리던 명장이었습니다. 마원이 전쟁터에 나갔을 때 틈을 내어 자신의 조카들에게 편지를 보내 충고한 이야기는 참으로 감동적입니다. 형의 아들들인 마엄(馬嚴)과 마돈(馬敦)에게 보낸 편지 내용은 이렇습니다.

"남의 잘못을 다른 사람에게 함부로 전해서는 안 된다. 국가의 정책을 함부로 논해서도 안 된다. 요즘 용백고(龍伯高)라는 인물이 세상 사람들의 존경을 받고 있다. 용백고를 애지중지 여기니 너희도 본받아라. 또 두계량이란 사람은 호탕하고 의협심이 많아 타인의 근심을 함께 걱정해주고 타인의 즐거움을 함께 즐거워해준다. 나는 그 역시 애지중지하지만 너희에게 그를 본받으라고 말하고 싶지 않다. 용백고를 본받으면 그 사람과 같이는 못 되더라도 근면하고 곧은 선비는 될 것이다. 그것은 고니를 새기다가 못 하더라도 거위와 비슷하게 되는 이치와 같다. 그러나 두계량(杜季良)의 흉내를 내다가 이루지 못하면 천하에 경박한 자가 될 것이다. 마치 호랑이를 그리려다 잘못 그리면 개를 닮게 되는 것과 같다"

畵虎不成反類狗
화호불성반류구

호랑이를 그리려다 못 그리면
도리어 개와 비슷하게 된다.

편지에서 전하고자 하는 메시지는 어쭙잖게 덤벼들었다간 용두사미(龍頭蛇尾)의 결과를 맺을 수 있다는 것입니다. 그저 묵묵히 자신의 길을 가는 것이 실질적으로 좋은 결과를 얻을 수 있는 방법입니다. 비록 남들이 생각하는 큰 출세나 성공은 아니더라도 인생은 얼마든지 아름다울 수 있습니다.

**꿈은 멀리 보고 실천은 앞을 보는
자세가 필요합니다.**

畵	虎	畵	狗
그릴 화	호랑이 호	그릴 화	개 구

우직지계(迂直之計)

중국 춘추시대 때의 일입니다. 제(齊)나라에는 훗날 관중(管仲)과 더불어 고대 중국을 대표하는 명재상으로 이름을 날린 사람이 있었습니다. 안영(晏嬰)입니다. 그는 제나라의 영공(靈公), 장공(莊公), 경공(景公) 3대를 이어서 섬긴 재상으로서 평소 군주에게 기탄없이 간언한 것으로 유명했습니다. 그래서 지금도 학식 있는 스승이나 존귀한 사람이라는 뜻이 담긴 존칭 '자(子)'를 붙여 '안자(晏子)'라고 불립니다. 그의 생전 언행을 후세의 사람이 기록하여 편찬한 책 '안자춘추(晏子春秋)'의 주인공이기도 합니다.

안영이 경공을 모실 때였습니다. 하루는 경공이 아끼던 말이 갑자기 병들어 죽고 말았습니다. 경공은 말을 돌보던 마구간지기에게 크게 화를 냈습니다.

"당장 저자의 사지를 잘라라."

신하들은 경공의 처사가 지나치다고 생각했지만, 그의 분노가 큰 것을 알아 어찌할 바를 모르고 당황하기만 했습니다. 그때 재상인 안영이 나섰습니다.

"자신이 지은 죄가 무엇인지도 모르고 죽는 것은 진정한 벌이라 할 수 없습니다. 청컨대 그 죄를 알려주어 이 자로 하여금 스스로 깨닫게 한 후에 벌을 받게 해주십시오."

경공이 허락하자 안영은 몸을 돌려 사색이 되어 벌벌 떨고 있는 마구간지기에게 호통을 쳤습니다.

"너는 세 가지 죄를 범했다. 너의 맡은 바 임무인 군주의 말을 죽게 한 것이 첫 번째 죄요, 한낱 말 때문에 사람을 죽이는 부덕한 군주를 만든 것이 두 번째 죄다.

또한 오늘 있었던 일이 세상에 퍼질 것이고, 그러면 사람들은 군주를 한낱 짐승 때문에 사람을 죽였다고 비난할 것이다. 즉, 군주가 하찮은 짐승 때문에 사람을 죽였다는 비난을 받게 만든 것이 죽음에 해당하는 너의 세 번째 죄다. 네 죄가 이러한데 어찌 살기를 바라느냐?"

안영이 모든 말을 마쳤을 때 얼굴이 붉어진 이는 마구간지기가 아니라 경공이었습니다. 화가 나서가 아니라 부끄러워서였습니다. 안영이 겉으로는 마구간지기에게 화를 내면서 속으로는 '한낱 짐승 때문에 사람을 죽이는 군주'라며 경공

자신을 나무라고 있다는 것을 알아차렸던 것입니다. 경공이 탄식하며 이렇게 말했습니다.

"분노가 지나쳐 사람의 목숨을 가벼이 여기는 우를 범할 뻔했구려. 재상은 부디 짐이 과오를 더 쌓게 하지 마시오. 자, 마구간지기를 풀어주어라."

개인적인 분노로 앞뒤 분간 못 하는 왕에게 안영은 직접적으로 말리거나 충고하는 대신 우회적인 방법으로 자신의 주군을 올바른 길로 인도했던 것입니다. 이른바 우회의 전술인 '우직지계(迂直之計)'를 실천한 것이지요.

'손자병법(孫子兵法)' '군쟁편(軍爭篇)'에 나오는 우직지계는 '가까운 길이라도 곧바로 가는 것이 아니라 때로는 돌아갈 줄도 알아야 한다'는 병법의 한 가지 계책입니다. 곧바로 빨리 가는 것도 중요하지만 때로는 돌아가는 것이 더 빠른 지름길일 수 있다는 충고입니다. 오로지 직진만 알았던 항우가 군사적 우위에도 불구하고 유연했던 유방에게 천하의 군주 자리를 내줬던 것처럼 말입니다.

세상사가 다 그런 것은 아니지만 곧장 가는 직설화법보다는 돌려서 말하는 우회적 화법이 필요할 때가 많습니다. '꾀 많은 토끼는 위기상황에 대비해 도피 굴을 3개나 준비한다[교토삼굴(狡兎三窟)]'고 합니다. 지난 정당의 총선 공천과정에서 컷오프됐다고 하루아침에 몸담았던 정당을 비난하고 탈당하는 정치인들이 많았습니다. 그런 분들에게 전합니다. 3개의 굴까지는 아니더라도 '때로는 돌아가고 쉬어가는' 우직지계(迂直之計) 전략이 더 나은 미래를 만들어 줄 수 있다고 말입니다. [시대]

迂 直 之 計
돌아갈 우　　곧을 직　　어조사 지　　꾀 계

완전 재미있는 낱말퀴즈

가로

❶ 일정한 채무의 담보로 미리 채권자에게 주는 금전
❸ 사물의 성질이나 상태를 나타내는 품사
❺ 혁명이나 쿠데타 따위의 비합법적 수단으로 생긴 정치상 큰 변동
❼ 통쾌하고 장한 행위
❽ 음식물이 입에 당기는 맛

세로

❶ 우리나라 선거의 기본원칙 중 하나로 일정한 연령에 달한 모든 국민의 선거권을 인정하는 것
❷ 교도소에 가두어 두기만 하고 노역은 시키지 않는 자유형 중 하나
❹ 모든 일은 반드시 바른길로 돌아감을 이르는 말
❻ 갑작스러운 재앙이나 사고
❼ 공기 따위가 몸과 마음에 맞아 기분이 매우 좋은 느낌

참여방법 문제를 보고 가로세로 낱말퀴즈를 풀어보세요. 낱말퀴즈의 빈칸을 채운 사진과 함께 <이슈&시사상식> 201호에 대한 감상평을 이메일(issue@sdedu.co.kr)로 보내주세요. 선물이 팡팡 쏟아집니다!
❖ 아래 당첨선물 중 받고 싶으신 도서와 이름, 주소, 전화번호를 함께 남겨주세요.

<이슈&시사상식> 200호 정답

¹정						
월		³전	체	주	⁴의	
²대	중	교	통		구	
보				⁵원	심	
름		⁶반	포	지	효	
		어				
		⁷법	의	학		

참여해주신 모든 분들께 감사드립니다.
당첨되신 분께는 개별적으로 연락드립니다.

당첨선물 ·········
정답을 맞힌 독자분들 중 가장 인상적인 감상평을 남기신 분께는 <날마다 도시락 DAY>, <가볍게 읽는 부동산 왕초보 상식>, <냥꽃의 사계정원>, <미국에서 기죽지 않는 쓸만한 영어 : 일상생활 필수 생존회화> 등 푸짐한 선물을 드립니다!
❖ 참여하실 때는 반드시 희망 도서를 하나 골라 기입해주세요.

시사상식 공부로 통찰력 키우자

 서＊준(고양시 일산동구)

요즘 취준생들에게 시사이슈는 필수적인 사안이다. 일부 자격시험이나 입사시험에서 변별력 확보를 위해 시사상식 문제를 꼭 출제하고 있기 때문이다. 또한 시사이슈 및 관련 상식을 알고 있으면 몇 개월 뒤를 내다볼 수 있는 안목과 혜안이 자연스럽게 생기기도 해 통찰력을 키우고 싶은 사람들에게도 시사상식은 꼭 갖춰야 할 요소 중 하나다. 그런 의미에서 〈이슈&시사상식〉은 국내외 다양한 분야의 최신 이슈를 소개하고 있고, 취업 관련 정보도 담겨 있어 꽤 유용한 도서라는 느낌이 들었다. 이 책을 통해 최근 화제가 됐던 일들을 살펴볼 수 있다는 점도 좋았다.

상식과 취업을 한 권으로!

 박＊수(안동시 율세동)

〈이슈&시사상식〉은 알 만한 사람들은 다 아는 유명한 시사지인데, 시사상식과 취업 준비를 모두 챙기고 싶다면 이 잡지를 꼭 한번 접해봐야 한다고 말하고 싶다. 특히 국내외 이슈와 상식 관련 정보가 담겨 있어 취준생들에게 도움이 될만한 내용이 많다. 최신 이슈들이 중점적으로 다뤄지고 있으며, 핵심적인 내용은 형광펜으로 표시되어 있고 간단하게 개념도 함께 설명해줘서 내용을 이해하는 데 어려움이 없다. 취업과 관련된 여러 자료뿐만 아니라 생활정보나 기술, 문화 등 다양한 방면에 걸쳐 주제를 다룬 코너도 있어 매우 교육적인 도서라는 생각이 들었다.

기본상식을 차곡차곡

👤 **편＊주**(울산시 남구)

평소 뉴스를 보다 보면 단어나 기사의 맥락이 잘 이해되지 않을 때가 많아 궁금한 게 생기면 찾아보곤 했다. 그래도 기본적인 상식을 쌓는 데 유익한 정보를 모아둔 책을 읽으면 더 좋을 것 같아 〈이슈&시사상식〉을 읽게 됐다. 최근 화두가 됐던 내용을 총망라하여 시사상식을 공부할 수 있도록 구성되어 있었고, 꼭 알아야 하는 필수 시사상식과 실전문제, 기타 상식 관련 이야기를 수록해 두어 이 책 하나로 많은 정보를 얻을 수 있었다. 그래서인지 나도 취업 준비를 할 때 이 책을 알았으면 조금 더 쉽게 상식공부를 할 수 있었을 텐데 하는 아쉬움이 많이 남았다.

꼭 알아야 할 내용만 쏙쏙!

👤 **이＊**(인천시 남동구)

세상을 살다 보면 내가 사는 세상이 어떻게 돌아가는지를 아는 것이 매우 중요한 일인 것 같다. 하지만 일상생활을 하다 보면 시간에 쫓겨 뉴스를 보는 게 쉽지 않다. 그래서 꼭 알아야 할 내용만 담은 〈이슈&시사상식〉이 더욱 보기 편하게 느껴진다. 뉴스에서 한 번쯤 들어봤을 법한 이슈들이 사건의 흐름에 따라 잘 정리되어 있고, 다양한 코너를 통해 여러 주제를 다루고 있어서 굳이 다른 자료를 찾아볼 필요성을 느끼지 못했다. 특히 찬반토론 코너의 경우 주제에 따라 활용도가 높은 편이라 자녀가 있는 분들이 참고해봐도 좋을 것 같다는 생각이 들었다.

독자 여러분 함께해요!

〈이슈&시사상식〉은 독자 여러분의 리뷰를 기다리고 있습니다. 분야·주제 모두 묻지도 따지지도 않습니다. 보내주신 리뷰 중 채택된 리뷰는 다음 호에 수록됩니다.

참여방법 ▶ 이메일 issue@sdedu.co.kr

당첨선물 ▶ 정답을 맞힌 독자분들 중 가장 인상적인 감상평을 남기신 분께는 〈날마다 도시락 DAY〉, 〈가볍게 읽는 부동산 왕초보 상식〉, 〈냥꽃의 사계정원〉, 〈미국에서 기죽지 않는 쓸만한 영어 : 일상생활 필수 생존회화〉 등 푸짐한 선물을 드립니다!

❖ 참여하실 때는 반드시 희망 도서를 하나 골라 기입해주세요.

나눔시대

함께 배우고 성장하는 배움터! (주)시대고시기획 시대교육(주) 입니다.
앞으로도 희망을 나누는 기업으로서 더 큰 나눔을 실천하겠습니다.
나눔은 행복입니다.

재외동포재단, 경인교육대학교
한국어능력시험 관련 교재 기증

장병 1인 1자격,
학점 취득 지원

전국 야학 지원
청소년, 어린이 장학금 지원

❝ 숨은 독자를 찾아라! ❞
〈이슈&시사상식〉을 함께 나누세요.

대학 후배들이 하루의 대부분을 보내고 있을
동아리 사무실에 〈이슈&시사상식〉을 선물하고
싶다는 선배의 사연

마을 도서관에 시사잡지가 비치된다면 그동안
아이들과 주부들이 주로 찾던 도서관을
온 가족이 함께 이용하게 될 것으로
기대한다는 희망까지…

〈이슈&시사상식〉, 전국 도서관
및 희망자 나눔 기증

양서가 주는 감동은 나눌수록 더욱 커집니다. 저희 〈이슈&시사상식〉도 힘을 보태겠습니다.
기증 신청 및 추천 사연을 보내주세요. 사연 심사 후 희망 기증처로 선정된 곳에 1년간 〈이슈&시사상식〉을 무료로 보내드립니다.

* 보내주실 곳 : 이메일(issue@sdedu.co.kr)
* 희망 기증처 최종 선정은 2024 나눔시대 선정위원이 맡게 됩니다. 선정 여부는 개별적으로 알려드립니다.

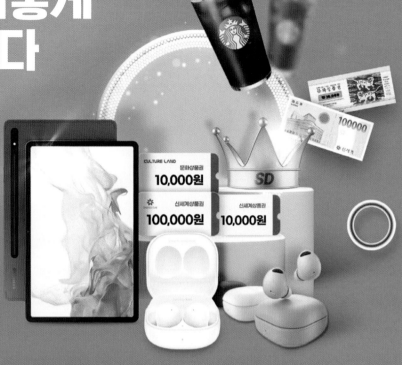

나는 이렇게 합격했다

당신의 합격 스토리를 들려주세요
추첨을 통해 선물을 드립니다

베스트 리뷰
갤럭시탭 / 버즈 2

상/하반기 추천 리뷰
상품권 / 스벅커피

인터뷰 참여
백화점 상품권

이벤트 참여방법

합격수기

SD에듀와 함께한
도서 or 강의 **선택** > 나만의 합격 노하우
정성껏 **작성** > 상반기/하반기
추첨을 통해 선물 증정

인터뷰

SD에듀와 함께한
강의 선택 > 합격증명서 or
자격증 사본 **첨부**,
간단한 소개 작성 > 인터뷰 완료 후
백화점 상품권 증정

이벤트 참여방법
다음합격의 주인공은 바로 여러분입니다!

QR코드 스캔하고 ▷ ▷ ▶
이벤트 **참여**하여 푸짐한 경품받자!

합격의 공식
SD에듀

각종 자격증, 공무원, 취업, 학습, IT, 상식부터 외국어까지!

이 시대의 모든 "**합격**"을 책임지는

SD에듀!

"100만명 이상 수험생의 선택!"

독자의 선택으로 검증된 SD에듀의 명품 도서를 소개합니다.

"취득" 보장! 각종 '자격증' 취득 대비 도서

각 분야의 전문가들과 집필! 각종 기능사/기사/산업기사 및 국가자격/기술자격, 경제/금융/회계 분야 자격증 등 각종 자격증 '취득'을 보장하는 도서!

직업상담사 2급

사회조사분석사 2급

스포츠지도사 2급

사회복지사 1급

영양사

소방안전관리자 1급

화학분석기능사

전기기능사

드론 무인비행장치

운전면허

유통관리사 2급

텔레마케팅관리사

"**합격**" 보장! 각종 '시험' 합격 대비 도서

각 분야의 1등 강사진과 집필! 공무원 시험부터 NCS 및 각종 기업체 취업 시험, 중졸/고졸 검정고시와 같은 학습 관련 시험 및 매경테스트, 그리고 IT 관련 시험 및 TOPIK, G-TELP, ITT 등의 어학 시험 등 각종 시험에서의 '합격'을 보장하는 도서!

9급 공무원

경찰공무원

군무원

PSAT

지텔프(G-TELP)

NCS 기출문제

SOC 공기업

대기업 · 공기업 고졸채용

ROTC 학사장교

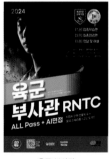
육군 부사관

한국사능력검정시험

영재성 검사

일본어 한자

토픽(TOPIK)

영어회화

엑셀